智·库·丛·书

（2017年）

重庆文化产业发展研究

CHONGQING WENHUA CHANYE FAZHAN YANJIU

孟小军 罗章 张伟进 等 著

西南师范大学出版社

国家一级出版社 全国百佳图书出版单位

图书在版编目(CIP)数据

重庆文化产业发展研究. 2017年 / 孟小军等著. --
重庆：西南师范大学出版社, 2017.10
ISBN 978-7-5621-9062-2

Ⅰ. ①重… Ⅱ. ①孟… Ⅲ. ①文化产业－产业发展－研究－重庆－2017 Ⅳ. ①G127.719

中国版本图书馆CIP数据核字(2017)第254842号

重庆文化产业发展研究(2017年)

孟小军　罗　章　张伟进 等 著

责任编辑：赖晓玥
封面设计：尚品视觉 CASTALY
排　　版：重庆大雅数码印刷有限公司·张 祥
出版发行：西南师范大学出版社
地址：重庆市北碚区天生路2号
邮编：400715
印　　刷：重庆荟文印务有限公司
开　　本：720mm×1030mm 1/16
印　　张：18.5
字　　数：340千字
版　　次：2017年11月 第1版
印　　次：2017年11月 第1次
书　　号：ISBN 978-7-5621-9062-2

定　　价：60.00元

“智库丛书”编审组

目录
CONTENTS

引言

习近平总书记强调："文运同国运相牵，文脉同国脉相连。""文化自信，是更基础、更广泛、更深厚的自信。"文化发展成为中华崛起、中华复兴的重要支撑，"没有文明的继承和发展，没有文化的弘扬和繁荣，就没有中国梦的实现"。在文化繁荣发展的进程中，文化产业的发展成为文化继承与创新的重要引擎，在坚持社会效益优先原则下强化文化创意设计、强化产业引领，并由此形成文化事业支撑文化产业发展、文化产业反哺文化事业升级的双轮驱动格局，共同促进我国社会主义文化的大繁荣，成为当代中国文化发展的自然逻辑。

近年来，重庆认真贯彻落实中央和市委的战略部署，采取多种措施，大力发展文化产业，在经济下行压力下，文化产业仍保持持续快速发展态势。基本形成了较为完整的产业体系，文化产业两大部分10个大类相对完备。文化创意和设计服务业增速超过新闻出版发行业成长为第一门类，成为新的增长点。同时，产业保持高速增长，发展活力得到了逐步增强，市场主体茁壮成长，累计已有9家文化企业在新三板挂牌，猪八戒网、维普资讯、天极网、华龙网、大渝网等表现活跃，猪八戒网成为国内最大的文化创意交易平台。2016年已有7个国家级、66个市级文化产业示范基地，10个市级文化产业示范园区，文化产业规模化、集约化、专业化水平逐步提高，集群发展初具雏形。资本对文化产业发展的推动作用也得到了加强，财政出资3.5亿元，吸引社会资本14.5亿元，设立了两支文化产业股权投资引导基金，基金规模分别达到了3亿元和15亿元。截至2015年，全市主营文化的企业注册数首次达到9万家，文化产业实现增加值536亿元，同比增长13%，占全市GDP比重3.44%，略低于全国平均水平,发展水平居全国中游。通过课题组构建的文化产业发展水平评价指标体系的64项指标的综合排名也可以看出,重庆绝大多数指标排名处于全国16~24位之间。

纵观重庆文化产业发展的历程,我们可以看出文化产业的作用已经得到了初步的彰显,但还远未达到其应然的水平。从“十三五”发展目标来看,将文化产业发展成为重庆的支柱产业任务十分艰巨,按照全市生产总值2020年达到2.4万亿左右计算,文化产业增加值至少要达到1200亿元,年均增速为17.5%,没有超常规的举措难以实现。同时,市场主体实力偏弱,产值1亿元以上的文化企业不足百家,重庆至今没有一家收入上100亿元的文化企业,连续三届无一家企业入选“全国文化企业30强”。文化产品创新能力不强、文化品牌影响力不足、与相关产业融合发展不够,成为当下重庆文化产业发展的真实写照。

文化是软实力,但文化也有经济价值。倘若找准发展的切入点、政策的着力点,明确攻坚的难点、突破的重点,主动作为,通过文化产业发展的引领,把重庆丰富的文化资源优势、坚实的制造业优势、密集的创意人才优势和敢于先行先试的改革优势,转换成推动文化产业发展的集成优势,软实力也能变成经济发展的硬支撑。这一合理的发展路径已经被国内外不少地区的发展经验所证实。2016年3月英国文化、媒体与体育部发布的文化白皮书指出,在过去几年中,文化为英国所带来的经济价值逐年攀升。研究调查结果显示,2014年博物馆、艺廊、图书馆与音乐、表演及视觉艺术产业为英国整体经济带来约54亿英镑的贡献,文化产业成为英国经济转型中最为成功的产业之一。国内的北京、杭州、深圳、长沙、成都、西安等地的实践同样也证明了通过加快推进文化产业的发展可以达成三个方面的目的:顺应文化消费的井喷需求,促进“文化+产业”的深度融合,支撑文化事业的提档升级。他山之石,可以攻玉。未来重庆文化产业的发展,除了充分借鉴国内外的发展经验外,尤其必须继续巩固和壮大六大主体产业,牢牢把握融合发展这一阶段特征,紧紧抓住推进“文化+产业”这一发展战略,在以下五个方面着力。

（1）从发展思路上来看，未来五年重庆文化产业的发展要按照“市场主导、创新驱动、文化传承、科技支撑、多元融合、重点突破”的要求，抓好推进体制改革、完善产业体系、培育市场主体、引导产业集聚、推进融合发展、加强科技支撑、强化人才培养、健全市场体系等重点工作。

（2）从产业发展的重点领域来看，主要有两个方面：一是继续巩固和壮大新闻出版、影视动漫、演艺娱乐、工艺美术、文博会展、文化创意和设计服务等六大文化主体产业；二是加快推进“文化+制造”“文化+旅游”“文化+体育”等三大融合发展产业快速发展。

（3）从六大主体产业发展的抓手来看，新闻出版业以数字化改造为路径，加快融合发展和转型升级步伐；影视动漫产业以内容创新、业态创新为重点，做好融合发展和品牌发展；演艺娱乐业重点抓好选题策划、创作扶持、市场培育、传承发展、人才培养、宣传推广等六大工程；工艺美术产业重在创特色、创品牌、提高附加值、搭建交易平台；文博会展业以营销推广为重点，全面增强文博资源的传播能力和会展服务的组织能力；文化创意和设计服务业在于主动服务相关产业发展，重点培育建设一批国家级设计中心和多功能创意设计平台，形成一批文化创意和设计服务产业集聚区。

（4）从三大融合发展产业的突破口来看，“文化+制造”融合发展领域关键在于打通融合发展“最后一公里”，让文化真正加进去，重点抓好创新中心培育、创新团队建设、新产品开发和全产业链协同、全价值链集聚、全生态链服务等六大工程；“文化+旅游”融合发展领域主要是引导文化产业和旅游产业在规划设计、建设运营、业态发展、技术创新、企业培育、宣传营销、消费促进等方面充分融合；“文化＋体育”融合发展领域重在提升文化在体育赛事、体育产品、体育休闲健身等方面的参与度和渗透力，实现体育产业产业链延伸、价值链提升，提高公众体育文化消费的吸引力。

（5）从政策支持系统的构建来看，政府在推进文化产业发展的进程中，应从五个方面着力：一是从深化改革和扩大开放政策上，继续推进文化体制改革,厘清职责、注重协同、完善机制,增强文化产业活力,加快文化市场开放力度,大力鼓励文化产业“走出去”;二是从市场主体培育与创新驱动政策上,有序推进文化企业兼并重组,实施成长型文化企业培育计划,建立健全多层次创新创业投资基金,不断壮大文化金融服务规模;三是从财税扶持与文化经济政策上,恢复市级文化产业专项资金,鼓励设立区(县)级文化产业发展专项资金,继续落实文化企业税收减免政策,探索将文化服务行业纳入“营改增”试点范围,加大文化创意保险产品开发力度,做好文化及相关产业用地保障;四是从文化消费政策上,支持搭建文化消费服务联盟,实施居民文化消费直补,扩大政府采购文化产品范围;五是从行业治理与市场监管政策上,加强行业协会建设,完善文化产业监管体系,构建文化产业征信体系;六是从人才兴文政策上,加大文化产业人才队伍培育力度,健全和完善文创人才激励政策,探索文化企业职业经理人制度。

当今时代,“互联网+”“文化+”已经成为潮流,数字化、创意化已是“山花烂漫”,在文化产业乃至所有产业的发展中,未来拼的一定是创意文化,而不是传统意义上的文化,产品必须充满人情味,而不是自我的夸张与包装。

重庆作为国家五大中心城市之一,正处在按照习近平总书记对重庆提出的“一个目标”“两点定位”“四个扎实”的重要指示要求,全面推进各项改革难题的攻坚进程中。如何发挥好文化的引领作用,如何通过加快融合发展步伐发挥好文化产业的促进作用,延长各类产业的产业链,提升价值链,必将继续成为重庆未来发展重点关注的问题,同时这也是决策咨询研究的长期课题。

第一章 文化产业定义、特征及其发展阶段划分

DIYIZHANG WENHUA CHANYE DINGYI、TEZHENG JIQI FAZHAN JIEDUAN HUAFEN

第一章　文化产业的定义、特征及其发展阶段划分*

（2017年1月）

第一节　文化产业的一般定义与特征

一、文化产业的定义

当下对文化产业的定义集中在“创意产业”和“内容产业”两个方面。英国在1998年首次提出“创意产业”概念，强调产业集群的创造性和经济性，注重知识产权的核心作用；内容产业以欧盟和日韩为主，强调文化产品是文化内容产生的具有经济附加价值的有形无形的商品。考虑到我国的文化产业不仅仅只承担经济责任的特征，国家统计局更倾向于从“内容产业”的角度来定义文化产业的概念。

1.欧盟的定义

欧盟在“INFO2000计划”中把内容产业定义为“那些制造、开发、包装

*课题指导：童小平；课题组组长：陈澍；课题组副组长：严晓光、陈红、孟小军、陶宏宽；主研人员：孟小军、罗章、张伟进、王秀模、李刚、孙志军、邓靖、王德春；课题组联络员：陈乾。

和销售信息产品及其服务的产业”,主要范围包括:各种媒介上所传播的印刷品内容(报纸、书籍、杂志等),音像电子出版物内容(联机数据库、音像制品服务、电子游戏等)、音像传播内容(电视、录像、广播和影院)、用作消费的各种数字化软件等。

2.韩国的定义

韩国在此基础上进一步扩充了内容产业的定义及其范围,指出文化(内容)产业是与文化内容产品开发、制作、生产、交流、消费有关的产业,包括影视、音乐、游戏、动漫、演出、广告、出版、卡通形象、创意性设计、传统食品、传统工艺品、传统服饰等领域。韩国所定义的“文化产业”概念在其国内得到广泛的接受。

韩国的文化产业在短短十多年间异军突起,超越传统的制造业成为经济发展的核心动力。文化贸易的繁荣为韩国带来了巨大的经济和政治效益。其文化产业的发展模式成为东方文化产业成功的典型。作为与我国地缘接近、文化交往密切的新兴发展国家,韩国的发展经验对我国文化产业的发展更具借鉴学习价值。

3.国家统计局的定义

早在2004年,国家统计局在发布的《文化及相关产业统计分类》中指出“文化产业”是为社会公众提供文化娱乐产品和服务的生产活动,以及与这些活动有关联的活动集合。2012年国家统计局进一步明确文化及相关产业是为社会公众提供文化产品和文化相关产品的生产活动的集合。具体范围包括新闻出版发行服务、广播电视电影服务、文化艺术服务、文化信息传输服务等。该定义从文化内容产品的开发定义了我国文化产业的内涵。

二、文化产业的基本特征

表1-1 文化产业与文化事业属性

	文化产业	文化事业
主体	企业为主体(经营性管理体制)	政府为主体(公益性管理体制)
特征	1.盈利性 2.分众性 3.交易性	1.公益性 2.普惠性 3.基础性
内容	内容产业 创意产业	公共文化服务 文化基础设施建设
生产目的	文化商品	文化公共产品
提供者	企业或社会	政府或社会
资金来源	资本投入为主	国家财政为主
调控方式	企业采用价格杠杆进行间接调控为主	国家可以采取行政命令的方式直接调控
二者联系	协同发展	

从经验上观察,文化产业与文化事业不仅概念相似且活动也难以截然区分。但如上图所示,文化产业与文化事业之间客观存在着本质性区别,不可混淆。关键在于二者之间的目标互斥,文化事业是公益性的而文化产业是营利性的。文化事业提供社会文化服务,旨在文化倡导与文化关怀,是政府应尽的公共职责。文化产业提供文化商品,服务于个人需求,核心关系是经济上的供需关系。二者在是否谋求经济利益上是互斥的,因而,文化事业是政府责任而文化产业则是市场行为。相应的,企业是文化产业的主体,而文化事业则依赖政府;在内容上文化产业高度重视创意创新,文化事业关注群众的基本文化需求;在资金这一核心要素的投入上文化事业以财政拨款为主,而文化产业以社会资本为主。从

学理上看,文化事业建设与文化产业建设是与文化消费有关的两种在本质上互斥的行动。

第二节　文化产业发展阶段探讨

1990年,John Londregan 构建了产业生命周期不同阶段企业竞争的理论模型,从战略的角度研究产业生命周期,关注产业生命周期的阶段性对企业战略决策的影响,以及生命周期不同阶段如萌芽期、成长期、成熟期企业可能选择的战略决策。

从传统经济学的角度看,识别产业生命周期所处阶段的标志主要是:市场增长率、需求增长潜力、产品品种数量、竞争者数量等。本研究从政府产业促进战略建构的更为宏观的视角看待文化产业的发展周期,使用了“GDP 占比”“从业人数”“GDP 增加值”“产业效率水平”等指标来观察产业表现,划分产业阶段,分析产业各阶段的战略需求。

本研究服务于政府产业促进战略的建构,因此,以下的阶段描述仅反映出对文化产业的上升期的关注。

一、依附发展期

这一阶段,文化产业刚刚诞生或萌芽不久,属于新兴产业。与其他产业一样,这个阶段的文化产业将面临特别大的投资压力、研发压力、市场压力。较高的产品成本和价格与较小的市场需求给企业带来很大的投资风险。但是,文化产业所特有的“渗透性”“依附性”特征会引导早期的文化企业通过依附于其他行业,比如制造业、旅游业、商业等,获取发展平台,寻找发展机会。这一阶段的文化产业尚缺乏清晰的产业特点,生产体系不成熟，生产厂家少，品牌缺乏，市场不充分，消费群体不成熟，用户不稳定。此时，文化产业“GDP占比”“从业人数”“GDP增加值”“产业效率水平”等指标都没有特别出色的表现，从产业角度看，是处于需要特别培育和关怀的时期。这一时期政府的产业发展促进战略也主要以培育性政策供给为主。

二、融合发展期

文化产业在这一阶段有了一定程度的繁荣，企业数量更多，有了一定的产业规模，有了更庞大的产品体系，有了比较稳定的用户，市场需求增加，作为新兴产业已经获得独立的产业定位，文化产业与其他产业的依附关系调整为彼此既相对独立又彼此融合的关系，出现了分工合理、相互协作、相互补充、配套生产的跨行业厂家群体。该阶段，文化产业的加入对于传统产业的发展而言已经成为一种必须。虽然还没有完全改写前一段的产业间的关系，但在文化产业“GDP占比”“从业人数”“GDP增加值”“产业效率水平”等指标上已经有了很明显的表现。特别是在创造客户、提升产品品质、帮助开拓市场等方面，对传统行业的升级换代给予了积极的支持。行业间融合加剧，行业边界更加模糊，市场增长率提高但市场逻辑有了新的变化。大批投资者涌入文化产业，从而使该产业的规模迅速膨胀，在数量上呈加速增长趋势。但这一阶段行业内部竞争加剧，行业风险增加，创意创新的价值得到重视。优胜劣汰的竞争规律在这一过程中的作用尤其明显，其中部分产业由于种种原因如不符合社会需要或条件不成熟等而在竞争和选择中遭到淘汰或压缩。从政府政策供给的角度看，这一阶段的重点是提供扶持性、引导性政策。

三、支柱产业期

所谓的支柱产业期是指文化产业成熟阶段的前期，在产业结构当中的地位已经成长为“支柱”。学界通常以是否满足5%的GDP占比作为支柱期产业的认定标准。在这一阶段文化产业在“GDP占比”“从业人数”“GDP增加值”“产业效率水平”等指标上都表现良好。产业信心十足，产品丰富且市场需求快速增长，企业竞争策略由价格战向品质服务竞争转化，文化技术的创意创新成为产业发展的核心驱动。支柱产业往往代表着市场上产生的新需求，代表着产业结构转换的新方向，代表着现代科学技术产业化的新水平。因此，主导产业（或新兴产业）对整个产业结构系统的运行和发展起着重要的导向作用。

这应当是一个相对较长的时期。在这一时期里，在竞争中生存下来的少数大厂商垄断了行业的市场，每个大厂商拥有了自己的市场领域，并开始出现行业垄断。产业利润由于一定程度的垄断达到了很高的水平，而风险却因市场比例比较稳定。行业活力开始下降，因为垄断可能降低创新的热情，新兴企业难以进入成熟期市场，而依赖创造客户创造新的市场又风险太大，成功的概率不高。这一阶段的产业发展需要政府一方面支持大型企业，进一步升级产业融合，另一方面支持中小企业进入，建立一个更有活力的文化产业发展的市场环境。

四、产业引领期

这一时期，文化产业自身的发展规模已相当庞大而且产业品质很高。“GDP占比”“从业人数”“GDP增加值”等指标都表现突出。不仅在整个国民经济中所占的比重和所起的作用十分明显，在产业结构当中也跃升为主导产业。文化产业的产出或收入在整个产业系统中所占的比重比较大，对其他产业发展的影响也比较大，影响着区域GDP的增长幅度。产业的基本面兴旺繁荣，大型骨干企业已经很有规模，所需各主件和主要的套件的开发配套在相对独立而又开放的生产体系中完成，存在研发能力与市场管理能力都很强的领军型企业，自觉的“破坏性创新”能够不断提升企业的可持续发展能力，也为行业带来不断进步的活力。文化产业的强盛刺激了分工分业的发展，通常会再孕育出一些新的产业机会，吸引相关行业主动向文化产业靠拢以寻求发展，文化产业起到“引领者”的作用。

但按照产业生命周期的逻辑，这一阶段“产业效率水平”可能回落，可能遭遇市场增长率不高、需求增长率不高的困境。一种新技术会迅速普及和成熟，用户特点非常清楚和稳定，买方市场形成，产业内行业增长速度或许会降到一个更加适度的水平，产业的增长很大程度上依赖于创意创新的驱动，但是，新产品和产品的新用途开发事实上更为困难，政府在这一时期更应尊重市场规律，顺势而为，强化文化产业的创新驱动力，提供服务于产业自我提升的政策供给。

小结：国际学术界关于文化的定义历来众说纷纭，自然对于文化产业的定义也是种类繁多，欧盟、韩国等都有自己关于文化产业的定义，但无论大家如何定义文化产业，都把内容产业作为文化产业发展的一个重要领域。文化产业从文化、文化事业中孕育出来，并表现出其独有的生命力，在当下市场经济发展的背景下引领着文化的发展。纵观文化产业发展的历史，特别是在当代的中国，其发展的轨迹大致可以参照企业生命周期理论具体呈现出四个阶段，即：“依附发展期”“融合发展期”“支柱产业期”和“产业引领期”。

第二章　文化产业发展水平评价指标体系的构建与发展水平判定

DIERZHANG　WENHUA CHANYE FAZHAN SHUIPING PINGJIA ZHIBIAO TIXI DE GOUJIAN YU FAZHAN SHUIPING PANDING

第二章　文化产业发展水平评价指标体系的构建与发展水平判定

（2017年1月）

一、国内文化产业发展水平评价指标体系述评

当前，我国文化产业发展指标体系主要是以波特的钻石模型或对其稍加改进的模型为基础进行构建的。比如祁述裕提出的文化产业国际竞争力评价模型和相关指标体系，在模型中充分考虑了政府行为对文化产业的影响。

在研究理论方面，有的侧重于外生理论，有的侧重于内生理论。波特的钻石模型理论属于竞争优势的外生理论，而杰恩·巴尼的“VRIO”模型属于内生理论。李雪茹认为“VRIO”模型着重于内部资源与能力的分析，可以有效突出发展潜力、创新性和稀缺性等文化产业竞争力评价时的特性。

在指标选取与设计方面，由于文化产业政策影响过大，国内统计主管部门侧重行业管理和经济分析，致使文化产业的显性指标往往不够全面，更多的通过显—隐性指标进行综合分析。如徐萍、叶丽君，李琳、彭翊、胡惠林等，有的从现实竞争力和潜在竞争力两个层面构建了评价指标体系，有的进行了文化产业竞争力指数研究，如香港创意指数、上海创意指数等，有的按照“生产者+人力资源+文化资源和设施——文化产品和服务的生产——商业和公共文化消费市场”这一完整的产业内产品和

服务的生产与消费过程,建构了覆盖文化产业中商业类、艺术类和公共文化类三个主要产业类别的评价指标体系。

在研究视角方面,有的从宏观角度评估国家层面的文化产业竞争力,如祁述裕、雷光华、郑琳等;有的从中观层面评价区域(城市)文化产业的竞争力状况,如詹正茂、顾乃华和夏杰长、王岚等、马玉琪等;还有的从微观层面对文化产业园区或集聚区发展进行评价,如牛维麟、彭翊、史征等。另外,花建、王毅、王颖等,他们沿着"具体性—综合性"和"经营性—社会性"两个维度,阐述了不同层面竞争力内涵和特点的发展演变。

二、文化产业发展水平评价指标体系的构建

本研究以2012年国家统计局颁布的《文化及相关产业分类》为基本依据,结合现有全国各省、自治区、直辖市的文化及相关产业数据统计情况,基于钻石模型的构成要素,综合考虑我国现有的文化产业指数模型,通过设计框架和结合各统计指标对文化产业发展的影响评估,构建中国各省、自治区、直辖市的文化产业发展水平评价指标体系,运用统计学模型计算分析各省、自治区、直辖市的文化产业发展水平。

1.核心框架设置

产业投入及贡献。主要包括对文化产业占GDP比重、文化及相关产业固定资产投资等的评估。

整体实力。这是文化产业发展的主体,文化产业企业可分为文化制造业、文化服务业以及文化批发和零售业,该部分主要对3类形态规模以上企业的企业法人数量、从业人员、资产总计、资产收益率进行分析,评价地方文化产业的发展水平。

重点产业。主要是对文化艺术、娱乐业、广播电视、新闻出版、广告业、动漫产业、工业设计等七个行业发展情况进行统计分析,评价文化产业传统行业的发展情况。

关联产业。主要通过分析与文化产业发展密切相关的旅游业、制造业的统计数据，来评估文化与旅游、工业制造等领域的融合情况。

产业影响力。这是指在全国具有一定知名度、规模和实力的文化企业、文化园区、示范基地等，在全市的影响力。主要包含全国文化企业30强企业、国家级文化产业示范（试验）园区、国家级文化产业示范基地等几个方面的统计。

市场购买力。主要通过对全域居民人均消费支出、全域居民人均文化娱乐消费支出、城镇居民人均消费支出、城镇居民人均文化娱乐消费支出、农村居民人均消费支出、农村居民人均文化娱乐消费支出等6个指标评估文化消费市场的购买力。

在核心框架内，六个部分分别考量文化产业发展的不同方面，但又相互依存，集中反映了文化在生产、流通、消费等方面的综合实力。

2.评价模型构建

文化产业发展水平评价指标体系综合评价方法的基本思路是采用排名计分法，汇总梳理2014年国家统计局对各省市文化及相关产业的统计数据，将文化产业的发展情况分为文化产业的投入及经济贡献、文化企业及从业人员情况等6个方面共15项内容、60余项指标进行单项指标排名，同时组织专家对选取的指标权重的设计进行评判，并通过以下公式进行计算。

公式为:

$$X=(1-(a-1)/(N-1))\times 100$$

$$S = P_1\times X_1 + P_2\times X_2 + P_3\times X_3 + \ldots + P_n\times X_n = \sum(P_i\times X_i)$$

注：X为单个指标分值；

a为单个指标名次；

N为省、自治区、直辖市总数；

S为综合评分；

P为权数。

表2-1　文化产业发展水平评价指标体系评估表

内容名称	一级指标	主要指标	权值
产业投入及贡献（0.13）	文化产业的贡献度	文化产业占GDP比重	0.10
	文化产业的投入	文化及相关产业固定资产投资	0.03
整体实力（0.24）	文化制造业	规模以上企业法人数量	0.02
		规模以上企业从业人员	0.02
		规模以上企业资产总计	0.02
		规模以上企业利润总额	0.02
	文化服务业	规模以上企业法人数量	0.02
		规模以上企业从业人员	0.02
		规模以上企业资产总计	0.02
		规模以上企业利润总额	0.02
	文化批发和零售业	限额以上企业单位数	0.02
		限额以上企业从业人员数	0.02
		限额以上企业资产总计	0.02
		限额以上企业利润总额	0.02
重点产业（0.38）	文化艺术	文化文艺作品自愿登记数量	0.01
		图书出版物种类	0.01
		期刊出版物种类	0.01
		报纸出版物种类	0.01
		音像制品出版物种类	0.01
		电子出版物种类	0.01
	娱乐业	机构数	0.01
		从业人员	0.01
		资产合计	0.01
		营业利润	0.01

续表

内容名称	一级指标	主要指标	权值
重点产业(0.38)	广播电视	广播节目综合人口覆盖率	0.01
		电视节目综合人口覆盖率	0.01
		全年制作广播节目时间	0.01
		全年制作电视节目时间	0.01
		全年电视节目制作投资额	0.01
		全年电视节目国内销售额	0.01
		广播电视单位实际创收收入	0.01
	新闻出版	印刷单位数	0.01
		职工人数	0.01
		资产合计	0.01
		利润总额	0.01
	广告业	广告经营单位数	0.01
		广告从业人员数	0.01
		广告经营额	0.01
	动漫产业	企业数	0.02
		从业人员数	0.02
		资产总计	0.02
		利润总额	0.02
		原创漫画作品	0.01
		原创动漫作品	0.01
	工业设计	规模以上文化制造业企业新产品开发项目数	0.02
		外观设计专利	0.02
关联产业(0.08)	旅游业	国内旅游收入	0.01
		接待入境过夜游客(总计)	0.01
		接待入境过夜游客(外国人)	0.01
		国际旅游外汇收入	0.01

续表

<table>
<tr><th>内容名称</th><th>一级指标</th><th>主要指标</th><th>权值</th></tr>
<tr><td rowspan="4">关联产业（0.08）</td><td rowspan="4">制造业</td><td>计算机、通信和其他电子设备</td><td>0.01</td></tr>
<tr><td>汽车</td><td>0.01</td></tr>
<tr><td>铁路、船舶、航空航天和其他运输设备</td><td>0.01</td></tr>
<tr><td>医药</td><td>0.01</td></tr>
<tr><td rowspan="3">产业影响力（0.07）</td><td>著名企业</td><td>全国文化企业30强企业</td><td>0.03</td></tr>
<tr><td rowspan="2">国家级文化产业示范（试验）园区、示范基地</td><td>国家级文化产业示范（试验）园区</td><td>0.02</td></tr>
<tr><td>国家级文化产业示范基地</td><td>0.02</td></tr>
<tr><td rowspan="6">市场购买力（0.10）</td><td rowspan="2">全域居民消费支出</td><td>全域居民人均消费支出</td><td>0.01</td></tr>
<tr><td>全域居民人均文化娱乐消费支出</td><td>0.01</td></tr>
<tr><td rowspan="2">城镇居民消费支出</td><td>城镇居民人均消费支出</td><td>0.01</td></tr>
<tr><td>城镇居民人均文化娱乐消费支出</td><td>0.03</td></tr>
<tr><td rowspan="2">农村居民消费支出</td><td>农村居民人均消费支出</td><td>0.01</td></tr>
<tr><td>农村居民人均文化娱乐消费支出</td><td>0.03</td></tr>
</table>

3.发展水平判定

根据全国各省市文化产业发展水平评估分值表看，我们以95分、75分、45分为基准，设定95分及以上为引领型发展阶段，95分以下、75分及以上为支柱型发展阶段，75分以下、45分及以上为融合型发展阶段，45分以下为依附型发展阶段。（参见表2–3）

表2-2　全国各省市文化产业发展阶段评判表

文化产业发展阶段	评价分值标准(S)
引领型	S≥95
支柱型	75≤S<95
融合型	45≤S<75
依附型	S<45

三、文化产业发展水平评价指标体系的验证

本研究主要包括文化产业发展水平评价指标体系构建模型计算和发展水平判定两部分内容，为充分论证文化产业发展水平评价指标体系的科学性、合理性，首先，有关文化产业发展水平评价指标体系构建模型的论证，可通过类比其他研究成果来展开分析，对模型和科学合理性进行佐证。其次，有关文化产业发展水平的验证，按照国际惯例，文化产业发展水平核心评价指标为文化产业增加值占地方GDP的比重，当该指标达到5%以上，认为文化产业已成为该区域的支柱产业。事实上，由于文化产业与旅游等其他产业交融发展，在当前的统计中，很难明确界定地方GDP中文化产业增加值与旅游产业增加值的实际贡献率，因此在统计中，会出现一个地方的文化产业增加值占地方GDP比重已超过5%，而当地的整体经济发展水平不发达，对当地文化产业发展水平的判定不够准确的情况。

因此，本研究结合构建的文化产业发展水平评价指标体系的计算结果，同时选取文化产业增加值占地方GDP的比重和人均GDP两项指标，通过与文化产业发展水平较高的国家、城市比较，进一步验证各省、自治区、直辖市的文化产业发展水平。

小结:对一个地区文化产业发展水平的评价,历来是一个十分复杂的问题,这不仅包含着如何准确地界定产业的边界,更包含着如何准确地挖掘具有通识性的统计数据,因为只有基于公认的统计数据的比较才有达成共识的可能性,才能令人信服。我们通过梳理和比较国内主要的评价指标体系,提出了可以从产业投入及贡献、整体实力、重点产业、关联产业、产业影响力、市场购买力等六个方面来综合评价文化产业发展的整体水平,集中反映文化产业发展在生产、流通、消费等方面的综合实力。

第三章　重庆文化产业发展现状及问题

DISANZHANG　CHONGQING WENHUA CHANYE FAZHAN XIANZHUANG JI WENTI

第三章　重庆文化产业发展现状及问题

（2017年1月）

第一节　重庆文化产业发展现状

一、文化产业投入及贡献

“十二五”期间，重庆市文化及相关产业固定资产投资从2010年的234.64亿元增加到2014年的759.30亿元，年均增长率达到34.12%，重庆市文化产业增加值从2010年的238.75亿元增至2014年的474.36亿元，净增235.61亿元，每年的增长率均高于同年的GDP增速。从2014年全国文化产业发展统计数据看，文化产业增加值占全市GDP的比重由2.88%上升至3.33%，但仍低于全国平均水平。重庆的文化及相关产业固定资产投资额与全国平均值相近，整个文化产业发展水平位于全国中游（见表3-1、3-2）。

表3-1 2014年重庆文化产业贡献统计数据

内容 数值	文化及相关产业固定资产投资额(万元)	文化产业增加值占GDP比重
重庆数据	7 593 029	3.33%
全国平均值	7 643 559	3.76%

表3-2 2014年重庆文化产业贡献排名

内容 位次	文化及相关产业固定资产投资额	文化产业增加值占GDP比重
全国排名	15	16
西部地区排名	3	3
西南地区排名	2	1

从全国东、中、西部看,我国东部地区文化产业发展水平较高,中部地区各省份发展情况不一致,西部地区较为落后。东部地区的北京、浙江发展尤为突出,北京的文化产业增加值占全市GDP的比重为13.1%,远高于全国平均水平,文化产业增加值占比重仅次于金融业,已成为北京的第二大支柱产业。浙江通过加大文化及相关产业固定资产投资,推动文化产业快速发展,2014年浙江文化及相关产业固定资产投资额是全国平均值的1.4倍,文化产业增加值占全省GDP的比重已达到5%,文化产业已成为浙江的主导产业。中部地区的湖北的文化产业增加值占全省GDP的比重低于全国水平;湖南文化产业增加值占全省GDP的比重远高于全国平均水平,成为主导产业。西部地区的四川的文化产业增加值占全省GDP的比重远低于全国水平,仅为1.71%;陕西文化产业增加值占全省GDP的比重为3.7%,略低于全国水平。(见表3-3)

表3-3　2014年部分省市文化产业贡献统计数据[①]

省市名称＼内容	文化及相关产业固定资产投资额（万元）	文化产业增加值占GDP比重
北 京	2 283 402	13.1%
浙 江	10 747 329	5%
湖 北	11 091 809	3.1%
湖 南	12 277 538	5.7%
重 庆	7 593 029	3.33%
四 川	8 070 662	1.71%
陕 西	8 148 262	3.7%

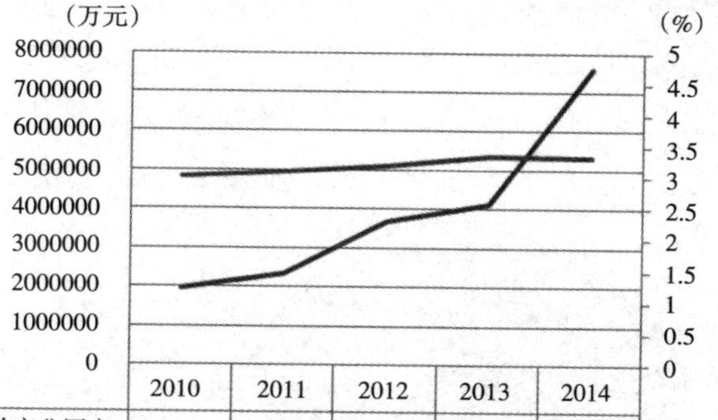

	2010	2011	2012	2013	2014
文化及相关产业固定资产投资额（万元）	1 940 720	2 346 382	3 675 129	4 131 973	7 593 029
文化产业增加值占GDP比重	3.01%	3.09%	3.2%	3.35%	3.33%

图3-1　2010—2014年重庆市文化及相关产业固定资产投资、文化产业增加值占GDP比重趋势图

从重庆2010年至2014年文化及相关产业固定资产投资、文化产业增加值占GDP比重的发展情况（图3-1）看，文化及相关产业固定资产投

①数据来源：《2015中国文化及相关产业统计年鉴》。

资持续增加,其中2014年文化及相关产业固定资产投资额是2013年1.84倍,文化产业增加值占GDP的比重也有所上升,但均低于全国水平,文化产业成为重庆的主导产业仍有很大差距。

二、文化企业及从业人员

依照国家统计局发布的《文化及相关产业分类(2012)》,我国在统计中主要结合文化及相关单位生产活动的特点,将行业分类中文化产业的相关类别进行重新组合。同时,参照国家统计局公布的《中国文化及相关产业统计年鉴》(2013—2015)相关数据,当前文化及相关产业统计主要包括了文化服务业、文化制造业、文化批发和零售业,根据以上三类涵盖的具体内容看,文化制造业和文化批发和零售业两大类别是文化产业的外向延伸,其主要内容是文化产品的制造与销售。文化服务业基本涵盖了文化产业的核心内容,包括以传媒产业和公共文化设施为主的核心文化服务业,以文化产业与相关产业融合产生的交叉型文化服务业。

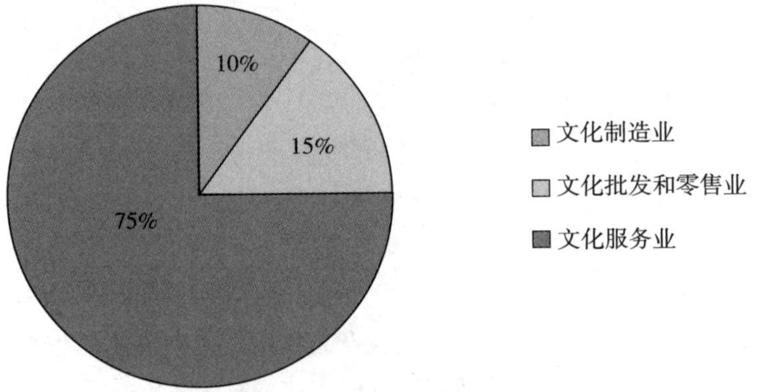

图3-2 2014年重庆文化企业数分类情况图①

①数据来源:《2015中国文化及相关产业统计年鉴》。

由图3-2可看出，重庆文化服务业企业数占整个文化及相关产业企业数的75%，文化服务业的发展是文化产业发展的重点。

国家统计局公布的《中国文化及相关产业统计年鉴》(2013—2015)表明，重庆文化企业从2012年的13 714家增加到2014年的25 192家，其中作为文化产业核心内容的文化服务业，总量从2012年的10 224家发展到2014年的18 784家，增长了83.7%。

1.文化服务业

从全国统计数据看，重庆规模以上文化服务业企业仍然存在数量较少、从业人员多、利润低等特点。规模以上文化服务业企业法人单位数远低于全国平均水平，在全国排名靠后；企业从业人员和资产总量较大，在全国的排名位于中上游，分别位于第12位和第11位，但利润总额与成本利润率较低，在全国排名靠后，特别是成本利润率，在全国排名第29位(见表3-4、3-5)。

表3-4　2014年重庆文化服务业规模以上企业发展情况①

内容 数值	企业数量(个)	从业人员数(人)	资产总计(万元)	利润总额(万元)	成本利润率(%)
重庆数据	348	57 824	7 162 691	147 149	2.05
全国平均值	588	77 409	10 455 401	777 546	7.44

表3-5　2014年重庆文化服务业规模以上企业排名

内容 位次	企业数量	从业人员数	资产总计	利润总额	成本利润率
全国排名	16	12	11	17	29
西部地区排名	2	1	1	3	10
西南地区排名	2	1	1	2	5

①数据来源：《2015中国文化及相关产业统计年鉴》。

以2014年部分省市文化企业统计数据(见表3-6)分析,文化服务业规模以上企业的资产总计、从业人员数量全国极不平衡,各省市文化服务业规模以上企业的利润总额和成本利润率与企业规模没有显著关系。重庆文化服务业规模以上企业从业人员数和资产总计远低于北京和浙江,北京从业人员数是重庆的6.57倍,资产总计是重庆的8.37倍,重庆的利润总额、成本利润率均远低于浙江、北京;重庆与中部地区的湖北、湖南相比,文化服务业规模以上企业资产和从业人员相差不大,但利润总额、成本利润率远低于湖南、湖北;重庆的文化服务业规模以上企业资产总计和从业人员数略高于西部的四川、陕西,但重庆的利润总额、成本利润率远低于四川,与陕西相当。

表3-6 2014年部分省市文化服务业规模以上企业发展情况

内容 省市名称	企业数量(个)	从业人员数(人)	资产总计(万元)	利润总额(万元)	资产收益率
北京	3121	380 179	59 957 674	4 325 865	7.21%
浙江	1194	142 532	30 341 000	5 256 527	17.32%
湖北	598	89 984	10 865 648	593 583	5.46%
湖南	565	64 025	9 746 807	682 875	7.01%
重庆	348	57 824	7 162 691	147 149	2.05%
四川	473	51 359	6 331 289	301 532	4.76%
陕西	289	36 865	5 574 577	118 439	2.12%

从2012年至2014年重庆市文化服务业法人单位数的增长趋势(图3-3)看,重庆文化服务业法人单位数持续增长,企业规模发展速度较快。2013年文化服务业法人单位数新增5873家,同比增长57.4%,2014年文化服务业规模以上企业法人单位数新增151家,同比增长76.6%。

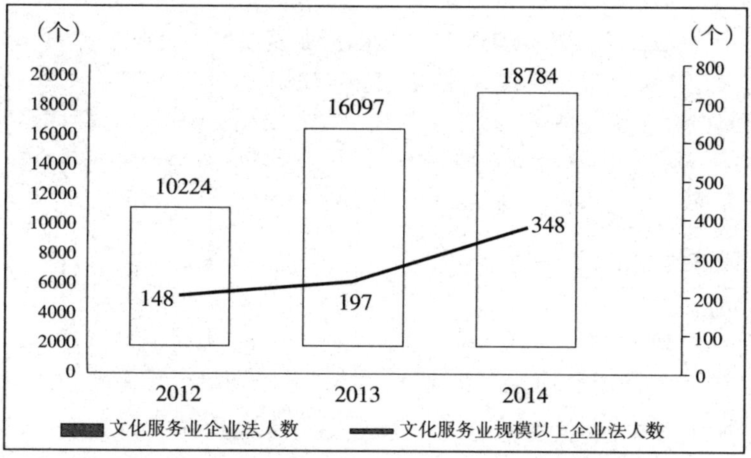

图3-3　2012—2014年重庆市文化服务业企业法人单位数增长趋势图①

2.文化制造业

从2014年全国文化制造业规模以上企业的发展情况看，重庆文化制造业企业数量较少，低于全国平均水平，从业人员数和资产总计都低于全国平均水平，但是从资产收益率看，高于全国平均值，全国排名靠前（见表3-7、3-8）。

表3-7　2014年重庆文化制造业规模以上企业发展情况

内容 数值	企业数量（个）	从业人员数（人）	资产总计（万元）	利润总额（万元）	资产收益率（%）
重庆数据	189	54 039	3 591 187	418 337	11.65
全国平均值	614	167 650	9 174 457	795 902	8

①数据来源：2013—2015年的《中国文化及相关产业统计年鉴》。

表3-8　2014年重庆文化制造业规模以上企业排名

内容 位次	企业数量	从业人员数	资产总计	利润总额	资产收益率
全国排名	17	13	16	15	10
西部地区排名	2	2	2	2	3
西南地区排名	2	2	2	2	3

从2014年部分省市文化制造业规模以上企业统计数据分析来看，东部地区浙江文化制造业规模以上企业数量、从业人员数、资产总计远高于重庆，但是资产收益率较低，中部地区湖南、湖北文化制造业规模以上企业数量、资产总计、从业人员数、利润总额均高于重庆，西部地区文化制造业规模以上企业发展水平不一致，四川文化制造业规模以上企业数量、从业人员数、资产总计、利润总额远高于重庆和陕西，但是资产收益率较低(见表3-9)。

表3-9　2014年部分省市文化制造业规模以上企业发展情况[①]

内容 省市名称	企业数量(个)	从业人员数(人)	资产总计(万元)	利润总额(万元)	资产收益率
北　京	186	42 216	4 102 945	158 871	3.87%
浙　江	2182	355 954	26 521 373	1 258 549	4.75%
湖　北	490	93 252	5 256 238	481 904	9.17%
湖　南	1388	384 395	10 428 472	1 606 788	15.41%
重　庆	189	54 039	3 591 187	418 337	11.65%
四　川	371	121 111	11 956 135	464 645	3.89%
陕　西	103	26 124	1 497 242	149 715	10.00%

①数据来源:《2015中国文化及相关产业统计年鉴》。

3.文化批发和零售业

从2014年全国文化批发和零售业限额以上企业的发展情况看，重庆文化批发和零售业限额以上企业数量少，但是从业人员数、资产总计、利润总额较高，均在全国中游水平，资产收益率较好，在全国排名第1位。（见表3-10、3-11）

表3-10 2014年重庆文化批发和零售业限额以上企业发展情况

内容 数值	企业数量（个）	从业人员数（人）	资产总计（万元）	利润总额（万元）	资产收益率
重庆数据	142	14 659	1 567 706	245 345	15.65%
全国平均值	275	16 813	2 763 961	119 744	5%

表3-11 2014年重庆文化批发和零售业限额以上企业排名

内容 位次	企业数量	从业人员	资产总计	利润总额	资产收益率
全国排名	19	11	14	6	1
西部地区排名	3	2	2	1	1
西南地区排名	2	2	2	1	1

以2014年部分省市文化批发和零售业限额以上企业统计数据分析，东部地区的浙江，中部地区的湖南、湖北，西部地区的四川文化批发和零售业限额以上企业数量、资产总计、从业人员数、利润总额远高于重庆，资产收益率远低于重庆。（见表3-12）

表3-12　2014年部分省市文化批发和零售业限额以上企业发展情况

内容 / 省市名称	企业数量（个）	从业人员（人）	资产总计（万元）	利润总额（万元）	资产收益率（%）
北　京	186	42 216	4 102 945	158 871	3.87
浙　江	2182	355 954	26 521 373	1 258 549	4.75
湖　北	490	93 252	5 256 238	481 904	9.17
湖　南	1388	384 395	10 428 472	1 606 788	15.41
重　庆	142	14 659	1 567 706	245 345	15.65
四　川	371	121 111	11 956 135	464 645	3.89
陕　西	103	26 124	1 497 242	149 715	10.00

三、重点产业

1.文化艺术

从2014年全国文化艺术作品产出的数据看，重庆在文化版权保护方面取得的成效较大，文艺作品自愿登记数量在全国位居前列；在传统文化出版物（图书、期刊、报纸、音像制品）种类方面低于全国平均值，排名居于全国中下游；电子出版物全国各省、自治区、直辖市出版种类相差甚大，虽然重庆在全国排名靠前，但仍低于全国平均值。

表3-13　2014年重庆市文化艺术作品产出统计数据①

数值＼内容	文艺作品自愿登记数量（件）	图书出版物（种）	期刊出版物（种）	报纸出版物（种）	音像制品出版物（种）	电子出版物（种）
重庆数据	36 288	6062	138	27	94	121
全国平均值	29 432	8548	226	55	306	135

表3-14　2014年重庆市文化艺术作品产出排名

位次＼内容	文艺作品自愿登记数量	图书出版物	期刊出版物	报纸出版物	音像制品出版物	电子出版物
全国排名	5	19	24	26	20	10
西部地区排名	1	6	6	9	5	2
西南地区排名	1	3	2	5	3	2

对比全国东、中、西部地区部分省市的文化艺术作品产出数据看，重庆在文化版权保护方面，在西部位于前列，但与北京、浙江差距较大，在传统文化出版物（图书、期刊、报纸、音像制品）种类方面，图书出版物种类仅为浙江的1/4，音像制品出版物种类为浙江的1/5，电子出版物种类在国内排名靠前，但浙江是重庆的3.79倍。与中部地区湖南、湖北相比，传统文化出版物（图书、期刊、报纸、音像制品）的种类，重庆还有较大差距。与西部地区四川、陕西相比，重庆的传统文化出版物（图书、期刊、报纸）种类低于四川、陕西，陕西的音像制品出版物种类高于重庆，四川的电子出版物种类是重庆的2.76倍。

①数据来源：《2015中国文化及相关产业统计年鉴》。

表3-15　2014年部分省市文化艺术作品产出统计数据

内容 / 省市名称	文化文艺作品自愿登记数量（件）	图书出版物种类（种）	期刊出版物种类（种）	报纸出版物种类（种）	音像制品出版物种类（种）	电子出版物种类（种）
北京	510843	10 802	172	35	355	92
浙江	53010	23 936	468	81	441	458
湖北	2015	15 910	424	74	138	216
湖南	1842	11 340	253	48	495	51
重庆	36 288	6062	138	27	94	121
四川	2023	9095	353	88	92	334
陕西	1002	9334	286	43	145	44

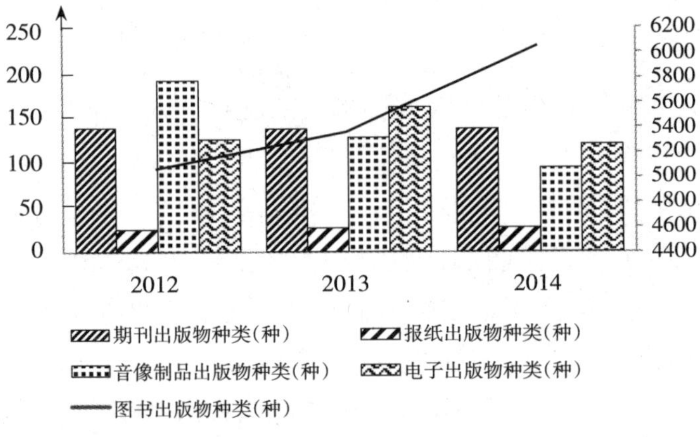

图3-4　2012—2014年重庆文化作品产量变化趋势图

从2012年至2014年重庆文化作品变化趋势图看，期刊、报纸出版物种类变化不大，音像制品出版物种类受互联网快速发展、电子出版物增多的影响，呈下降趋势，2012年为191种，2014年已减少至94种，图书出版物种类呈增长趋势，2012年至2014年，图书出版物种类从5052种增至6062种，其中2014年增长了706种，同比增长率为13.2%。

2.广播电视

根据2014年全国广播影视的统计数据，重庆在广播节目综合人口覆盖率、电视节目综合人口覆盖率上取得了较好成绩，高于全国平均值，位于西部地区前列。但在广播电视制作方面重视不够，全年制作广播节目时间远低于全国平均值，在全国排名第27位，在西部地区排名第8位，全年制作电视节目时间略高于全国平均值，但在全国处于中下游，在西部名列第5，大大低于陕西和四川。

表3-16　2014年重庆广播影视基本情况

内容 / 数值	广播节目综合人口覆盖率	电视节目综合人口覆盖率	全年制作广播节目时间(小时)	全年制作电视节目时间(小时)
重庆数据	98.44%	98.95%	74 646.17	71 960.17
全国平均值	97.80%	98.44%	150 132.84	63 364.10

表3-17　2014年重庆广播影视排名

内容 / 位次	广播节目综合人口覆盖率	电视节目综合人口覆盖率	全年制作广播节目时间	全年制作电视节目时间
全国排名	14	11	27	21
西部地区排名	2	1	8	5
西南地区排名	1	1	4	3

从2014年部分省市广播影视统计情况可以看出，重庆全年制作广播电视节目时间与其他省市还有较大的差距，与东部省市相比，浙江全年制作广播节目时间是重庆的6.7倍，浙江全年制作电视节目时间是重庆的2.17倍；与中部省市相比，湖北全年制作广播节目时间是重庆的3.25倍，湖南全年制作电视节目时间是重庆的2.41倍；与西部省市相比，重庆

全年制作广播节目时间仅为四川的1/3,全年制作电视节目时间仅为四川的1/2。

表3-18　2014年部分省市广播影视基本情况

内容／省市名称	广播节目综合人口覆盖率	电视节目综合人口覆盖率	全年制作广播节目时间(小时)	全年制作电视节目时间(小时)
北 京	100.00%	100.00%	139 281.08	100 528.43
浙 江	99.57%	99.65%	500 324.60	156 267.72
湖 北	98.90%	98.89%	242 883.05	109 228.35
湖 南	93.48%	97.51%	179 588.40	141 940.98
重 庆	98.44%	98.95%	74 646.17	71 960.17
四 川	97.04%	98.07%	237 558.42	144 359.70
陕 西	97.77%	98.49%	241 756.10	110 335.55

根据2014年全国广播影视投资及创收情况的统计数据,重庆电视节目的制作投资额与全国各省、自治区、直辖市相比,位于中游水平,但远低于全国平均值,在西部地区位于前列;全国各省、自治区、直辖市全年电视节目国内销售额情况分布极不平衡,重庆在全国排名靠前,但远低于全国平均值;重庆广播电视单位实际创收收入位于全国下游水平,在西南地区排名也靠后。

表3-19　2014年重庆广播影视投资及创收情况[①]

内容 数值	全年电视节目制作投资额（万元）	全年电视节目国内销售额（万元）	广播电视单位实际创收收入（万元）
重庆数据	17 078.00	11 149.96	408 042.53
全国平均值	526 689.931	88 595.99	982 241.27

表3-20　2014年重庆广播影视投资及创收情况排名

内容 位次	全年电视节目制作投资额	全年电视节目国内销售额	广播电视单位实际创收收入
全国排名	16	12	19
西部地区排名	2	2	4
西南地区排名	1	1	3

从2014年部分省市广播影视统计情况看，全国各省市电视节目的制作投资额、销售额和实际创收收入差距较大。重庆与东部地区北京、浙江相比，北京全年电视节目制作投资额是重庆的46.7倍，全年电视节目国内销售额是重庆的45倍，广播电视单位实际创收收入是重庆的9.9倍；浙江全年电视节目制作投资额是重庆的26.4倍，全年电视节目国内销售额是重庆的73.3倍，广播电视单位实际创收收入是重庆的9.3倍。重庆与中部地区湖北、湖南相比，湖北全年电视节目制作投资额是重庆的9.5倍，全年电视节目国内销售额是重庆的1.4倍，广播电视单位实际创收收入是重庆的2.2倍；湖南全年电视节目制作投资额是重庆的3.1倍，全年电视节目国内销售额是重庆的3.1倍，广播电视单位实际创收收入是重庆的4.9倍。重庆与西部地区四川、陕西相比，全年电视节目制作投资额相当，全年电视节目国内销售额重庆高于四川，但四川广播电视单位实际创收收入是重庆的2.3倍。

①数据来源：《2015中国文化及相关产业统计年鉴》。

表3-21　2014年部分省市广播影视基本情况比较[①]

省市名称＼内容	全年电视节目制作投资额（万元）	全年电视节目国内销售额（万元）	广播电视单位实际创收收入（万元）
北 京	797 247.00	50 1357.82	4 042 157
浙 江	450 426.00	817 289.72	3 801 994
湖 北	161 567.00	16 000.79	890 206
湖 南	52 485.00	34 850.85	1 984 606
重 庆	17 078.00	11 149.96	408 042.53
四 川	13 519.00	6 748.86	945 676.6
陕 西	164 997.00	171 307.11	727 206.3

从2012年至2014年重庆广播电视企业实际创收增长趋势图（图3-5）看，近三年广播电视企业实际创收呈增长趋势，年均增长率为16.5%，其中2014年增长了68 446万元，同比增长20.1%。与文化及相关产业增加值相比，2013年广播电视企业实际创收增长率低于文化及相关产业增加值增长率，2014年文化及相关产业增加值增长率下降，而广播电视企业实际创收快速增长。

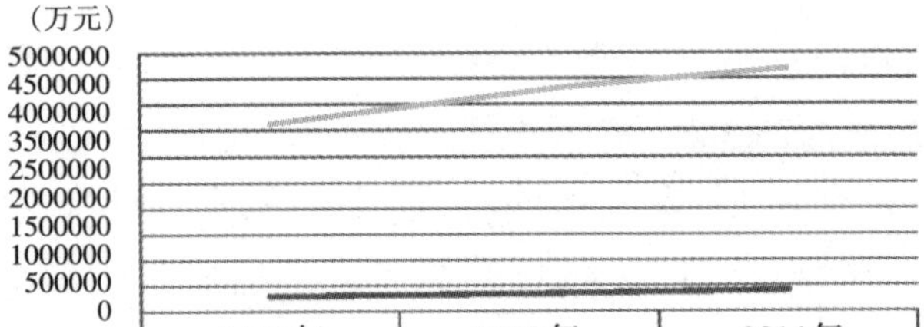

	2012年	2013年	2014年
广播电视企业实际创收（万元）	300 509	339 597	408 043
文化及相关产业增加值（万元）	3 651 200	4 282 305	4 749 579

图3-5　2012—2014年重庆广播电视企业实际创收增长趋势图[②]

①数据来源：《2015中国文化及相关产业统计年鉴》。

②数据来源：2013—2015年的《中国文化及相关产业统计年鉴》。

3.新闻出版

新闻出版业是文化产业的重要组成部分,新闻出版业的发展对丰富人民群众精神文化生活,培育新的经济增长点,扩大对外开放,推动我国新闻出版业更好更快地走向世界,都具有重要的意义。根据2014年全国出版作品产出统计数据看,重庆新闻出版行业存在印刷单位数量少、员工人数多、产量低、总资产收益率偏低等问题。印刷单位数远低于全国平均数,在全国排名处于中下游位置,印刷单位职工人数却接近全国平均值,拥有的职工人数在全国排名在中游水平,装订产量和资产远低于全国平均水平,在全国排名分别列第17名和第16名。由于整个新闻出版业市场形势较差,重庆的总资产收益率仅为6.79%,却在全国排名第5名。

表3-22 2014年重庆市新闻出版作品产出统计数据①

内容 / 数值	印刷单位数(个)	职工人数(人)	装订产量(万元)	资产合计(万元)	利润总额(万元)	总资产收益率
重庆数据	197	14 053.00	454	465 492	31 635	6.79%
全国平均值	293	15 757	1031	682 597	42 119	5.53%

表3-23 2014年重庆市新闻出版作品产出统计数据排名

内容 / 位次	印刷单位数	职工人数	装订产量	资产合计	利润总额	总资产收益率
全国排名	17	14	17	16	13	5
西部地区排名	3	2	3	3	2	3
西南地区排名	2	1	2	2	2	2

①数据来源:2015年中国文化及相关产业统计年鉴。

对比全国部分省、直辖市的印刷单位资产统计数据,各省、直辖市印刷单位的资产统计数据相差较大,重庆印刷单位的资产在全国排名第十六名,但是,北京印刷单位资产是重庆的5.4倍、浙江印刷单位资产是重庆的3.9倍;装订产量方面,北京是重庆的7.3倍,浙江是重庆的3.9倍。结合重庆印刷单位的资产情况,重庆印刷单位的利润总额在全国的发展情况较为良好。

表3-24 2014年部分省市新闻出版作品产出统计数据

内容 省市名称	印刷单位数(个)	职工人数(人)	装订产量(万令)	资产合计(万元)	利润总额(万元)	总资产收益率
北京	794	39 591.00	3316	2 491 568	99 996	4.01%
浙江	928	33 322.84	1767	1 838 014	62 477	3.39%
湖北	357	18 730.00	1469	643 583	13 154	2.04%
湖南	498	22 341.69	1308	1 117 320	142 906	12.79%
重庆	197	14 053.00	454	465 492	31 635	6.79%
四川	201	12 249.00	1148	389 249	32 705	8.40%
陕西	214	15 875.00	721	588 039	25 659	4.36%

4.广告业

广告业作为我国现代服务业和文化产业的重要组成部分,在服务推进我国经济转型升级、引导扩大消费、促进经济增长、繁荣社会文化中将继续发挥积极作用。从2014年全国的广告业发展情况看,重庆广告业存在广告企业多、人员多、收益低的问题,在拥有广告经营单位数和经营人员数量上有较好的优势,广告经营单位数在全国排名第4名,广告从业人员数在全国排名第6名,但从广告经营额看,低于全国平均值,全国排名居于中下游。

表3-25　2014年重庆市广告业基本情况①

内容 / 数值	广告经营单位数（个）	广告从业人员数（人）	广告经营额（万元）
重庆数据	33 661	160 564	642 168
全国平均值	17 538	87 675	1 808 259

表3-26　2014年重庆市广告业基本情况排名

内容 / 位次	广告经营单位数	广告从业人员数	广告经营额
全国排名	4	6	15
西部地区排名	1	1	2
西南地区排名	1	1	2

从2014年全国部分省市广告业发展情况看，各省市的广告业发展差距明显，呈现出东部地区发达，中部地区发展情况不一致，西部地区较差的态势。重庆与东部地区北京、浙江相比，广告经营单位数和从业人员没有明显差距，但广告经营额仅为北京的1/30，仅为浙江的1/5；与中部地区湖北、湖南相比，重庆广告经营单位数和经营人员都高于两省，但广告经营额仅为湖北的1/2，湖南是重庆的2.7倍；与西部地区四川、陕西相比，重庆广告经营单位数和经营人员都高于两省，但广告经营额低于四川。

①数据来源：《2015中国文化及相关产业统计年鉴》。

表3-27　2014年部分省市广告业统计数据

内容 省市名称	广告经营单位数（个）	广告从业人员数（人）	广告经营额（万元）
北京	28 823	127 369	19 218 405
浙江	29 967	186 297	3 154 643
湖北	15 618	85 964	1 248 263
湖南	17 871	107 641	1 764 002
重庆	33 661	160 564	642 168
四川	16 548	47 343	1 167 277
陕西	1976	9415	124 646

5.娱乐业

从全国娱乐场所的统计情况可以得出，重庆的娱乐场所机构数和从业人员与全国平均水平相当，资产总计远低于全国平均值，在全国排第21位，处于下游水平，营业利润因资产过低，也远低于全国平均值，但资产收益率基本达到全国平均水平。

表3-28　2014年重庆市娱乐场所营业情况①

内容 数值	机构数（人）	从业人员（人）	资产总计（万元）	营业利润（万元）	资产收益率
重庆数据	2651	22 964	235 712	54 374	23.07%
全国平均值	2715	23 533	520 805	84 075	24%

①数据来源：《2015中国文化及相关产业统计年鉴》。

表3-29 2014年重庆市娱乐场所营业情况排名

内容 位次	机构数	从业人员	资产总计	营业利润	资产收益率
全国排名	13	15	21	13	7
西部地区排名	3	3	3	5	5
西南地区排名	3	3	3	4	2

对比全国部分省、直辖市的娱乐场所统计数据，各省、直辖市机构数和资产总计的统计数据相差较大，四川的娱乐场所的机构数是重庆的2.2倍，北京娱乐场所资产总计是重庆的7.1倍、浙江的娱乐场所资产总计是重庆的5.8倍。但重庆的资产收益率远高于北京、浙江。

表3-30 2014年部分省市娱乐场所营业情况

内容 省市名称	机构数（个）	从业人员（人）	资产总计（万元）	营业利润（万元）	资产收益率
北京	995	10 055	1 677 237	26 656	1.59%
浙江	4745	66 199	1 379 797	136 472	9.89%
湖北	2261	23 821	401 101	90 971	22.68%
湖南	2842	33 637	318 760	110 017	34.51%
重庆	2651	22 964	235 712	54 374	23.07%
四川	5822	41 296	735 705	151 772	20.63%
陕西	1017	12 103	199 508	34 363	17.22%

6.动漫产业

在宏观政策激励和一系列鼓励扶持动漫产业发展的专项政策支持下，中国动漫产业经历了从小到大、由少到多、由代工走向原创的转变，在推动文化产业结构升级、加快转变经济发展方式方面发挥着日益重要的作用。从2014年全国动漫产业发展的统计情况来看,全国各地动漫业企业家、从业人员、资产都已有一定的规模,但是利润相对较差,需大力提升动漫作品质量和市场竞争力。就重庆动漫产业看,企业数、从业人员、资产总计远低于全国平均值,在全国排名均处于中下游位置,但利润总额在全国排名为第9名;从原创漫画作品、原创动画作品看,重庆原创漫画作品和动画作品的生产数量远低于全国的平均值,在西部排名也较为靠后。

表3-31　2014年重庆市动漫业发展情况①

内容 数值	企业数（个）	从业人员（人）	资产总计（万元）	利润总额（万元）	原创漫画作品（部）	原创动画作品（部）
重庆数据	6	477	20 165	1614	5	5
全国平均值	20	1082	63 033	3971	324	107

表3-32　2014年重庆市动漫业发展情况排名

内容 位次	企业数	从业人	资产总计	利润总额	原创漫画作品	原创动画作品
全国排名	24	17	17	9	22	26
西部地区排名	4	1	1	1	4	6
西南地区排名	2	1	1	1	2	3

从2014年全国部分省市动漫业发展情况看,东、中、西部发展水平不平衡,东部最为发达,中、西部地区部分省市发展迅速。以东部地区北京、浙江为例,2014年北京的原创漫画作品为3113部,原创动画作品为223部,浙江的原创漫画作品为1036部,原创动画作品为83部,远远高于其他省市;中、西部地区中,湖南动漫企业为24家,原创漫画作品为303部,原创动画作品为96部;四川动漫企业只有5家,原创动画作品竟然达到282部。

①数据来源:《2015中国文化及相关产业统计年鉴》。

表3-33 2014年部分省市动漫业发展情况①

省市名称 \ 内容	企业数（个）	从业人员（人）	资产总计（万元）	利润总额（万元）	原创漫画作品(部)	原创动画作品(部)
北京	66	2465	173 502	539	3113	223
浙江	23	992	105 639	2399	1036	83
湖北	36	2169	151 999	20 085	55	27
湖南	24	2140	126 253	18 862	303	96
重庆	6	477	20 165	1614	5	5
四川	5	413	7479	702	12	282
陕西	8	317	12439	1051	206	19

7.工业设计

我国比较系统地引进工业设计的理念、方法只有30多年的时间，前20年发展较为缓慢，随着我国工业经济的快速发展，工业设计越来越受重视，近十年间取得了快速的发展。仅仅从文化制造业企业新产品开发项目数和外观设计专利两项指标情况来看（见表3-34），重庆在文化制造业企业新产品开发项目数和外观设计专利方面远低于全国平均值，在全国排名处于靠后位置。

表3-34 2014年重庆工业设计统计数据

数值 \ 内容	规模以上文化制造业企业新产品开发项目数（个）	外观设计专利数（个）
重庆数据	62	389
全国平均值	585	1314

①数据来源：《重庆经济年鉴2015》。

表3-35 2014年重庆工业设计统计数据排名

位次＼内容	规模以上文化制造业企业新产品开发项目数	外观设计专利数
全国排名	19	14
西部地区排名	4	2
西南地区排名	3	2

从2014年重庆及其他省、直辖市的工业设计的统计数据来看，我国东部地区省市工业设计发发展较快，浙江规模以上文化制造业企业新产品开发项目数约为重庆的38.3倍，外观设计专利数是重庆的21.7倍，北京规模以上文化制造业企业新产品开发项目数是重庆的5.6倍；中、西部地区各省市发展情况不一致，西南地区四川省规模以上文化制造业企业新产品开发项目数是重庆的近30倍，外观设计也远远高于重庆。

表3-36 2014年部分省市工业设计统计数据

省市名称＼内容	规模以上文化制造业企业新产品开发项目数(个)	外观设计专利数(个)
北 京	347	943
浙 江	2374	8450
湖 北	279	409
湖 南	268	696
重 庆	62	389
四 川	1787	577
陕 西	98	255

四、文化关联产业

1.旅游业

旅游业既是劳动密集型产业，也是第三产业的龙头，其产业链条长，辐射面广，关联带动性强。随着近年经济的快速发展，旅游业也进入快车道，迅猛向前发展。目前，重庆市已有磁器口、洪崖洞、武隆旅游群等著名文化旅游景点（见表3-37），包括影视（动漫）旅游、创意产业园区旅游、主题公园旅游、历史文化街区旅游、新兴街区旅游、节庆文化旅游等多种发展模式。当前，重庆“文化+旅游”已具备较好的发展基础，但从发展水平看，仍处于旅游开发初级阶段，文化与旅游“两张皮”现象还比较突出，文化创意内生驱动旅游发展的力度依旧较小。

表3-37　重庆文化创意旅游发展模式

发展模式	重要载体
影视（动漫）旅游	永川茶山竹海、武隆天福官驿、大足龙水湖、民国街、视美动漫基地、茶园新区动漫基地、北部新区高新园动漫基地、大学城数字娱乐基地、天健创意动漫产业基地
创意产业园区旅游	坦克库——当代艺术中心、501艺术创意仓库、东和地产创意产业园
主题公园旅游	龙门阵主题公园、方特科技创业产业园、南山加勒比海水世界、永川乐和乐都主题公园
历史文化街区旅游	磁器口古镇、洪崖洞、巴国城、湖广会馆及东水门历史文化街区
新兴街区旅游	黄桷坪涂鸦艺术街区、美心洋人街
节庆文化旅游	西部国际动漫文化节、长江三峡国际旅游文化节

从2014年全国旅游业发展的统计数据看，重庆国内旅游收入和国际旅游外汇收入、接待过境过夜游客均低于全国平均值，全国排名居于中下游，在西部排名也靠后。

表3-38　2014年重庆市旅游业基本情况[①]

内容 / 数值	国内旅游收入(亿元)	接待入境过夜游客总计(万人次)	接待入境过夜游客外国人(万人次)	国际旅游外汇收入(百万美元)
重庆数据	1912.6	126.4	80.6	1354.4
全国平均值	2935.3	293.8	154.0	2097.4

表3-39　2014年重庆市旅游业基本情况排名

内容 / 位次	国内旅游收入	接待入境过夜游客(总计)	接待入境过夜游客(外国人)	国际旅游外汇收入
全国排名	21	19	18	13
西部地区排名	5	5	5	4
西南地区排名	3	3	3	2

从2014年全国部分省市旅游业发展的统计数据看，重庆的旅游业在全国市场占有份额较少。与东部省市北京、浙江相比，重庆的国内旅游收入约为北京的1/2、浙江的1/3；北京的国际旅游外汇收入是重庆的3.4倍，浙江是重庆的4倍；北京接待入境过夜游客(总计)是重庆的3.4倍，浙江是重庆的3倍；北京接待入境过夜游客(外国人)是重庆的4.5倍，浙江是重庆的3倍。与中部、西部地区省市比，重庆在国际旅游外汇收入方面有一定的优势，但是在国内旅游收入、接待入境过夜游客(总计)和接待入境过夜游客(外国人)方面，均有一定的差距。

①数据来源:《2015中国文化及相关产业统计年鉴》。

表3-40　2014年部分省市旅游业统计数据

内容 省市名称	国内旅游收入（亿元）	接待入境过夜游客总计（万人次）	接待入境过夜游客外国人（万人次）	国际旅游外汇收入（百万美元）
北京	3997	427.5	365.5	4608.0
浙江	5947	370.9	269.8	5753.5
湖北	3676	277.1	213.3	1238.5
湖南	3001	219.5	100.1	800.0
重庆	1912.6	126.4	80.6	1354.4
四川	4838	240.2	169.7	857.7
陕西	2435	266.3	185.8	1768.7

2.制造业

重庆是中国传统的重工业基地，“十二五”期间，紧紧围绕“6+1”优势产业，推进转型提质，做大做强制造业。据2015年重庆市国民经济和社会发展统计公报，重庆市全年实现工业增加值5 557.52亿元，比上年增长7.3%，占全市地区生产总值的35.4%。其中规模以上工业增加值增长10.8%，规模以上工业企业实现总产值21 404.66亿元，同比增长12.4%。其中，大中型企业总产值14 668.15亿元，增长6.3%，占规模以上工业总产值的68.5%；国有控股企业总产值5415.18亿元，增长8.9%，占规模以上工业企业总产值的25.3%；制造业总产值4028.40亿元，增长12.6%，占规模以上工业总产值的18.8%。

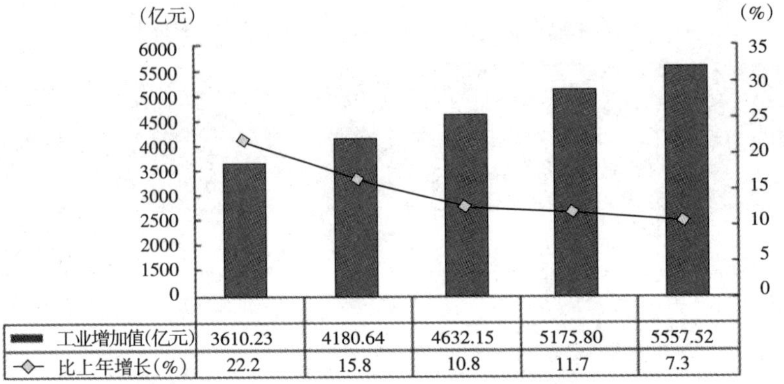

图3-6　2011—2015年重庆工业增加值及其增长速度[①]

表3-41　2015年规模以上工业企业总产值

指标		绝对值（亿元）	同比增长
规模以上工业企业总产值		21 404.66	12.4%
按轻重工业分	轻工业	5481.32	11.2%
	重工业	15 923.34	12.8%
按登记注册类型分	国有	182.51	24.8%
	集体	34.23	14.9%
	股份合作制	18.28	-10.3%
	股份制	15 683.48	16.8%
	外商及港澳台	5103.79	0.8%
	其他	382.37	9.4%

全年规模以上工业企业中，汽车制造业实现总产值4707.87亿元，同比增长20.2%；电子制造业实现总产值4075.56亿元，同比增长10.4%；装备制造业实现总产值3390.73亿元，同比增长9.9%；化医行业实现总产值1629.48亿元，同比增长13.7%；材料行业实现总产值2910.73亿元，同比

①来自2015年重庆市国民经济和社会发展统计公报。

增长6.9%；消费品行业实现总产值3275.73亿元，同比增长13.1%；能源工业实现总产值1414.56亿元，同比增长9.4%。

全年规模以上工业企业实现利税总额2439.20亿元，同比增长13.1%；实现利润总额1393.80亿元，同比增长16.5%；总资产贡献率14.9%，同比持平；产品销售率97.8%，同比下降0.1个百分点；全员劳动生产率298 820元/人年，同比增长12.5%。

但是从2014年部分制造业的数据统计情况看，重庆的优势产业计算机、通信和其他电子设备，汽车，以及铁路、船舶、航空航天和其他运输设备在全国具有较好的优势，计算机、通信和其他电子设备和汽车在全国排名靠前，分列第9位和第7位，医药行业在全国工业企业的销售产值（当年价格）排名中，位于中下游水平。

表3-42　2014年重庆市部分制造业发展统计数据[①]

（单位：亿元）

内容 / 数值	计算机、通信和其他电子设备销售产值	汽车业销售产值	铁路、船舶、航空航天和其他运输设备销售产值	医药行业销售产值
重庆数据	2854.63	3739.05	1432.80	375.25
全国平均值	2940.508	2211.403	621.79	748.4

表3-43　2014年重庆市部分制造业发展统计数据排名

内容 / 位次	计算机、通信和其他电子设备销售产值	汽车业销售产值	铁路、船舶、航空航天和其他运输设备销售产值	医药行业销售产值
全国排名	9	7	3	18
西部地区排名	2	1	1	3
西南地区排名	2	1	1	2

①《中国工业统计年鉴2014》。

表3-44　2014年部分省市制造业基本情况

（单位：亿元）

内容 省市名称	计算机、通信和其他电子设备销售产值	汽车业销售产值	铁路、船舶、航空航天和其他运输设备销售产值	医药行业销售产值
北京	2354.85	3641.84	356.72	641.39
浙江	2620.71	2850.51	1292.03	1098.68
湖北	1655.53	5292.93	616.19	956.59
湖南	1660.02	1142.66	901.47	787.56
重庆	2854.63	3739.05	1432.80	375.25
四川	4094.73	2216.81	542.84	1125.59
陕西	382.50	1113.54	714.72	473.88

五、文化品牌知名度

重庆市产值1亿元以上的文化企业不足百家，没有收入上100亿元的文化企业。至今无一家企业入选“全国文化企业30强”，没有一家国家级文化产业示范（试验）园区，鲜有重庆企业入选全国“年度文化品牌”，只有两家企业实现上市。

表3-45　2014年重庆文化知名品牌统计数据

内容 数值	全国文化企业30强企业（家）	国家级文化产业示范（试验）园区（个）	国家级文化产业示范基地（个）
重庆数据	0	0	6
全国平均值	1	0.71	9

表3-46　2014年重庆文化知名品牌排名

内容 位次	全国文化企业30强企业	国家级文化产业示范（试验）园区	国家级文化产业示范基地
全国排名	13	20	23
西部地区排名	除陕西外，都为0	7	5
西南地区排名	0	3	3

表3-47　2014年部分省市文化知名品牌统计数据

内容 省市名称	全国文化企业30强企业（家）	国家级文化产业示范（试验）园区（个）	国家级文化产业示范基地（个）
北　京	10	0	23
浙　江	3	1	14
湖　北	0	1	8
湖　南	2	2	8
重　庆	0	0	6
四　川	0	1	13
陕　西	1	1	8

表3-48　2012—2014年重庆市品牌企业、示范园区和基地统计表

内容 年份(年)	全国文化企业30强企业(家)	国家级文化产业示范(试验)园区(个)	国家级文化产业示范基地(个)
2012	0	0	6
2013	0	0	6
2014	0	0	6

六、文化消费

1.文化消费市场购买力分析

居民消费支出是指城乡居民个人和家庭用于生活消费以及集体用于个人消费的全部支出。包括购买商品支出以及享受文化服务和生活服务等非商品支出。对于农村居民来说,还包括用于生活消费的自给性产品支出。集体用于个人的消费指集体向个人提供的物品和劳务的支出,不包括各种非消费性的支出。其形式是通过居民平均每人全年消费支出指标来综合反映城乡居民的生活消费水平。

表3-49　2014年重庆市居民人均文化娱乐消费支出情况

单位:元

内容 数值	全域居民人均消费	全域居民人均文化娱乐消费	城镇居民人均消费	城镇居民人均文化娱乐消费	农村居民人均消费	农村居民人均文化娱乐消费
重庆数据	1 3810.6	576.2	18 279.5	891.3	7982.6	165.3
全国平均值	14 640.0	679.0	19 291.5	1019.1	8756.6	209.6

表3-50 2014年重庆市居民人均文化娱乐消费支出排名

内容 位次	全域居民人均消费	全域居民人均文化娱乐消费	城镇居民人均消费	城镇居民人均文化娱乐消费	农村居民人均消费	农村居民人均文化娱乐消费
全国排名	10	13	12	17	15	20
西部地区排名	1	2	1	6	3	3
西南地区排名	1	1	1	4	2	2

从2014年重庆市居民人均文化娱乐消费支出情况看，全国各省市居民消费支出差距较大，东、中、西部发展不平衡，东部省市人均消费支出最高，中部地区优于西部地区，城镇居民远高于农村居民。就文化娱乐消费支出情况来看，全国各省市的差距较大，个别省市在文化娱乐消费方面远高于其他省市，如北京远高于选取参照的其他省市，其他各省市文化娱乐支出方面差距较小。从整个文化娱乐消费支出方面看，文化娱乐消费还尚未成为城乡居民的主要消费内容。

表3-51 2014年部分省市居民人均文化娱乐消费支出情况

单位：元

内容 省市名称	全域居民人均消费	全域居民人均文化娱乐消费	城镇居民人均消费	城镇居民人均文化娱乐消费	农村居民人均消费	农村居民人均文化娱乐消费
北京	31 102.9	2333.7	33 717.5	2633.0	14 535.1	437.2
浙江	22 552.0	927.2	27 241.7	1272.2	14 497.8	334.6
湖北	12 928.3	487.6	16 681.4	754.9	8680.9	185.1
湖南	13 288.7	639.0	18 334.7	1095.1	9024.8	253.6
重庆	13 810.6	576.2	18 279.5	891.3	7982.6	165.3
四川	12 368.4	517.2	17 759.9	968.1	8301.1	177.1
陕西	12 203.6	506.0	17 546.0	893.0	7252.4	147.3

2.市民文化消费特征分析

通过问卷调查和文化企业访谈,我们发现,重庆市民在文化消费的"热度"上呈现出收入、学历、职业、年龄上的不同特征,同时对文化产品的创新和文化市场管理两方面都表达了强烈的改革期盼。

表3-52 市民喜爱的文化消费项目排序表

排序＼项目	文化消费项目	总占比
1	电影	79.9%
2	旅游观光	67.1%
3	图书馆、博物馆、纪念馆	49.8%
4	歌舞厅、KTV、网吧、游乐园等	44.6%
5	付费电视节目	37.4%
6	音像书报刊	36.7%
7	工艺美术品	23.9%
8	文艺演出	23.5%
9	网络付费小说、影视剧	22.5%
10	网络付费游戏	11.8%
11	艺体培训	10.7%
12	网络付费软件	10.7%

(1)从消费热度排行榜来看(见表3-52):我市市民文化消费整体上倾向于传统文化消费项目,新兴的基于互联网和移动网络的文化消费项目受市民冷遇。消费热度"前三甲"为电影,旅游观光,图书馆、博物馆、纪念馆。消费遇冷项目依次为网络付费软件,艺体培训,网络付费游戏,网络付费小说、影视剧。市民对最喜爱的"电影"的喜爱程度是最不受青睐的"网络付费软件"的7.47倍。

(2)从收入与文化消费的关系看:电影,旅游观光和图书馆、博物馆、纪念馆等文化消费成为所有市民的普遍选择,也是超过半数以上人群的主要文化消费内容。随着个体收入的不断增加,市民文化消费的选择面也不断增加,除前三项外,网络化消费项目和文艺演出、工艺美术品、艺体培训等高端消费项目逐步增加。收入在10万元以上的中高端收入群体,除文化消费选择多样外,在新兴文化消费领域的选择上也较为积极。文化消费的选择面与收入基本呈正相关。

(3)从学历与文化消费的关系看:学历与市民文化消费之间总体呈正相关关系。文化消费热情最高的学历群体是硕士、博士群体,在12项文化消费选项中有11项居各消费主体首位。高中及以下学历群体文化消费热情最低,在12类文化消费选项中有5项居各消费主体末位。

(4)从职业与文化消费的关系看:学生群体文化消费热情最高,电影,歌舞厅、KTV、网吧、游乐园等成为学生群体最喜爱的文化消费项目,学生群体高居网络类新兴文化消费主体的首位。公职人员文化消费热情较高,文化消费主要集中于传统文化消费项目,诸如电影,图书馆、博物馆、纪念馆,旅游观光,音像书报刊等。公司职员更倾向于轻松娱乐性的文化消费。自由职业者文化消费热点主要集中于文艺休闲类文化消费项目。其他消费群体主要青睐旅游观光、电影和付费电视节目等需充裕时间的休闲类文化消费。

(5)从年龄与文化消费的关系看:年轻市民喜欢新兴文化消费项目,年老市民更喜欢传统文化消费项目。30岁以下人员成为网络付费游戏、影视剧和小说等新兴文化消费项目的选择主体。除电影,旅游观光,图书馆、博物馆、纪念馆等普遍选择的消费项目外,付费电视节目、音像书报刊等文化项目消费热度仍然不减,成为不同年龄段群体的共有选择。

3.市民和企业对文化消费环境的评价

(1)市民对企业和商家提供的文化产品和服务满意度普遍偏低(见表3-53、3-54)

以十分制计算,市民对本次调查的电影、文艺演出、网络付费小说、影视剧、工艺美术品、音像书报刊、艺体培训、网络付费游戏、歌舞厅、

KTV、网吧、游乐园等12项文化消费项目的评价，总平均分为6.28分；最高分是电影，为7.57分；网络付费小说、影视剧，网络付费游戏，付费电视节目，网络付费软件4项文化消费项目平均分不及格，分别为5.84，5.43，5.95，5.46。这说明文化供给侧的企业和商家提供的产品和服务在结构和质量上都有待提高。

表3-53　市民对商家提供的文化消费项目满意度评价表

项目＼分值	1分	2分	3分	4分	5分	6分	7分	8分	9分	10分	平均分数
电影	1.85%	0.37%	0	2.59%	0.37%	23.33%	0	55.93%	1.11%	14.44%	7.57
文艺演出	2.17%	0.87%	0	16.96%	0.43%	35.65%	1.30%	36.52%	0.87%	5.22%	6.49
网络付费小说、影视剧	4.23%	2.35%	0	23.47%	0.47%	39.91%	1.41%	25.82%	0.47%	1.88%	5.84
工艺美术品	2.64%	3.52%	0.44%	19.82%	0	36.56%	0.44%	28.63%	0.44%	7.49%	6.21
音像书报刊	3.95%	1.32%	0.44%	8.77%	0	42.54%	0.44%	32.89%	0.44%	9.21%	6.61
艺体培训	4.85%	3.40%	0	17.96%	0	38.35%	0.49%	31.55%	0	3.40%	6.03
网络付费游戏	4.85%	7.28%	0.49%	28.16%	0.49%	33.50%	0.97%	21.36%	0.97%	1.94%	5.43
歌舞厅、KTV、网吧、游乐园等	4.76%	1.30%	0	15.58%	0.43%	39.83%	0.43%	33.77%	0.43%	3.46%	6.23
付费电视节目	6.82%	1.82%	0	18.18%	0	39.55%	0	30.91%	0	2.73%	5.95

续表

项目＼分值	1分	2分	3分	4分	5分	6分	7分	8分	9分	10分	平均分数
旅游观光	2.71%	1.16%	0	11.24%	0.39%	32.56%	1.94%	42.25%	0	7.75%	6.76
网络付费软件	4.33%	6.73%	0	25.96%	0.48%	41.35%	0.48%	17.79%	0.96%	1.92%	5.46
图书馆、博物馆、纪念馆	4.53%	1.23%	0	10.70%	0	34.98%	0.82%	30.86%	0.41%	16.46%	6.81

(2)市民对政府管理的文化消费市场的满意度也偏低

市民对政府管理的12项文化消费项目的总评分为6.13分,最高的电影仅为7.1分,而网络付费小说、影视剧,网络付费游戏,付费电视节目,网络付费软件,歌舞厅、KTV、网吧、游乐园等5项文化消费项目平均分不及格,最低分为网络付费小说、影视剧,仅为5.54分。说明市民对政府的文化管理还有极大期待,特别是新兴文化消费项目的管理问题较多。

表3-54 市民对政府文化管理满意度评价表

项目＼分值	1分	2分	3分	4分	5分	6分	7分	8分	9分	10分	平均分数
电影	1.11%	2.21%	0	5.54%	0	39.11%	0	35.79%	1.11%	15.13%	7.1
文艺演出	3.06%	3.06%	0	16.59%	0	43.67%	0.87%	26.64%	0	6.11%	6.18
网络付费小说、影视剧	3.69%	4.15%	0	31.80%	0.46%	35.48%	0.46%	21.66%	0	2.30%	5.54
工艺美术品	3.02%	1.72%	0	24.14%	0	34.05%	0.43%	29.31%	0.43%	6.90%	6.18
音像书报刊	3.00%	2.15%	0	18.45%	0	37.34%	0.43%	31.33%	0	7.30%	6.32

续表

分值 项目	1分	2分	3分	4分	5分	6分	7分	8分	9分	10分	平均分数
艺体培训	4.69%	2.35%	0	22.07%	0	35.21%	0.47%	30.52%	0	4.69%	6.03
网络付费游戏	4.23%	5.63%	0	28.17%	0	35.68%	0.94%	22.54%	0	2.82%	5.57
歌舞厅、KTV、网吧、游乐园等	2.12%	5.08%	0	27.97	0	38.14%	0.42%	20.34%	0.42%	5.51%	5.78
付费电视节目	4.93%	3.59%	0	23.77%	0	36.32%	0.45%	26.91%	0	4.04%	5.84
旅游观光	2.73%	1.95%	0	14.84%	0	41.41%	0.00%	29.30%	0.39%	9.38%	6.46
网络付费软件	4.67%	7.48%	0	25.23%	0	35.51%	0.00%	23.83%	0	3.27%	5.57
图书馆、博物馆、纪念馆	3.23%	2.02%	0	8.06%	0	34.68%	0	35.89%	0	16.13%	6.96

(3)市文化企业对我市的发展环境评价偏低,“等、靠、要”心态严重

市文化企业对我市产业发展环境评价总体偏低,平均分为6.8分。得分最高的是政府扶持政策(7.08分),其次是消费市场前景(7.06分),得分最低的为创意人才储备(6.51分),其次为品牌战略实施(6.60分)。此外,文化企业对政策的期待排名前三的分别为产业引导基金扶持、税收减免、资金融通。结合两组数据来看,企业最希望政府加强财税资金方面的扶持政策,对政府惯常重视的基础设施建设、区域品牌建设、市场环境营造等宏观经济政策不太关心。这从侧面反映出,诸多企业依然存在计划经济时代“等、靠、要”心态,文化供给侧改革势在必行。

表3-55　我市文化企业对我市产业发展环境评价表

发展因素＼分值	1分	2分	3分	4分	5分	6分	7分	8分	9分	10分	平均分数
政府扶持政策	5.95%	2.98%	2.98%	2.38%	8.33%	6.55%	7.14%	41.07%	7.74%	14.88%	7.08
基础设施配套	2.96%	4.73%	0.59%	4.14%	10.65%	10.06%	13.61%	40.83%	6.51%	5.92%	6.84
产业发展规划	2.96%	2.37%	3.55%	4.14%	11.24%	14.20%	13.61%	34.91%	7.69%	5.33%	6.73
创意人才储备	2.37%	1.78%	2.96%	7.10%	11.24%	22.49%	17.16%	22.49%	7.10%	5.33%	6.51
创意成果交易	2.40%	0.60%	4.19%	7.78%	10.18%	18.56%	16.77%	23.35%	7.78%	8.38%	6.68
品牌战略实施	3.61%	1.20%	2.41%	7.83%	13.25%	16.87%	15.66%	22.29%	8.43%	8.43%	6.60
消费市场前景	2.40%	1.20%	1.80%	5.39%	11.38%	14.97%	14.97%	19.16%	17.96	10.78%	7.06
交流平台搭建	2.40%	1.80%	2.40%	6.59%	7.19%	20.96%	16.77%	21.56%	13.77	6.59%	6.81
产业市场监管	3.01%	4.82%	2.41%	1.81%	10.84%	15.66%	16.27%	26.51%	11.45	7.23%	6.77
投资融资环境	5.39	1.20	2.40	5.99	9.58	11.38	13.77	25.75	10.18	14.37	6.93

第二节　重庆文化产业发展测评与结论

一、重庆文化产业发展水平评价指标体系测评结果

根据本研究设计的文化产业发展水平评价指标体系，通过对全国31

个省、自治区、直辖市文化产业指标数据进行测算,可以看出,重庆文化产业发展水平较低,处于全国第17位,属于融合型发展期(见表3-56)。

表3-56　全国各省市文化产业发展水平评估分值表

名次	省市名称	评估分值
1	广东	92.3
2	江苏	89.1
3	浙江	85.1
4	上海	81.0
5	北京	80.5
6	湖南	75.3
7	山东	75.0
8	福建	70.9
9	湖北	66.1
10	安徽	63.0
11	天津	62.7
12	河南	62.6
13	辽宁	57.6
14	四川	57.3
15	河北	55.6
16	江西	53.0
17	重庆	52.3
18	陕西	48.4
19	云南	47.7
20	山西	41.3
21	吉林	39.9

续表

名次	省市名称	评估分值
22	黑龙江	39.7
23	广西	39.3
24	内蒙古	34.6
25	贵州	29.8
26	新疆	24.4
27	甘肃	23.6
28	海南	20.7
29	宁夏	20.4
30	青海	19.3
31	西藏	12.0

二、全国各省市文化产业发展水平判定

根据表3-56的测算结果，全国各省市文化产业发展水平初步评定情况如下。

表3-57　全国各省市文化产业发展阶段初步判定表

文化产业发展阶段	评价分值标准（S）	省、自治区、直辖市名称
引领型	S≥95	无
支柱型	75≤S＜95	广东、江苏、浙江、上海、北京、湖南、山东
融合型	45≤S＜75	福建、湖北、安徽、天津、河南、辽宁、四川、河北、江西、重庆、陕西、云南
依附型	S＜45分	山西、广西、黑龙江、吉林、内蒙古、贵州、甘肃、新疆、海南、宁夏、青海、西藏

三、重庆文化产业发展水平测评论证

1.文化产业发展水平评价指标体系测评结果论证

于泽的博士论文[①]在对我国文化产业发展效益效率评价及资金配置对策研究中认为,我国东部地区文化产业发展效率效益好于中部地区,西部地区较差,其结论与本次研究一致。于泽运用2012年全国各省文化产业的相关数据,将全国31个省的规模以上文化制造业、重点服务业文化企业、限额以上文化批发和零售业企业相关经济效益指标,文化产业增加值、文化产业增加值占GDP比重、文化产业增加值占第三产业增加值比重、固定资产产值率、百元固定资产实现增加值、资金利税率、人均营业收入额、人均创利税额、总资产周转率等指标进行比较,并构建了经济效益评价指标体系,运用熵权法计算指标权重,发现文化产业增加值、百元固定资产实现增加值、人均营业收入额、文化产业增加值占GDP比重、固定资产产值率这5个指标权重相对较大,对区域文化产业经济效益的影响程度较高,尤其是文化产业增加值和百元固定资产实现增加值两项指标影响尤盛。通过对各省文化产业相关数据进行评价,结果显示北京文化产业经济效益最好,最差的是宁夏,排在前 十 位的是:北京、山东、广东、上海、西藏、湖南、云南、江苏、福建、天津。与本次研究的结果比较,广东、江苏、上海、北京、湖南、山东、福建、天津这8个省市在两次评价中均在列,于泽研究中排名前十位的有西藏、云南,缺少了浙江、湖北,在本次研究中,西藏、云南分别为第31位和第19位,相差较大。于泽在研究中对西藏的独特性也重点做过解释,认为西藏的旅游业发达,藏文化的独特性,为西藏文化产业的发展打下了基础,国家对文化保护和地方政府对旅游业的开发起了较大作用。但是,本研究认为于泽的研究中缺少了对文化产业整体实力、主要行业发展、文化市场等方面的综合评价,导致对个别省市的评价失真。本次研究通过对文化产业投入及贡

①于泽.我国文化产业发展效益效率评价及资金配置对策研究[D].中国矿业大学,2014.

献、整体实力、重点产业、关联产业、产业影响力、文化市场六个方面62项指标进行综合评价，较为客观地反映了文化产业发展的实际情况。

2.重庆文化产业发展水平的初步判定的论证

为进一步分析与论证重庆文化产业的发展情况，本研究将根据表3-56和表3-57的结论，通过文化产业增加值占地方GDP比重和人均GDP的情况进行论证分析。

表3-58 全国各省市文化产业发展阶段结论比较分析表

序号	省市名称	初定发展阶段	文化产业增加值占地方GDP比重	人均GDP(美元)
1	广东	支柱型	5.24%	10 195
2	江苏	支柱型	5%	13 124
3	浙江	支柱型	5%	11 691
4	上海	支柱型	6%	15 617
5	北京	支柱型	13.1%	16 145
6	湖南	支柱型	5.7%	6471
7	山东	支柱型	3.7%	9774
8	福建	融合型	5.4%	10 203
9	湖北	融合型	3.1%	7555
10	安徽	融合型	4.65%	5535
11	天津	融合型	9%	17 098
12	河南	融合型	2.7%	5942
13	辽宁	融合型	—	10 438
14	四川	融合型	1.71%	5635
15	河北	融合型	3.8%	6423
16	江西	融合型	3.7%	5561

续表

序号	省市名称	初定发展阶段	文化产业增加值占地方GDP比重	人均GDP(美元)
17	重庆	融合型	3.33%	7689
18	陕西	融合型	3.7%	7523
19	云南	融合型	6%	4377
20	山西	依附型	6%	5627
21	吉林	依附型	—	8032
22	黑龙江	依附型	3%	6278
23	广西	依附型	2.74%	5316
24	内蒙古	依附型	2.4%	11 387
25	贵州	依附型	3.2%	4229
26	新疆	依附型	1.2%	6550
27	甘肃	依附型	1.94%	4238
28	海南	依附型	3.1%	6261
29	宁夏	依附型	2.44%	6736
30	青海	依附型	1.8%	6373
31	西藏	依附型	3%	4725

(1)广东、江苏、浙江、上海、北京的文化产业增加值占地方GDP比重均高于5%,人均GDP均高于10 000美元,其中广东、江苏、浙江、上海的文化产业增加值占地方GDP比重均略高于临界值5%,离引领型发展水平相差甚远,因此,这5个省市文化产业发展水平处于支柱型,较为符合实际情况。湖南和山东的分值刚超过设定的临界分值75分,湖南从文化产业增加值占地方GDP比重看,已处于支柱型发展水平,但人均GDP略低,为6471美元;山东的人均GDP接近10 000美元,但是文化产业增加值占地方GDP比重仅为3.7,鉴于此,我们将对文化产业支柱型发展水平的临界值进行微调,支柱型发展水平的临界值调整为76分。

（2）福建、湖北、安徽、天津、河南、辽宁、四川、河北、江西、重庆、陕西、云南等12个省市的文化产业发展水平初步判定为融合型，通过对这12个省市的文化产业增加值占地方GDP比重和人均GDP的分析发现，除了河南、四川外，其余省市的文化产业增加值占地方GDP比重均大于3%；人均GDP方面，安徽、河南、四川、江西、云南低于6000美元。通过对河南、四川的文化产业发展现状的分析，我们发现，两省GDP位于全国第5位和第8位，但两省均为人口大省，致使人均GDP较低，但从整个文化产业的整体实力、重点产业、产业影响力看，都在国内具有一定优势。因此判定河南、四川的文化发展水平处于融合型也是合理的。山西省文化产业增加值占地方GDP比重超过了5%，单就该项指标看，已经超过了国际认定的文化产业为支柱型产业的标准值5%，但从整个山西省文化产业的发展现状看，文化产业整体实力、重点产业、关联产业、产业影响力、市场购买力，在全国都不具优势，因此认定山西省文化产业发展水平为依附型也是合理的。

通过运用文化产业增加值占地方GDP比重和人均GDP对文化产业发展水平判定标准进行论证，各省市文化产业发展水平参见下表。

表3-59　全国各省市文化产业发展水平判定表

文化产业发展阶段	评价分值标准（S）	省、自治区、直辖市名称
引领型	S≥95分	无
支柱型	76≤S <95	广东、江苏、浙江、上海、北京
融合型	45≤S <45分	湖南、山东、福建、湖北、安徽、天津、河南、辽宁、四川、河北、江西、重庆、陕西、云南
依附型	S<45分	山西、广西、黑龙江、吉林、内蒙古、贵州、甘肃、新疆、海南、宁夏、青海、西藏

第三节 重庆文化产业发展的主要成绩

一、推动融合发展,注重凸显重庆地域文化特色

重庆显示出文化产业融合发展的新趋势,在磁器口、洪崖洞集聚了多家特色文化企业和商户;南滨路文化产业长廊将杜莎夫人蜡像馆、施光南大剧院、米市老街、洋人街等串点成线,提高了区域品位,极大地带动了休闲、餐饮等服务业;黄桷坪艺术园区、虎溪公社、九龙文创基地则充分发挥了艺术院校的优势,优化孵化环境,促进学生创新创业。[①]《印象武隆》大型山水实景演出、重庆工业文化博览园、重庆摩谷、奥林匹克体育文化中心等文旅、文创、文体融合项目加快推进。

渝北区引导文化企业主动融入"互联网+",充分利用大数据产业发展优势,抢占虚拟现实(VR)、增强现实(AR)、混合现实(MR)"3R"发展先机,形成VR文创产业群。依托区域内的重庆数字媒体中心、重庆网络电视台、两江国际影视城,加快发展数字传媒等全媒体产业,促进文化产品与服务在实体经济领域的集成应用和融合发展。

黔江区成功打造南溪号子、后河古戏、向氏武术、西兰卡普编织等非物质文化遗产品牌,并融合景区形成参与性、互动性强的文化旅游项目。以重庆市民族歌舞团为载体,精心打造出《云上太阳》《母亲的火塘》等体现地方文化特色的精品旅游演出节目。

綦江区发展农民版画特色文化产业,建立版画制作、销售、培训及装裱的完整产业链,带动相关文化产业发展;深挖老瀛山国家地质公园恐龙文化、綦江吹打、綦江昆词等非物质文化遗产和东溪古镇文化资源,将文化创意与生活融合,累计发展文化经营单位1100余家,文化类微型企业130余家,直接从业人员近万人。

①重庆文化产业集聚化发展呈现四个趋势和特点:http://news.xinhuanet.com/politics/2016-09/14/c_129281385.html.

璧山区设立50亿元文化旅游产业引导资金，策划6大类、50个文化旅游项目，打造精品文化旅游线路，促进文化产业与旅游业的融合发展。

二、注重企业培育，引导社会资本有序进入文化产业市场

十二五”时期，重庆主营文化的企业注册数从约3万家增加至7万多家，注册资本金总额从约500亿元增加至2000多亿元，翻了2番，其中新增注册资金90%以上为非公有资本，民营文化企业对文化产业增加值贡献率为70%以上，初步形成以公有制为主体、多种所有制共同发展的良好局面。

重庆降低社会资本进入门槛，严格推行文化市场公平准入制度，引导社会资本向文化产业流动，除少部分项目通过政府投资平台公司开发建设外，大部分通过招商引资、政策引导，撬动社会资本投资运营文化产业。文化产业招商引资也取得突破性进展，先后引进深圳华侨城集团、乐视集团、万达集团、银泰集团等大型集团来重庆投资文化产业，万达文旅城、东方梦工场、乐视TV网络视频中心等项目达成投资意向或签约。以猪八戒网、维普资讯、天极网、华龙网、大渝网等为代表的一大批文化企业快速成长，培育出了金夫人婚纱摄影、《印象·武隆》、谭木匠等一批知名文化品牌，猪八戒网也从国内最大的威客网站升级为第三产业交易平台，成为国内最大文化创意交易平台，重庆维普资讯网则成为国内最大的综合文献数据库之一。

江北区采取以商招商、项目(园区)招商、产业链招商等模式，引进3~5家有竞争力的文旅企业落户江北，筛选重点企业(项目)，助推2~3家有条件、有意愿的企业上市融资。

沙坪坝区出台《沙坪坝区文化产业发展扶持暂行办法》，指出在沙坪坝区工商(民政)、税务部门登记，从事设计服务、文化旅游、艺术品、文化

传媒、教育培训等重点领域的文化企业(民办非企业)单位,可享受多项利好政策。

三、打造文创园区,依托文创项目促进文化产业不断成长

目前已建成投用了N18文创园、喵儿石文创园、501艺术基地、国泰艺术中心、市群众艺术馆、两江国际影视城、出版传媒创意中心、重庆文化产权交易平台等。成功创建重庆文化艺术职业学院。同时京渝文创园、金山意库、枇杷山后街影视文化产业园、长安1862文创园、沙磁文化产业园、重庆国际马戏城、华侨城欢乐谷、九龙国际珠宝文化创意产业城、重庆新闻传媒中心、重庆机器人世界等项目也在加快建设中。截至2014年年底,川美大学生文化创意产业园自2011年开园至今,已入住企业132家,创业孵化团队50余家,年产值近千万元。

江北区着力搭建文创特色街区的基础信息平台和招商引资平台,"中复·北仓"由中复文创和上海陆道文创重庆分公司联手打造,"鎏嘉码头"由重庆珠江实业独力打造,喵儿石文创园由未来之家置业投资2亿元打造,长安1862项目已与中复·北仓、博宇天成、嘉华公司等6家本土企业洽谈合作。

四、发挥政策效能,着力夯实文化产业的发展基础

重庆在扶持文化产业发展方面的政策支撑力度加大,努力为推动文化产业发展提供更加公平开放的发展环境。其中,在促进文化体制改革方面出台了《关于推进全市文化市场改革加快文化产业发展的意见》以及实施方案等,在支持特色文化产业发展方面出台了《重庆市特色文化

产业项目认定管理办法(试行)》《关于支持特色文化产业加快发展的实施意见》等,在促进文化与其他产业融合方面,出台了《关于推进文化与旅游融合发展的意见》《重庆市人民政府关于推进文化创意和设计服务与相关产业融合发展的实施意见》等。各企业、各集聚区紧紧抓住文化产业发展的政策机遇,探索资源优势、实行多元经营,以文化提升相关产业品位和档次,借周边产业促进文化传播和消费。

同时,在资金扶持方面也不落后,各级财政对文化产业的资金扶持力度不断加大,市级文化产业发展专项资金从2012年开始增加至3500万元,部分区县也设立了相应的文化产业发展专项资金。

五、资源保护优先,在注重文化保护的同时探索产业转化新路径

在优秀传统文化传承、自然生态旅游、历史文物古迹建设上,强化源头保护与合理利用,扎实推进生态保护、文物保护、文化传承、拆迁征收、规划审批等工作,搭建起运行高效的政务服务平台。

江北区文化委牵头各街镇、部门以及九大重点工程机构、区属国企等相关单位参与,拉网式梳理清查名人故居、老屋老厂房老仓库等人文资源,初步建立了区历史文物名录。

至2014年以来,石柱县累计投资1241万元,推进市级文物项目禹王宫、庆忠堂、银杏堂的修复和复建工作,投资金额54万元,完成三峡工程二圣宫、下盐店、永成商号地面文物搬迁复建项目。

黔江区拟定市级非遗项目生态传承基本方案,推行非物质文化遗产保护传承"123"工作模式,为每一个传承项目出台一套政策,建立"动态保护"和"静态保护"的双保护模式,打造"传承基地、传承舞台、传承人"三个传承体系,建立南溪号子传承培训表演基地、小南海民族风情区、濯水古镇民族文化展示一条街等20余项民族文化生态保护建设项目库;累

计投资4000多万元建成小南海土家族文化生态博物馆;每年设立200万元专项资金和总额为1000万元的宣传文化基金,助力区内非遗文化保护实验区建设。

第四节　重庆文化产业发展存在的问题

文化产业发展水平评价指标体系的测评结果和对重庆文化产业发展水平的判定表明,重庆文化产业发展水平较低,正处于融合型发展阶段。我们对重庆文化产业发展的相关指标进行分析,发现存在以下问题。

一、文化产业的GDP占比明显偏低

从文化及相关产业增加值占GDP比重看,当前重庆市文化及相关产业增加值占GDP比重较低。2014年重庆文化及相关产业增加值占GDP比重为3.33%,低于国际上认定文化产业为支柱产业的标准5%。

二、产业发展的内生驱动力明显不足

从文化产业的发展方式来看,重庆文化产业的发展主要依靠投资推动,产业的内生驱动力明显不足。根据图3-1 2010—2014年重庆市文化及相关产业固定资产投资、文化产业增加值占GDP比重趋势图可以看出,2010年至2014年重庆文化及相关产业固定资产投资快速增长,对2010年至2014年重庆的文化及相关产业增加值占GDP比重的增加起了较大的推动作用。由北京文化及相关产业固定资产投资与文化及相关

产业增加值占GDP比重的情况(表3-3 2014年部分省市文化产业贡献统计数据),可以看出当文化及相关产业增加值占GDP比重较高时,文化及相关产业固定资产投资对文化及相关产业增加值占GDP比重的影响较小。同时,通过调查发现,重庆文化产业发展的平台少,体量小,没有推进文化产业发展的智库型研究机构,如其他省市设立的省级文化产业发展研究院等。

三、文化企业劳动生产率、利润率偏低

从文化及相关产业企业结构组成来看,对重庆的文化产业增加值贡献较大的企业多为文化制造业和文化批发及零售业,文化企业具有从业人员数量多、资产多、利润总额低、成本利润率低等特点。2014年重庆文化服务业规模以上企业法人单位348个,在全国排名第16位;文化服务业规模以上企业的从业人员57 824名,全国排名第12位;资产总计7 162 692万元,全国排名第11位;利润总额为147 149万元,全国排名第17位;利润率为2.05%,全国排名第29位。

四、企业主体小、散、弱,竞争力不强

从文化产业发展的竞争力来看,重庆的传统文化行业发展水平较低,文化创意行业处于发展初期,产业项目领域缺失较为明显,特别是我市特色产业、非遗产业发展十分滞后。从2014年全国文化及相关产业统计情况看,重庆在文化艺术服务业、广播影视等方面与发达省市的差距较大。新闻出版业全国市场低迷,重庆就全国来说体量小,资产收益率反而较高。娱乐业是高收益的行业,重庆的资产总计低于全国平均水平,资产收益率在全国排名前列。重庆广播电视的制作时间和制作投资

额与全国平均水平有很大的差距,广播电视在实际创收方面与全国先进省市差距尤其突出。重庆广告业存在广告企业数量多、人员多、收益低的问题。同时,重庆作为拥有多个国家级非物质文化遗产的大省(市)和地方文化、历史文化与民族特色文化大省(市),非遗产业、地方特色文化产业发展十分缓慢。

五、产业融合发展步伐慢、程度低

从文化产业与关联产业的融合发展来看,重庆文化和旅游、制造、体育休闲等产业的融合程度不高,不适应大融合、大发展时期的发展要求。从2014年重庆市制造业的发展情况看,重庆作为老工业制造城市,电子、汽车、铁路、船舶、航空航天和其他运输设备等主导产业均有较大的优势,汽车业、交通运输设备业在全国排名前列,主要通过产量、规模实现量的增加,缺少“文化创意、科技创新”双创驱动来提升产品附加值。

六、文化产业品牌知名度不高

重庆具有丰富的文化资源,如巴渝文化、三峡文化、红岩文化以及丰富的自然景观,但是与京津沪直辖市相比,重庆传统文化产业的竞争力偏弱。一方面,传统文化产业整体体量不够庞大,与文化产业发达的省市相比,还存在较大的差距;另一方面,无论从数量还是质量上看,还比较缺乏在国内乃至国际上具有核心竞争力的文化产品。全市产值1亿元以上的文化企业不足百家,没有收入上100亿元的文化企业。规模以上文化企业679家,平均主营业务收入1.44亿元,低于全国1.56亿元的平均水平。至今无一家企业入选“全国文化企业30强”,鲜有重庆企业入选全国“年度文化品牌”,只有两家企业实现上市。

小结：从六大方面近70个小项综合评价重庆2014年文化产业发展情况可以看出，无论是从文化产业的投入、文化产业的占比、重点文化企业数量及产值、文化关联产业的发展以及文化消费市场的发育，还是从知名文化企业“全国文化企业30强”、文化产业的综合影响力来看，其发展的主要指标均处于全国中偏下水平，大多数发展指标的排名都在16~23之间，按照文化产业成长阶段来划分，应该说重庆文化产业的发展水平整体上处于“融合发展期”。从产业发展的纵向轨迹来看，文化产业发展有了长足的进步，但仍然存在着文化及相关产业增加值占比偏低，产业的内生驱动力明显不足，文化企业数量少、利润率低，产业发展的整体竞争力偏弱，文化产业与关联产业的融合度不高以及文化产业品牌知名度、美誉度不高等问题。

第四章　重庆文化产业发展政策供给分析与国内外经验借鉴

DISIZHANG　CHONGQING WENHUA CHANYE FAZHAN ZHENGCE GONGJI FENXI YU GUONEIWAI JINGYAN JIEJIAN

第四章　重庆文化产业发展政策供给分析与国内外经验借鉴

（2017年1月）

第一节　重庆文化产业发展的政策构思与政策实践

产业政策是国家制定的引导国家产业发展方向、引导推动产业结构升级、协调国家产业结构，使国民经济健康可持续发展的政策。产业政策主要通过制订国民经济计划（包括指令性计划和指导性计划）、产业结构调整计划、产业扶持计划、财政投融资、货币手段、项目审批来实现。

制订产业政策的目的，是为了解决资源配置的均衡与效率问题。产业政策作为政府行为，其作用主要是纠正市场失灵，弥补市场缺陷。在我国产业发展进程中，产业政策还具有实施赶超战略、增强产业竞争力、推进工业化和现代化进程的作用。它包含两类：一类属于政府的规制，具有共性，所有的经济主体都必须遵循，例如市场准入标准、竞争规则、关税政策、国际贸易规则等；另一类是带有特殊性的、针对个别产业制订的发展规划、投融资和税收等政策。前者属于广义的产业政策，后者属于狭义的产业政策。

分析和解剖产业政策，有助于观察政府的政策设计理念、构思逻辑、关注重点以及“有形之手”的介入方式，验证政府政策供给的合理性和有效性。

一、重庆文化产业发展政策的词频分析

20世纪90年代以来,文本分析法被广泛运用于多个学科领域,充分体现了其在分析话语材料方面的独特优势。作为一种以话语理论为基础的研究方法,文本分析法在挖掘主体价值观、态度、意图或认知模式等方面非常有效,同时兼具研究弹性与客观性,对文本的分析可以在表里之间做出适应性调整,分析结果具有较强的可靠性。

文本分析的关键在于通过运用文本分析工具对研究对象进行定量转化,从而生成新的分析单元,对文本进行客观而有力的评价。定量转化主要包含三个部分,高频词统计、共现词统计以及语义网络构建,这三个部分所呈现的数据结果将成为把握重庆文化产业发展基本内涵和价值取向的重要依据。

本研究集中搜集了2005—2015年十一年间的、关于重庆市文化产业发展的政策文本作为分析语料,共30篇,发文部门主要集中在重庆市文化委员会(由原重庆市文化广播电视局和重庆市新闻出版局合并组建,同时加挂重庆市版权局)、重庆市人民政府、中共重庆市委办公厅、重庆市财政局等,这些部门也与市发展改革委、市工商局等相关部门有联合发文。2010年起,政策文本数量相对更多,针对性也更强。通过高频词统计、共现词统计及语义网络分析,对重庆在文化产业发展上的价值取向进行全面分析,以期对重庆市文化产业发展的政策构思有全面的了解。

高频词是指在文本中出现次数较多的词汇,它们可以有效反映当前研究的热点。对重庆市文化产业政策文本中的高频词进行提取,有助于把握重庆市政府在文化产业发展中的关注点。因此,本研究对重庆市文化产业的政策文本进行了分词处理,并将“是”“的”“在”等无意义的词进行过滤,统计出政策文本中频数排位前300位的高频词,并抽取文本中排名前15位的高频词汇,如表4-1所示。

表4-1　重庆文化产业政策文本看的前15位高频词

关键词	频数	关键词	频数	关键词	频数
文化	2150	重庆	441	市场	266
发展	712	创意	371	保护	260
企业	497	特色	301	基地	256
项目	474	出版	299	中心	225
建设	453	管理	278	设计	210

文本分析中，对于共现词的统计是发现这种话语内部关系的具体方法，通过挖掘话语的内部结构能够发现事物的内在关联。共现词是指在文本中经常搭配出现的词语，其既可以是同类词词对，也可以是固定搭配词对。经常搭配出现的词之间往往存在着某种关联，而透过这种关联可以挖掘出文本本身所蕴含的深层含义。研究按照提取共现高频词、过滤无意义词、生成共现矩阵词表的步骤得到文本共现词统计结果，表4-2为共现频数排名前18位的共现词。

表4-2　重庆文化产业政策文本中的前18位共现词

共现词	频数	共现词	频数	共现词	频数
发展—文化	262	发展—建设	117	资源—文化	91
建设—文化	184	市场—文化	115	发展—市场	89
项目—文化	160	重点—文化	104	发展—创意	87
重庆—文化	156	基地—文化	99	鼓励—文化	86
企业—文化	134	企业—发展	97	项目—建设	85
文化—创意	123	管理—文化	95	旅游—文化	84

语义网络主要用以挖掘文本的核心内容以及文本所包含词语间的关联关系,能够在共现词统计的基础上,更为全面、具体地发现二维以上的词汇关联。其图形由一系列具有方向的直线和词语节点组成,由此能够明显表示出文本中重要内容的相关性,同时可以根据网络的基本结构,对文本所联系的相关事实进行推导。研究按照提取高频词、过滤无意义词、构建网络三个步骤,构建了重庆市文化产业政策文本的语义网络图,结果如图4-1所示。

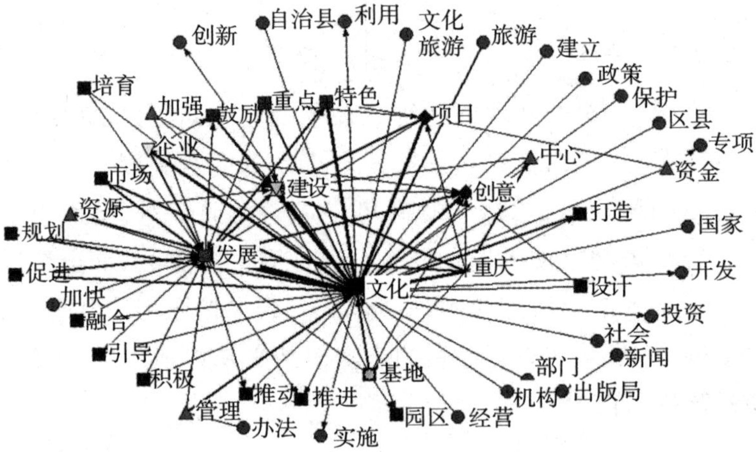

图4-1　重庆文化产业政策文本语义网络图

二、重庆文化产业发展的政策构思

通过对搜集到的30篇有关重庆文化产业发展政策的文本进行高频词统计、共现词统计和语义网络构建,本研究对促进文化产业发展的战略构想分析如下:

1.总体评价

重庆从“中心”这一关键词回归政策文本,明确了建设长江上游文化中心城市的目标定位,指出文化发展的主要指标和综合实力要位居西部前列，并努力建成“一区五高地”（全国公共文化服务先进区、西部文化产业高地、西部文物博物高地、西部文化开放高地、西部文艺创作高地、西部文化人才高地）。同时，逐步形成创意产品研发、生产、推广销售等环节完善的创意产业链；积极支持动漫原创行为，推动形成成熟的动漫产业链；加快实施“云端计划”，推动以云计算、物联网、大数据、移动互联网等技术为特征的下一代互联网产业（云端创新产业）的发展。

2.具体分析

核心网络：“文化—发展—建设—重庆”四个关键词构成并形成了联系紧密的闭合四角结构。在文化产业发展的战略选择上，重庆在观念层面上遵循“重庆”特色，指出引导全市各地合理开发利用地域文化、传统文化和民族文化资源，通过创意转化、科技提升和市场运作打造特色文化产业。同时秉承国务院“发展”和“建设”两手抓的思路发展文化产业，强调文化产业重在发展，文化事业重在建设。文化事业是基础，是产业发展的基石，文化产业可以依托良好的文化事业的建设取得更好更快的发展。重庆市政府也明确提出了公共文化服务先进区的建设目标。

次级网络：形成了以“文化—发展—企业”“文化—发展—市场”“文化—发展—创意”“文化—发展—特色”“文化—发展—项目”和“文化—项目—建设”为主的扩展网络。

由“文化—发展—企业”和“文化—发展—市场”两个次级网络我们不难发现，重庆在文化产业发展上已经意识到文化市场建设的重要性，在发展过程中注重培育企业力量，发挥市场主体作用，明确指出要培育大型品牌广告企业、针对互联网企业落实税收优惠、放宽市场准入条件、加大财税扶持力度、拓宽投融资渠道、提高对外开放水平、优化资源配置、培养和引进高端人才等。

“文化—发展—创意”传达出重庆对创意产业的重视，回应了“611”工程。指出大力发展微型文化创意企业，重点支持研发设计创意、软件设计创意、建筑设计创意、文化传媒创意、咨询策划创意、时尚消费创意等6大类创意产业；重点建设视美动漫基地，天健动漫基地（平面媒体），软件设计创意园，文化(传媒)创意产业园，大足石刻影视旅游文化区，出版传媒创意中心，铠恩国际家居名都，黄桷坪艺术园区，时尚文化消费圈，江北嘴现代文化体验区，磁器口、洪崖洞、巴国城等民俗文化体验区等11个具有特色的创意产业载体。

“文化—发展—特色”回应了核心网络中的把握“重庆”特色一项，表明从核心网络到次级网络具有延续性，说明重庆在文化发展的过程中重视自身特色的挖掘和展现。通过建立特色文化产业发展工作机制、壮大特色文化市场主体、促进特色文化产业集约化发展、推动特色文化产品开发创新、推进特色文化产业品牌建设、建立特色文化产业项目扶持管理体系、畅通特色文化产业项目融资渠道、培养特色文化产业专业人才、加强特色文化产业区域合作、强化特色文化资源保护等措施，发展特色文化内容生产，活跃特色艺术品创作交易，做强特色工艺美术品产业，打造特色文化节会，发展特色文化旅游，丰富特色文化服务，做大特色文化用品生产，培育特色鲜明的时尚文化，促进特色文化与相关产业的融合发展。

“文化—发展—项目”和“文化—项目—建设”体现了重庆以项目和园区助推文化产业发展的特征。分析重庆的语义网络图发现，以“文化”为中心，围绕“创意”“项目”“建设”形成了相互联系的思维回路，对“基地”和“园区”的强调也进一步表明重庆在文化产业发展中对文化产业集聚的重视。结合政策文本具体分析，重庆专门出台了《重庆市特色文化产业项目认定管理办法(试行)》《重庆市文化产业示范园区和示范基地评选命名管理办法》等，同时在《重庆市人民政府关于加快创意产业发展的意见》中强调了创意产业的项目化运营。

基础网络：分析重庆的基层语义网络图发现，“管理”“办法”“机构”“部门”“政策”和“规划”等关键词突出，彰显了重庆在文化产业发展中注重政府作用的发挥。2010年以来，市政府先后出台了多个扶持文化产业发展的政策文件，内容涵盖专项资金管理、园区基地管理、文化出口、投资指导、扶持动漫产业、文化金融合作、支持小微文化企业、推动特色文化产业发展等；同时强调文化产业的规范化发展，出台了《关于完善管理政策 加强执法监督 促进互联网上网服务行业健康有序发展的通知》，重庆市新闻出版局《关于在我市新闻出版行业开展岗位培训实施持证上岗制度的通知》《重庆市出版物印刷质量管理暂行办法》，重庆市文化广播电视局、重庆市公安局、重庆市文化市场行政执法总队《关于加强演出行业诚信制度建设和管理工作的通知》，重庆市文化委员会《重庆市出版物鉴定管理办法》，等等，注重对文化产业市场的规制。

在投融资方面，重庆仍主要沿用较为传统的专项资金手段，解决投融资问题[①]。专门出台了《重庆市文化产业发展专项资金管理办法》，对文化产业进行注资发展，如市级财政对重庆广电集团规划的2015年至2017年媒体融合发展项目，以直接拨款或贴息方式，给予了5亿元的专项资金支持。

同时，重庆还非常强调文化产业与其他产业的融合，指出要在规划引导上融合、在项目建设上融合、在宣传营销上融合、在科技创新上融合。出台了《重庆市人民政府关于推进文化创意和设计服务与相关产业融合发展的实施意见》《关于推进文化与旅游融合发展的意见》等相关政策。“文化—旅游”和“文化旅游”等高频词汇表明重庆注重结合自身的优势和特色，利用丰富的旅游资源，发挥自身资源禀赋，重视生态保护，打造文化产业与旅游产业的融合，实施“文化兴旅”战略[②]。同时着力挖掘本土文化底蕴，推进巴渝文化、红岩文化、抗战文化、三峡文化、钓鱼城文化、大足石刻文化、渝东南少数民族文化等特色旅游品牌和线路[③]；也同样关注从文化创意设计、文化用品生产等方面发展文化产业，如增强创新动力、强化人才培养、培育市场主体、促进创意设计消费、引导集群发展、加强金融支持、优化融合发展环境、加大财税支持等。

①见《重庆市文化产业发展专项资金管理办法》。

②见《重庆市文化发展“十一五”规划纲要》。

③见《重庆市文物博物馆事业“十二五”发展规划》。

“文化—创意”,“创意”与“企业”“设计”和“建设”的关联,表明政府关注创意产业,也表明从次级网络到基础网络具有延续性。具体措施有:发挥政府资金的引导和扶持作用、支持市级创意产业基地(园区)建设、鼓励支持和引导公众创办创意企业、鼓励增加研发投入、发挥政府采购的带动作用、加大投融资支持力度、从国(境)内外引进软件中高级人才,同时文化创意企业、动漫创意企业等可享受有关优惠政策。

总之,通过对重庆市文化产业政策文本进行高频词、共现词和语义网络分析发现,重庆市初步形成了自身文化产业发展的战略构想,主要表现在:一是积极响应国家文化产业发展战略布局,秉承国务院“发展”与“建设”两手抓的发展思路,大力推进文化事业的建设,为文化产业的发展奠定基础和打造平台,从而推动文化产业进一步繁荣发展;二是从战略目标上看,凭借独特的地理位置,提出了建设长江上游文化中心城市和建成“一区五高地”的目标;三是在具体发展思路上,深入分析文化产业发展需要的环境条件,并结合重庆文化产业的实际情况,初步明确了重庆文化产业发展的思路,包括注重文化市场和文化企业的培育,鼓励文化创意产业的发展,利用自身的文化资源发展具有重庆特色的产业,大力推进文化产业与其他产业的融合发展,以及加大政府的财税支持,拓宽融资渠道等方面。总体来说重庆对自身文化产业的发展战略和发展思路有了初步的思考,但是产业发展仍然存在着许多不足,主要表现在以下几个方面。首先,通过分析语义网络发现,其产业发展的逻辑尚未围绕“文化”形成成熟的话语结构网络,在观念上对文化产业的发展也并未给予足够的重视,并且缺乏精细化、系统化、建设化的思路,也没有形成结合自身资源禀赋和地方文化特色的可供操作的文化产业发展行动策略;其次是文化产业对政府的依赖性较大,更多的是回应国家提出的文化产业发展战略和思路,自主发展能力较弱,创新意识不强,与发达城市和地区相比还存在着较大的差距,文化产业的发展还有很大的提升空间。

三、重庆文化产业发展的政策实践

1.加大政策扶持力度，大力发展文化市场主体

重庆注重文化市场在产业发展中的主体作用，在文化产业发展过程中大力推进文化市场的建设。一是积极引导社会资本以多种形式投资文化产业。鼓励各类社会资本以股权、商标专用权、高新技术成果等无形资产投资设立文化类市场主体，鼓励参与国有经营性文化单位转企改制、重大文化产业项目实施和文化产业园区建设，促进形成以公有制为主体、多种所有制共同发展的文化产业新格局。

二是鼓励发展新兴文化业态和经营形式。引导、支持投资者向新闻出版、广播影视、文化艺术等核心产业投资的同时，鼓励发展文化创意、数字出版、移动多媒体、动漫设计、网络文化服务、旅游文化服务、文化艺术经纪、艺术创作、广告、会展等新兴文化业态。支持文化企业发展连锁经营、特许经营、电子商务、电影院线、物流配送、专卖店等现代经营形式，办理注册登记时按照“非禁即许”的原则灵活核定企业名称和经营范围。

三是支持外资依法进入文化产业。外国（地区）自然人投资设立文化类公司，可免予提交经当地公证、认证的投资者主体资格（身份）证明，凭其身份证明复印件并提交原件核对一致后，可作为投资者主体资格（身份）证明文件。对在国内已设立企业的境外投资者申请设立文化创意公司的，若其主体资格（身份）证明在有效期内且公证认证或签章转递文件出具未满一年，可凭上述主体资格（身份）证明文件复印件和原登记机关“已收取主体资格（身份）证明原件”的文书办理工商注册登记，无须再次办理相关公证认证或签章转递手续。

四是支持网络文化产业发展。大力建设文化产业公共服务平台，引导文化企业兴办网上交易市场，鼓励发展网络新闻、网络视频、网络出版、网络文学、网络音乐、网络游戏等网络文化产业，指导和帮助网络文化企业增强市场竞争力。

五是培育发展文化中介机构。支持文化产权交易服务、文艺活动组织策划、艺术品鉴定、拍卖等文化中介机构发展，促进文化产品和要素合理流动，健全现代文化市场体系。

2.培育中小微型文化企业，引入大型文化企业

企业是推动文化产业发展的主要力量。重庆大力培养各类文化企业，并努力推进企业做大做强。近年来，重庆大力发展微型文化创意企业，放宽对微型文化创意企业经营场所面积、用工人数、企业规模的限制，给予较一般行业更高的财政补助资金。并支持文化企业做大做强，降低企业集团组建条件，支持文化企业集团化经营；指导文化企业实施商标战略，引导文化企业积极申请注册商标，对市场占有率高、广告宣传面广、社会影响力大的文化企业，鼓励其申报著名、驰名商标。在同等条件下，对文化企业争创著名、驰名商标，予以重点关注和优先认定，扶持中小微型文化企业发展壮大。

同时，注重吸引知名文化企业落户重庆，支持广告、影视动漫、传媒等文化类世界500强企业来渝投资，或以股权受让、合资合作等方式参与国有文化企业的改组改造。支持文化企业总部落户重庆，鼓励国内外知名文化企业在重庆设立子公司、分支机构、代表机构，扩大对外经济文化合作和技术交流。先后引进深圳华侨城集团、乐视集团、万达集团、银泰集团等大型企业集团来重庆投资文化产业。

此外，支持文化企业向基层、社区和农村延伸。凡从事图书、报纸、期刊、音像制品、电子出版物连锁经营的企业，其直营连锁门店不需单独办理出版物经营许可证，可凭出版物连锁经营企业总部的许可证复印件到门店所在地县级人民政府新闻出版行政部门备案后，依法办理分支机构营业执照。

3.推动文化旅游融合发展，打造重庆特色

一是注重重庆特色文化内容生产，发展特色文化旅游，丰富景区景点文化内涵，重点发展主城历史文化旅游圈、长江三峡特色文化旅游带和渝东南“三民”特色文化旅游带；支持建设富有文化特色的休闲街区、

特色村镇、旅游度假区，依托巴渝文化、抗战文化、民俗文化等特色资源创新开发多类型、多层次、多业态的文化旅游精品。重点打造《印象武隆》《天上黄水》《巫山神女》《烽烟三国》《梦幻桃园》《钓鱼城》《朝天门》等成为具有全国影响力的特色文化演出品牌。支持开发新技术、新工艺、新产品，增加艺术含量和科技含量，提高产品附加值。培育特色鲜明的时尚文化，举办时尚文化创意集市，引导和扶持具有重庆地方特点和民族特色的时尚品牌的创立、发展，提升珠宝饰品、渝派服装、化妆美容、花卉园艺等时尚文化的地域特色，塑造“时尚重庆”。

二是在宣传营销上促进融合。建立部门协作、政企合作、行业合作、区域合作的宣传推广机制。各级政府部门要在市场推广中宣传重庆文化特色，将特色文化产品纳入国内外旅游项目推广计划；运用新兴媒体、大数据和创意策划创新宣传营销方式，根据不同客源地、不同年龄段、不同收入群体的游客偏好，精准投放广告信息，精细开发和培育市场。引导文化旅游企业围绕旅游景区、度假区、旅游目的地创作影视、动漫、图书、演出等文艺作品，实现文化与旅游相得益彰。

三是在科技创新上融合。运用互联网思维创新文化旅游商业模式，深入实施“智慧旅游”工程，引导并支持企业研发“智慧旅游”各类平台终端，重构业务流程，实现内容个性定制、景点导览互动、消费在线支付和体验即时分享等新型消费形态。重视科技创新对文化旅游消费内容的启发效应和消费方式的创新带动，支持企业将高科技手段融入主题乐园、情景体验、动漫游戏、创意设计、影视再现、建筑景观及特色演艺中，增强文化旅游产品的表现力和吸引力。

4.建设文化创意产业基地，扶持项目成长

鼓励利用闲置楼宇、仓库和厂房进行改扩建，建设建筑设计、社会经济咨询、广告、知识产权服务、珠宝首饰、工艺美术品设计等专业创意产业基地，推动创意产业与都市产业相结合。同时，利用特色工业园区、开发区和大学科技园的人才、技术、信息、土地、政策等条件，建设软件设计、模具设计、服装设计、家具设计等与工业园区配套的创意产业基地，

推动创意产业与制造业相结合。利用成熟时尚文化消费圈,建设文化传媒、时尚消费类创意产业基地,推进创意产业与打造时尚之都相结合。此外,对具有一定规模,管理规范,特色突出的创意产业基地,经市创意产业发展领导小组综合考评后,认定为市级创意产业基地的,按有关规定享受有关配套政策。大力支持有条件的创意产业基地申报国家级基地。目前已建成投用N18文创园、喵儿石文创园、501艺术基地、国泰艺术中心、市群众艺术馆、两江国际影视城、出版传媒创意中心、重庆文化产权交易平台等。

为推进创意产业基地建设和更好地扶植文化创意项目发展,要加快创意人才的培养和引进,把握培养、引进、用好人才三个环节。一是推进高水平大学和重点学科建设,培养一批发展创意产业的领军人才和业务骨干。大力发展职业教育,有针对性地设立一些适用专业,培养一大批专业技能人才。二是创造良好环境,积极引进国内外高层次创意人才,引领创意产业发展。三是充分发挥市场配置人才资源的作用,营造人才辈出、人尽其才的社会氛围。

最后加强创意产业知识产权保护,鼓励创意产品申请专利权,注册商标专用权,鼓励计算机软件等版权登记。进一步加强市保护知识产权举报投诉服务中心建设,加强行政执法与刑事司法相衔接的工作措施,严厉打击各种侵犯创意产品知识产权的行为。强化知识产权社会中介服务,帮助企业建立知识产权保护机制,形成贯穿于创意产品创作、生产、流通和消费全过程的知识产权保护体系。

5.重视政策推动,积极引导产业发育

重庆在扶持文化产业发展方面的政策支撑力度加大,努力为推动文化产业发展提供更加公平开放的环境。其中,在促进文化体制改革方面出台了《关于推进全市文化市场改革加快文化产业发展的意见》以及实施方案等,在支持特色文化产业发展方面出台了《重庆市特色文化产业项目认定管理办法(试行)》《关于支持特色文化产业加快发展的实施意见》等,在促进文化与其他产业融合方面,出台了《关于推进文化与旅游

融合发展的意见》《重庆市人民政府关于推进文化创意和设计服务与相关产业融合发展的实施意见》等。各企业、各集聚区紧紧抓住文化产业发展的政策机遇，探索资源优势、实行多元经营，以文化提升相关产业品位和档次，借周边产业促进文化传播和消费。

资金扶持也不落后，各级财政对文化产业的资金扶持力度不断加大，市级文化产业发展专项资金从2012年开始增加至3500万元，部分区县也设立了相应的文化产业发展专项资金。

综观重庆文化产业发展的实践路径，我们发现重庆在文化产业发展中能够有效把握自身的发展环境，提出了一系列具体的发展路径和举措，主要包括：依托政府政策，大力推进文化市场的建设、文产企业的培育和引进、创意人才培养文创基地的建设和重庆特色产业产品打造等。这一系列的措施也推进了重庆文化产业的快速发展。但是在发展实践中仍存在不足，主要表现为：缺乏精细化、系统化、建设化的思路，呈现出“门类齐全但精品特色缺乏”的问题，也尚未构建出本土文化的拳头产品和品牌，没有形成结合自身资源禀赋和地方文化特色的可供操作的文化产业发展行动策略。

通过对重庆市文化产业政策文本的分析，研究发现重庆市初步形成了文化产业发展的战略布局，主要表现为不仅有比较明确的战略构想，也形成了一系列的行动举措。但是总体来说重庆文化产业发展还处在融合型发展阶段，文化产业还未成为经济发展的支柱产业，与发达城市相比还存有较大的差距，因此在战略构想和实践路径两方面都还有较大的提升空间。

四、重庆文化产业发展政策存在的问题

我市文化产业发展政策对促进重庆文化产业的发展起到了重要作用，取得了一定效果。但从发展的目标与期望来看，效果不够理想，还需

要进一步通过政策优化来助推重庆文化产业的发展。服务于文化产业发展的政策安排主要存在以下几方面的不足。

1.目标定位不清晰,缺乏系统的产业发展政策

重庆作为历史名城和中国抗战时期的陪都,拥有深厚的文化积淀和丰富的传统文化资源;重庆作为西部唯一直辖市的政策优势地位也能有助于文化产业的发展。然而,从之前的分析中可以发现,重庆文化产业的发展缺乏严密的战略思考,对发展目标、资源状况、发展路径、发展中的优势劣势以及重点难点的定义不清晰,导致政策安排具有随意性。特别是对发展的总的目标以及阶段性目标缺乏清晰陈述,文化产业目标与文化事业发展的目标含糊、混为一谈,各阶段的政策供给在文化产业与文化事业之间穿插游离,政策的系统性、针对性与有效性都难以保证,政策优化难度大,这是政策供给中存在的根本问题。2009年颁布的《中共重庆市委关于推动文化大发展大繁荣的决定》,基本上属于宏观的导向性政策,里面涉及文化产业的内容较少,而且相应的配套政策没有进一步细化,各行业实施细则未见颁布。到目前为止,重庆还没有制定重点文化产业行业促进条例。至于文化园区管理、重点文化企业认定、文化产业发展专项资金的设立及管理办法,都还没有具体规定。而上海、深圳、北京等城市却在近几年中制定颁布了大量的政策和实施细则。如北京市先后颁布了十九项涉及文化产业发展方面的政策,这些政策很具体,调节的产业领域非常明确,具有很强的操作性。我市在文化产业园区发展规划、推动产业集聚发展、营造良好的市场环境、培育领军文化企业、帮助企业走出融资困境等方面,缺乏具体的政策规定,还需要进一步制定系统性的前后衔接的政策体系。

2.企业扶持政策不到位,市场环境、生态环境打造不力

目前重庆市文化市场发育不成熟,市场潜力未能有效激发。在市场环境建设方面,以知识产权保护为例,相关政策尚未健全。我市文化产业在由初级向中高级发展的过程中遭遇到不良市场环境的影响,各种盗版、侵权现象时有发生,文化产业中有关知识产权保护的政策体系尚未

健全，内容产业的创新激励存在着不足；在文化市场主体培育方面，培育文化企业的政策出台了不少，但从政策的实施效果来看，针对性与有效性都不够理想。目前，重庆文化企业“软、小、散、滥”问题仍较为突出，大规模、高水平、带动能力强的龙头企业少，缺少战略领军者和骨干企业。从国有企业来看，四大文化集团发展的质量、速度和效益与其所处行业地位和拥有的资源还不匹配。从民营企业看，小而散的现象十分突出，80%是小店小摊。大型文产集团基本靠引进，自我开发和发展能力薄弱。由此看来，按照“创新体制、转换机制、面向市场、增强活力”的要求，深化国有经营性文化单位的转企改制；进一步降低市场门槛，推动PPP合资模式，助推民营文化企业做大做强；加大扶持力度，打造本土品牌的大型文产领军企业仍然是重庆市文化产业政策制定和落实的关键。

3.创意内驱力不足，人才政策亟待完善

当代文化产业发展要以科技为基础，以创新和创意为推动力，而其中创意人才的储备是关键。重庆文化产业发展缺乏大量的创意人才、经营管理人才、技术开发人才、市场营销人才，特别是具备现代文化意识和文化产业开发市场敏感度的中高端人才的缺失，严重制约了产业的发展，因此迫切需要打造一支素质高、有文化、善经营、会管理的文化产业人才队伍。重庆目前尚未出台专门的文化人才引进和培养的专项政策，只是在文化产业规划和管理体制改革等纲领性文件里略有提及，缺乏精细化、可操作的文化产业人才队伍建设的具体实施政策。而北京、深圳、上海、杭州等在文化产业的发展中一直重视人才建设，形成“引进与培养并举”的人才建设策略，提升了文化产业的发展品质和文化产品的创意内涵。因此，在人才建设和激励机制方面，做好人才的引进、培养、激励、保障等工作，应成为重庆市相关政策安排的重点内容。

4.投资渠道单一化，尚未形成多元的投融资促进政策

多元化的投融资体系一方面能够保证文化产业投资，另一方面还有利于文化市场的良性竞争，从而刺激文化产品向着多样化与精细化方向发展，以进一步刺激文化消费。在文化产业投入方面，围绕落实文化

产业发展规划,重庆市制定的政策主要是依靠财政、税收来扶持和鼓励文化产业发展。具体政策如《重庆市出版专项资金资助项目管理暂行办法》《重庆市文化产业发展专项资金管理办法》等,政府作为投资主体,既受制于财政也受制于对市场的不敏感。与北京、上海等城市相比较,重庆的政策安排存在着产业投资渠道单一、忽视社会资本力量的问题。在文化产业投融资方面,北京开发多样化的文化金融产品;上海创新文化保险品种和业务,深圳引导风险投资基金进入,通过拓宽融资渠道,吸纳社会资本,有效地促进了文化市场的资金流动,利用资本市场做大做强本地的文化产业。重庆在未来的文化产业发展过程中,需要破除仅仅依靠政府财政和税收的单一投资现状,通过优化政策安排,进一步降低社会资本进入的门槛,充分利用银行、基金、保险等平台开发多样化的文化产业投融资产品,从而引导文化产业健康长远发展。

5.政策前后不衔接,政策的整体效果没有充分展现

作为西部地区唯一的省级文化体制改革综合试点城市,重庆市在2004年即制定颁布了《重庆市人民政府办公厅关于印发文化体制改革试点中支持文化产业发展和经营性文化事业单位转制为企业的两个实施办法(试行)的通知》(渝办发〔2004〕106号),文件中提出的政策意见和配套措施,在政策实施期限内发挥了较好的作用。之后几年,市委市政府也陆续出台了不少文化产业政策。但是,后续的政策对之前政策的回应度不高,关联度也不高,政策缺乏必要的稳定性与持续性,缺乏对行业成长的持续性关怀与鼓励。多个发文部门虽提供了全面的政策关怀但也附带产生了政策冲突,需要协调与整合部门间的政策意图与政策安排,优化政策供给的成效。目前来看,政策实施成效没有预想的那么显著,重庆文化产业发展的格局依然没有太明显的变化,与其他省市差距仍然较大。上海、北京、广东、湖南等省市的文化产业增加值占GDP比重早已突破5%,成为名副其实的支柱产业,而重庆文化产业增加值占GDP的比重刚刚突破3%,文化产业发展任重而道远。

第二节　国内文化产业发展的政策构思与政策实践

一、支柱产业期代表城市

依据文化产业发展阶段判定，北京、上海、浙江、广东当前属于支柱型发展阶段，北京、上海与重庆同为直辖市，其政策供给能力与重庆有较高的相似性；作为浙江和广东的代表，杭州和深圳文化产业发展的政策供给，无论是政策构思还是政策实践对于相对滞后的重庆都具有重要的参考价值。

1.北京

对27篇北京文化产业相关政策文本进行语义网络构建，发现其政策构思具有如下特点。

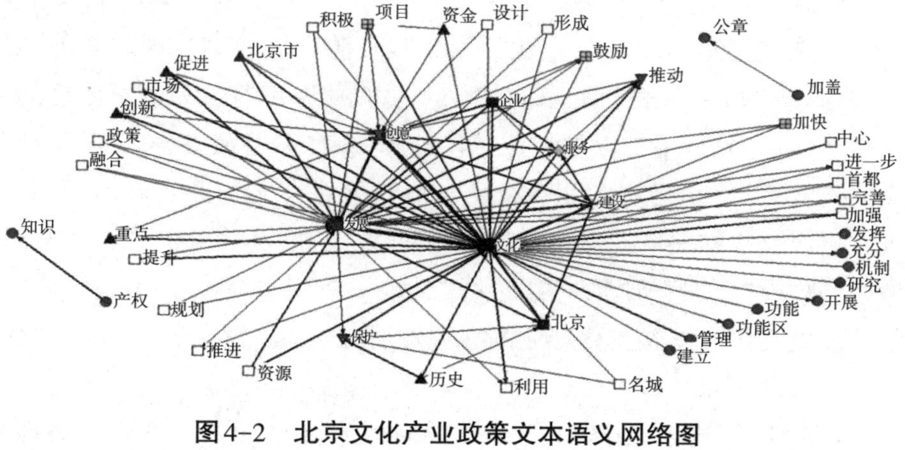

图4-2　北京文化产业政策文本语义网络图

(1)总体评价

语义网络图(图4-2)直观而完整地展现了北京文化产业发展的政策构思。通过分析，发现北京高度重视文化产业的发展，提出了较为清晰和明确的目标定位,形成了保护与发展相结合的发展思路,并依托特色的古都文化以及特色产业资源制定了初步的发展方案和具体的行动措施。

(2)具体分析

核心网络:由“文化—发展—创意”三个关键词构成,并形成了紧密的三角回路。在文化产业的战略选择上,北京重视创意文化产业的发展,体现了“文化与创意”“文化与发展”强强联合的发展思路,形成了促进文化创意产业成为北京支柱产业、把北京建设成为全国文化中心和文化创意产业主导力量的发展目标。

次级网络:在核心网络的基础上拓展形成了以“创意—文化—企业—建设”“创意—企业—文化—发展”“创意—文化—服务—企业”“历史—文化—保护”“文化—市场—发展”“文化—资源—发展”“文化—项目—资金”为主的扩展网络。体现了北京一手抓历史文化保护,一手抓创意文化企业的发展、建设和服务的发展策略。同时注重文化产业发展的市场建设、项目培育和资金支持。

基础网络:以“文化”和“发展”为中心结点,主要连接词为“政策”“融合”“重点”“创意”“项目”“企业”“市场”“资源”“规划”“推进”“服务”“建设”“保护”“利用”,表明北京对文化产业的发展有着较为清晰明确的定位和规划,充分利用古都的特色文化资源,综合运用经济、文化政策规范文化产业市场,运用资金和项目手段鼓励创意文化企业发展,并有效推进文化产业与相关产业融合发展。同时以“文化”为中心结点,主要连接词为“建立”“管理”“开展”“功能区”“功能”,体现了北京以功能区建设来保护历史文化和发展文化产业的独特发展方式。

(3)政策实践

北京文化产业发展相关政策文本中呈现出的政策实践主要表现为以下五个方面。

①依托“老北京”传统文化,打造休闲旅游业。老北京的历史文化积淀、“玩家”文化为休闲旅游业发展奠定了良好基础,在文化产业发展的

具体实践上坚持“保护为主、抢救第一，合理利用、加强管理”的方针，坚持城市发展规划与历史文化名城保护相协调，全面实施非物质文化遗产保护工程，并充分利用传统民居民俗等非物质文化遗产资源，开发完善了什刹海、南锣鼓巷、南新仓、三里屯等一批历史文化保护与城市发展相结合的民俗文化旅游休闲区，并在此基础上开发“社会旅游”等文化旅游产品。同时重点建设北京古玩城、潘家园旧货市场和潘家园古玩艺术品交易区。

②依托特色文化资源，推进文产功能区建设。北京的政府动员能力、政策供给能力和行政效率都较高，在文化产业的发展上，北京根据各区文化资源的差异，分别建立了传统文化区、四合院休闲文化区、演艺博览文化区、出版文化区、体育文化区。这些文化产业功能区的建设有助于推进文化产业向着专业化、特色化、功能化方向发展，有利于推广先进运营经验。

③充分利用城市影响力，建设具有国际水平的营销网络。通过构建完善的政府政策支持系统，引导文化市场的培育，特别是在构建营销网络方面，着力鼓励发展连锁经营、现代物流和网络书店等现代出版物流通系统，发展以网络技术为基础的出版物网上销售等新型业态，推动企业网上电子商务交易平台的建设。

④依托特色工业资源，驱动文创产业融合发展。北京工业发展转型升级与万众创新的政策充分共振共鸣，为文化创意与工业资源的双向融合提供了良好契机。在重点强调对工业资源进行有效的保护和利用的基础上，设立专项资金扶持和培育一批利用工业资源发展文化创意产业的优秀示范项目；同时强调整合社会资源，搭建利用工业资源发展文化创意产业的专业化服务平台，为企业提供产业信息、项目咨询、建筑改造设计、学习交流、技能培训、投融资等多方位的服务。

⑤激活资本市场，创新金融服务方式。鼓励增加版权质押、股权融资、信用担保、融资租赁贷款、应收账款质押融资、产业链融资等多种促进功能区文化创意企业发展的融资品种，重点拓展贷款抵（质）押物的范

围,完善无形资产和收益权抵(质)押权登记公示制度,探索开展无形资产抵(质)押和收益权抵(质)押贷款等业务。支持具备条件的民间资本在功能区内依法发起设立中小型银行,为文化创意产业发展提供专业化的金融服务,鼓励功能区内文化创意企业通过并购重组、上市融资等方式,利用资本市场做大做强。同时优先安排功能区内符合条件的文化创意企业发行公司债、企业债、中小企业私募债等非金融企业债券。

2.上海

对21篇上海文化产业相关政策文本进行语义网络构建,具体分析如下所示。

(1)总体评价

通过对高频词、共现词和语义网络图的分析,发现上海高度重视文化产业的发展。上海依托地理位置的优势和独特的经济中心地位提出了清晰明确的发展目标和定位,形成了高度缜密和成熟的发展思路,并制定了较为详细的发展方案和具体的行动措施。

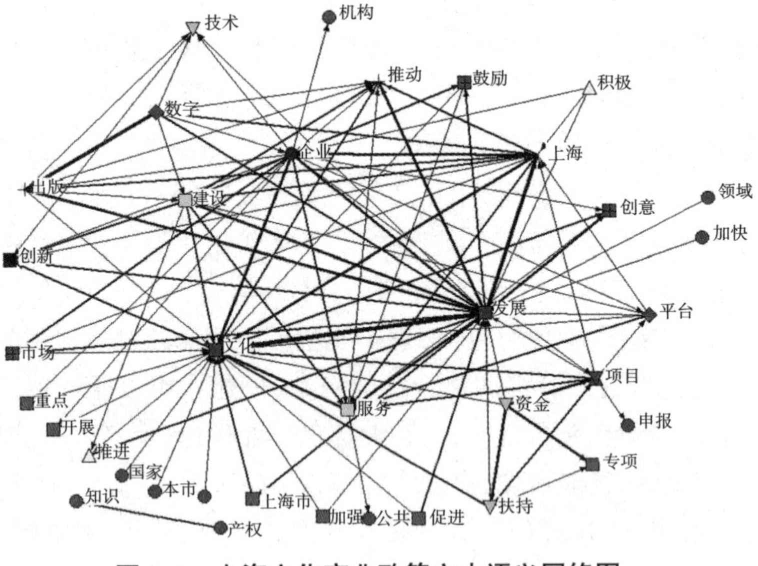

图4-3 上海文化产业政策文本语义网络图

(2)具体分析

核心网络:由于上海文化产业发展比较成熟,其语义网络图的逻辑比较复杂,所以形成了多个核心网络,主要有以"数字—出版—发展""文化—发展—服务""创意—文化—发展"为关键词构成的多个紧密的三角回路,以"上海—企业—文化—发展""专项—项目—资金—扶持"为关键词构成的两个紧密四角回路。表明了上海创新发展与改造相结合的文化产业发展策略,以期运用数字化信息技术对传统产业进行改造,大力推动数字出版产业的发展,加快推进上海国家数字出版基地建设。同时依托经济中心地位的优势,注重对创意文化企业提供专项的项目资金支持。

次级网络:在核心网络的基础上拓展形成了以"文化—服务—建设""文化—发展—建设""创新—发展—建设""创新—文化—发展""发展—企业—建设""服务—企业—发展""服务—平台—建设"为主的扩展网络。表明了上海发展与建设、服务并重的文化产业发展策略,高度重视文化企业的发展,并注重加强服务平台的建设,为创新文化发展、文化创意企业发展奠定良好的基础,提供优质的服务。

基础网络:以"文化"为中心结点,主要连接词为"上海市""国家""贸易""出版""本市""促进""推进",表明上海注重文化贸易的发展。依托地理位置的优势,积极推动数字出版"走出去",打造具有国际知名度、行业影响力的数字出版品牌。

(3)政策实践

上海依托优越的地理位置和独特的经济中心地位提出了文化产业清晰明确的发展目标和定位,形成了高度缜密和成熟的发展思路,并制定了较为详细的发展方案和具体的行动措施。

上海文化产业发展的相关政策实践主要表现为以下四个方面。

①创新网络文化服务,发展数字出版产业链。注重文化与高新技术融合,带动涵盖数十种新兴业态的新媒体产业快速发展。其网络视听服务、网络阅读服务、网络财经服务、网络电子商务、网络游戏服务、网络休

闲娱乐服务、网络远程教育服务等领域在国内保持领先地位，网络文化企业普遍形成较为成熟的商业运营模式，建立了全国第一个“国家数字出版基地”，发展形成了特色产业集聚的数字出版产业链。

②依托经济中心功能，大力发展文化外贸。上海作为发达的沿海城市、国际大都市，拥有独特的地理位置优势，开展文化对外贸易基础较好。近年来，大力培育并支持上海文化企业申报“国家文化出口重点企业”和“国家文化出口重点项目”，与此同时还培育和认定了一批在文化贸易领域具有代表性和引领性、具有一定出口规模、出口潜力较大的对外文化贸易示范基地和交易平台。鼓励文化企业在境外收购文化企业，设立演艺经纪公司，并借助电子商务等新兴交易模式拓展国际业务。

③创新人才管理机制，提升创意人才的质与量。鼓励高等院校、职业培训院校、社会培训机构对人才的培养与创意产业的人才需求对接，开展多层次、多类型的创意专业教育，有针对性地设立一些与创意产业相关的专用学科，支持院校与创意企业联合建设创意产业人才实训基地，加快培育创意产业紧缺人才。同时也注重建立人才流动机制，鼓励高等院校、研究机构和相关企业开展创意人才的国际交流，在输送人才学习国际先进经验的同时，引进海内外高级创意人才。教育、人事等部门可优先对创意人才海外培训、海外专家开展创意研发和交流活动给予立项、经费资助等方面的支持。

④培育文化产业保险市场，创新保险品种和保险业务。鼓励保险机构创新保险品种和保险业务，积极开展知识产权侵权险，演艺、会展、动漫游戏、出版物印刷复制发行和广播影视产品完工险和损失险，以及团体意外伤害保险、特定演职人员人身意外伤害险等新型险种和业务。对符合《文化产品和服务出口指导目录》条件，特别是列入国家和上海市重点的文化出口企业和项目，引导保险机构积极提供出口信用保险服务。

3.杭州

选取杭州的24个文化产业相关政策文本进行语义网络构建，具体分析如下所示。

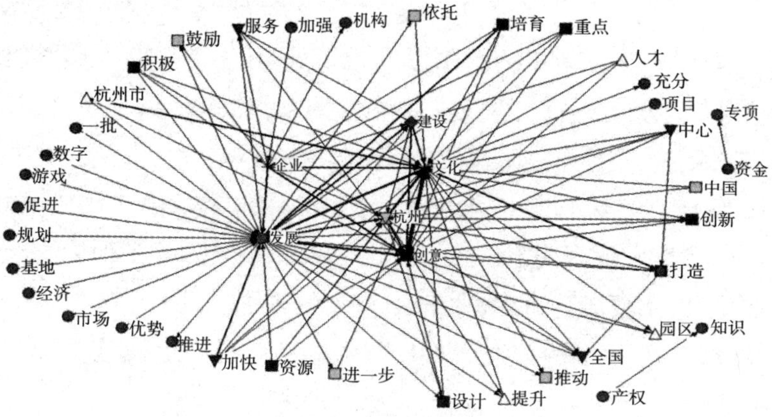

图4-4　杭州文化产业政策文本语义网络图

(1)总体评价

通过语义分析可以从整体上展现杭州文化产业发展的逻辑,发现其形成了一个较为成熟的话语结构网络。围绕“创意—文化—发展”,杭州对文化产业既有观念上的重视,也形成了初步的发展方案,但是关于如何促进文化企业和市场发展的具体方案还不成熟。

(2)具体分析

核心网络:由“创意—文化—发展”三个关键词构成并形成了联系紧密的三角回路。在文化产业发展的战略选择上,体现了杭州以“创意”为着力点,以“发展”为主要目标,以“文化”促发展的总体思路。

次级网络:形成了以“文化—企业—发展”“文化—创意—企业”“发展—杭州—创意”为主的扩展网络,表明了杭州一手抓“创意”,一手抓“企业”的文化产业发展策略。在整个策略上展现了明显的文化创意产业偏好,一定程度上发挥了企业在其中的作用。

基础网络:主要围绕“创意”“文化”“发展”三个核心词及其关联词形成。以“创意”为中心节点,主要连接词为“企业”“加快”“资源”“创新”“打造”“全国”“中心”“设计”“服务”,表明了杭州依托“资源”和“创新”来“加快”文化创意产业发展的态度,体现了打造“全国文化创意产业中心”的目标定位,凸显了“设计服务业”在文化创意产业中的重要地位;以

"企业"为中心节点，主要连接词为"建设""创意""重点""培育""鼓励"'，显示出杭州加强基础建设以"服务"企业发展，注重"培育"领军龙头和"重点"文创企业；以"发展"为中心节点，其连接词主要展现的是杭州"加快""促进""提升""推动"文化产业发展的态度，通过"园区"和"基地"来实现产业集聚和规模化发展，结合优势主要发展动漫"游戏""数字"内容和"设计"服务等行业，但整体来看发散的因素多但回路少，发展的具体思路仍不清晰。此外，"专项—资金"和"知识—产权"两组共现词游离于网络之外，说明杭州在文化产业发展中同样重视这两个方面，但想法并不成熟。

(3)政策实践

根据对杭州文化产业发展相关政策文本的梳理，其政策实践特色主要表现为以下四个方面。

①明确发展定位，打造"全国文化创意产业中心"。2007年杭州出台了《关于打造全国文化创意产业中心的若干意见》，提出了"打造全国文化创意产业中心"的目标，同时围绕这一总体目标，以文化、创业、环境高度融合为特色，培育动漫游戏业、设计服务业、艺术品业等八大重点发展行业，有力地推动了杭州文创产业的蓬勃发展。

②发挥领军企业的"雁阵效应"，加强重点企业培育。出台了促进重点文创企业培育的"展翅计划"和"登高计划"等系列政策文件，在实践当中主攻电子商务平台、电视演艺、现代传媒，造就了以阿里巴巴、华策影视、宋城、华数传媒、思美传媒、顺网科技等为首的一批领军企业，并通过发挥领军企业的示范带动作用不断为杭州文创产业的发展增添动力。

③发挥人才集聚优势，坚持"引进与培养"并举。专门出台了《关于加快文化创意产业人才队伍建设的实施意见》，市财政每年安排4500万元资金，从人才的选拔、引进、培养、使用和服务等环节，不断壮大创意人才队伍。在成功引进蔡志忠、莫言、麦家、余华、赵志刚、赖声川等30多位各领域的文化名人的同时，也着力在本土积极实施文创企业孵化工程培训班、成长型文创企业高端培训班等诸多人才项目，采用PPP模式全

面培养人才。同时，每年举办中国杭州文化创意产业博览会，搭建起“西湖创意市集”“创意力量大讲堂”等载体，为创意企业提供机会，营造了良好的“众创空间”。

④融合品质生活，促进地方特色文化产品的产业化发展。围绕女装、丝绸、茶叶、陶瓷、铜雕以及伞扇剪等传统优势行业，鼓励特色文化元素、传统手工技艺与创意设计、现代科技、时尚元素相结合，积极引导企业和广大市民设计、制作、生产创意产品，大力发展特色文化产业。

4.深圳

选取深圳的19个文化产业相关政策文本进行语义网络构建，具体分析如下所示。

(1)总体评价

通过语义分析发现依托自身的特殊优势和资源禀赋，深圳在文化产业上已初具雏形。深圳在观念上重视发展文化产业，但在发展中还是较多依赖政府行为，对于如何发展企业和选择何种发展方式还是缺乏深度思考，尚未形成成熟的文化产业发展行动策略。

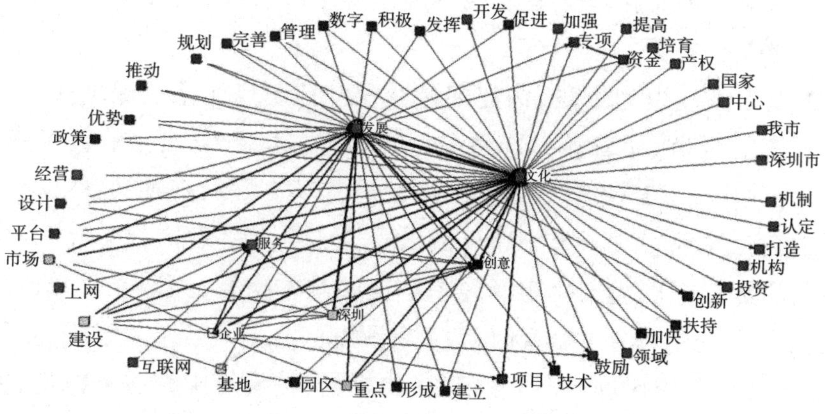

图4-5　深圳文化产业政策文本语义网络图

(2)具体分析

核心网络：以“文化”为核心节点，关联“发展”“服务”“创意”构成了“文化—发展—服务—创意”核心网络。由此可以看出深圳文化产业发展呈现出自身的独特性,形成了以创意促文化,以文化促发展的总体思路。

次级网络:在核心网络的基础上进行拓展,围绕“文化—企业—发展”“发展—文化—创意”“文化—发展—建设”“深圳—文化—发展”等形成。可以看出深圳的文化发展既抓“建设”又抓“企业”的整体策略选择。

基础网络:“政策”“规划”“优势”“扶持”“管理”“推动”;“项目”“基地”“平台”“产权”“技术”“创新”;“市场”“数字”“设计”“重点”“创意”等关键词是核心词“文化”和“发展”的主要变量,构成整个深圳市文化产业发展的政策背景和主要策略,凸显深圳文化产业发展过程中政府指导与市场行为双管齐下,发展数字出版、创意设计和互联网等重点行业,以“园区”“基地”“平台”等为载体,通过“产权”保护和“技术”创新来推动文化产业发展的具体策略。此外,在发展过程中,深圳注重“市场”的建设,通过“企业”“项目”“平台”“政策”“优势”等实现构建“现代文化产业市场体系”的目标。

(3)政策实践

根据对深圳文化产业发展相关政策文本的梳理,其政策实践主要表现为以下四个方面。

①以市场建设为手段,构建现代文化产业市场体系。深圳作为最早对外开放的城市,拥有较为成熟、开放的市场体系,龙头企业数量多、规模大,为现代文化产业市场体系的构建奠定了良好的基础。在文化产业发展中充分体现了对于市场建设的敏感性,其中尤以“产权交易”为核心和特色。提出了现代文化市场体系构建的基本路径,强调文化资产评估和文化产权交易体系,培育以版权交易为核心的各类文化资产交易市场,发展文化经纪代理、评估鉴定、风险投资、拍卖等中介服务机构,促进文化产品和生产要素的合理流动。

②强化科技创新支撑,加强重点领域的技术攻关。在产业发展的路径上把提升文化产品的内涵和质量作为发展文化创意产业的基本着力点,积极推进文化与科技相融合,用高新技术改造传统文化产业,在重点

领域和关键环节形成更多具有自主知识产权的创新技术，凸显国家创新型城市的应用研发和高新技术优势，强化“科技创新”的支撑作用。

③发展数字内容产业，促进文化资源与数字技术融合。深圳IT产业集聚优势显著，其文化产业发展以互联网为载体，促进文化资源的数字化转变。在实践中深圳通过“互联网+文化创意”促进产业升级。依托IT产业集聚优势，以现有的数字电视和动漫产业为基础，以“文博会”为展示和交易平台，通过企业孵化培育、多功能公共技术平台建设、商务运营服务系统的开发等，以数字电视和动漫游戏为突破口促进数字内容产业的集群发展，以建立新的文化生产和消费方式。

④鼓励社会投资，打造“文化金融工程”平台。深圳作为最早对外开放的城市，社会资本非常活跃，投融资支持体系十分完善，这对于文化产业的市场化发展尤为有利。通过“文化金融工程”积极探索文化产业发展的金融支持方式，鼓励社会资本投资文化产业，引导风险投资基金进入，支持商业银行创新文化创意产业信贷服务、担保服务和保险服务。同时通过创新运营模式、交易制度和交易品种来完善文化产权交易，从而进一步促进资金要素的流动。

二、融合发展期代表城市

结合处于成长期的文化产业发展阶段类型来看，四川省、陕西省、湖北省、湖南省、天津市与重庆同处于“产业融合期”，鉴于省会城市和直辖市的行政地位和地理区划对于重庆市的借鉴意义更大，为此，我们着重梳理了成都、西安、长沙、武汉、天津等地文化产业的发展经验。

1.成都

通过对搜集到的9篇成都有关文化产业的政策文本进行语义网络构建，在此将统计结果展示如下并基于此进行分析。

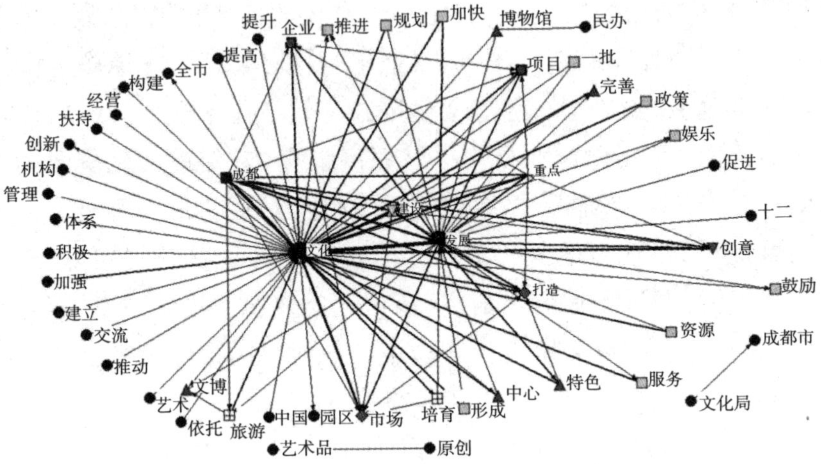

图4-6　成都文化产业政策文本语义网络图

(1)总体评价

语义网络图可以从整体上展现成都文化产业发展的逻辑,发现其尚未围绕“话语”形成成熟的话语结构网络。成都在思想层面重视文化产业的发展,但是在执行层面虽有所涉及但缺乏深思熟虑,在具体的行动策略上尚未形成清晰的思路。

(2)具体分析

核心网络:“文化”“发展”两个关键词高度相关,联系紧密,形成了整个语义网络图的核心,“发展—文化”在整个政策文本中出现的频次位居第一,说明成都市高度重视文化产业的发展,但由于这两个词停留在意识层面,缺乏相关的行动主体或其余关键词来构成清晰的回路,因此成都的文化产业发展定位尚不明晰,具体的执行策略尚未明朗。

次级网络:形成以“成都—文化—发展”“创意—发展—文化”“文化—市场—发展”“创意—文化—发展”“发展—项目—文化”“发展—特色—文化”“建设—文化—市场”“打造—文化—市场”为主的扩展网络,表明成都注重以市场为导向,积极培育文化市场。成都文化产业政策文本的语义网络中,与“文化”“发展”两个核心词汇关系紧密并形成复杂回路的关键词有“旅游”“文博”“市场”“重点”“项目”“培育”“打造”“发展”

“创意”“企业”，呈现出政府以文化产业相关项目为着力点，以创新、创意为驱动，依靠市场和企业的力量，以其特色的资源禀赋为基础，培育、打造成都特色文化市场的发展逻辑。

基础网络：与“文化”“发展”联系的外围词汇大多为“扶持”“管理”“体系”“政策”“促进”“规划”等政府相关词汇，说明成都在文化产业发展上有所思考及创新，但还没有形成具体的行动方略，更多的是停留在话语层面。

(3)政策实践

成都文化产业发展的政策实践主要有以下四个方面。

①实施诗歌文化建设工程，打造特色诗歌文化品牌。成都诗歌文化底蕴丰厚，立足消费城市定位，以点带面，推进“诗歌文化+旅游”融合，打造有成都特色的诗歌文化旅游网。具体实践中以杜甫草堂为核心打造诗歌文化品牌，在浣花溪公园内组织实施诗歌大道、新诗小径、诗歌意景等诗歌文化改建和建设工程，并实施建筑总面积近万平方米的诗圣文化园建设项目。

②以原创艺术品为特色，推动艺术品交易市场的发育。成都原本就具有地域性色彩浓厚的相对完整的艺术品交易市场。在文化产业发展的具体实践上，成都立足建设文化创意产业园区，扶持现代化、专业化的艺术品经营机构，引导和规范艺术品市场秩序，构建多层次的市场体系并采取了一系列的行动，如规划建设艺术品原创集聚区；引进现代经纪画廊等机构；支持建设四川美术馆，带动机构收藏和私人收藏，促进艺术品原创和交易；依托成都画院，建立全国性的艺术品创作交流平台；扶持现代经纪画廊、拍卖行等市场主体，提高艺术品创意的产业转化能力和水平；扶持优秀艺术作品的创作，参与艺术品创作及投资，调动社会力量促进产业发展。

③打造艺术品牌，扩大成都演艺娱乐产品的影响力。成都演艺娱乐产业基础较好，主要指标及综合实力居全国同等城市先进行列。在打造全国中西部演艺娱乐中心的过程中，成都注重发挥培育市属专业文艺院

团和部分民营院团等单位的市场主体模范作用,积极整合资源,借助外部力量,创作生产大型演出娱乐品牌产品,特别重视重点演艺产品、演艺娱乐剧(节)目的艺术品质提升,扶持音乐剧、实景演出、杂技剧、旅游剧、民族歌舞剧,重点支持杂技功夫剧《熊猫·熊猫》、川剧特色旅游剧《传奇变脸秀》等项目。

④发展民间工艺美术产业,培育农村文化市场。成都具有丰富且地域色彩浓厚的民间工艺,农村文化市场开发潜力巨大。政府在此过程中通过政策引导各类市场主体投资文艺表演、网络服务等领域,支持农民群众自筹资金、自己组织、自负盈亏、自我管理,扶持民间剧团的发展。鼓励开发具有民族传统和地域特色的剪纸、绘画、陶瓷、泥塑、雕刻、编织等民间工艺项目,支持农村民间工艺美术产业的发展。

2.西安

通过对搜集到的9篇西安有关文化产业的政策文本进行语义网络构建,在此将统计结果展示如下并基于此进行分析。

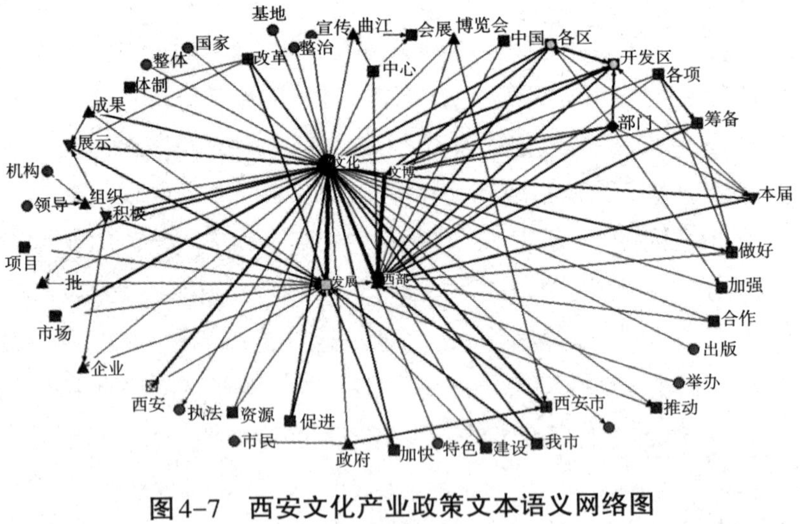

图4-7　西安文化产业政策文本语义网络图

(1)总体评价

西安文化产业政策文本语义网络图从整体上展现了西安的文化产

业发展逻辑，发现其产业推动主要依靠政府力量，忽视了市场和企业的作用；在产业方向上强调文博、会展业，缺乏成熟的文化产业体系，因此呈现出文化产业结构单一、市场不完善、融资困难等问题。

（2）具体分析

核心网络："文化"和"发展"两个关键词联系紧密，在互现词中词频达到了32次，位居第一。此外"文化—文博—西部"三个词形成核心的三角回路，说明在西安的话语体系中，文博业在其文化产业中处于中心地位，在其具体的政策文本中也明确提出推进旅游和文化的深度融合，依托历史文化资源塑造特色文化品牌。在具体实践中，西安设立了"西部文博会常态展示交易中心"与"网上西部文博会虚拟展示平台"。

次级网络：形成了以"文化—发展—积极""文化—发展—展示""文博—部门—开发区"为主的扩展网络，其余词汇大多处于单向、发散状。由此可见，西安市的文化发展还停留在重点依靠政府力量推动的层面上，虽然其中也提到了"市场"和"企业"，但二者的作用并不明显。

基础网络："改革""执法""项目""整治"等关键词和作为支撑条件的"国家""机构""政府"以及"我市""部门"等词语彰显了绝大多数的政府行为，行政管理和单位经营仍然是西安解决文化产业发展问题的主要途径。此外，"筹备""会展""博览会"表明西安在会展业方面投入了大量资源，意图依托其独特的区位优势及文化资源禀赋打好"走出去"的牌子。

（3）政策实践

根据对西安文化产业发展相关政策文本的梳理，其具体实践主要表现为以下三个方面。

①打造古都文化带，提升文化旅游水平。西安作为13朝古都，拥有丰富的文化遗存和传统的建筑风貌，推进古都文化与旅游融合，打造历史文化旅游品牌实践中，西安文化产业重点打造宗教文化带，提升宗教文化旅游水平；打造宫廷餐饮、长安古乐等文化精品；充分发挥唐诗资源、老子文化资源、丝绸之路资源、重大历史事件资源等文化资源的重要作用。

②依托历史文化资源,打造国际知名的博物馆之城。西安以底蕴丰厚的历史文化资源为基点,通过旅游和文化的深度融合,集中展示华夏历史文化,塑造特色文化品牌。具体实践中以博物馆为载体,目标在"十二五"期间,建设50~80座博物馆,力争博物馆的总量突破100个,将西安打造为国际知名的博物馆之城。

③培育会展品牌,培育区域性会展中心。西安的生产性产业受到古都保护的限制,在产业培育中西安选择发展会展业,而会展业能产生强大的互动共赢效应,汇聚巨大的信息流、技术流、商品流和人才流。西安通过搭建和扩大会展平台,建设会展场馆,形成布局合理、特色明显、错位发展、功能齐备的会展聚集区。在实践上,培育外向关联度高、招展引会能力强的会展主体,发展市场化程度高、产业带动力强的优秀品牌展会,培养专业化水平高、创新能力强的优秀会展人才,以实现建设区域性国际会展中心的目标。

3.长沙

通过对搜集到的16篇长沙有关文化产业的政策文本进行语义网络构建,在此将统计结果展示如下并基于此进行分析。

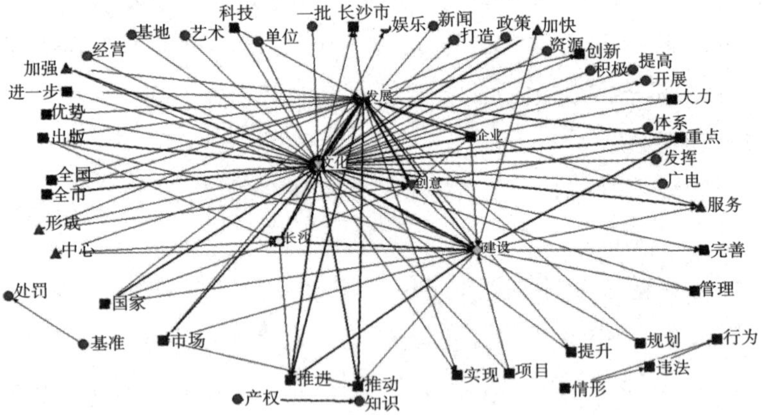

图4-8 长沙文化产业政策文本语义网络图

(1)总体评价

语义网络图整体呈放射状,在"文化—发展—创意"核心网络之外的具体层次上没有形成紧密回路，说明具体执行上各个方面的关联性不强，长沙市文化产业发展政策制定主要是在宏观层面，具体执行方面还不够成熟。

(2)具体分析

核心网络：由语义网络图显示出“文化—发展—创意”三个高频词组成了连接紧密的三角回路。显示出长沙以“创意”为着力点，谋求以文化促发展的战略布局。“文化”“发展”“创意”居高频词汇前三位，“文化—发展”“文化—建设”“文化—创意”“创意—发展”位列共现词汇前四位，凸显出长沙市以“创作、创新、创造、创业”为基本方略，将文化创意产业打造成为重要的战略性新兴产业的战略路线。

次级网络：语义网络图呈现出以“文化—发展—企业”“文化—发展—建设”“文化—长沙—建设”几条回路为主线的发散型网络，表明长沙重视企业在推动文化产业发展中的重要地位，显示出长沙推进经营性文化单位转企改制的规划目标。

基础网络：“企业”“管理”“服务”“市场”等高频词汇进一步印证了长沙以“改革‘管理’体制，培育‘市场’主体”为保障措施，切实推行“政企分开”“管办分离”的基本思路。但是“艺术”“新闻”“科技”“出版”“资源”“政策”等词居于语义网络图外围且没有形成紧密的回路，说明具体执行上各个方面的关联性不强，长沙市文化产业发展政策制定主要是在宏观层面上，具体执行层面上还不够成熟。

(3)政策实践

根据对长沙文化产业发展相关政策文本的梳理，其政策实践主要表现为以下两个方面。

①发挥影视娱乐业的比较优势，突出文化产业特色。长沙的影视、新闻、娱乐行业发展较好，优势显著，在其实践路径中重视发挥比较优势，突出发展特色。一是在影视传媒业方面，以湖南广电集团、长沙广电集团为依托，打造全国示范性园区与产业发展区。二是强化“影视制作—发行—播映—衍生产品开发”的一体化建设，延伸产业链。三是在新闻出版业方面，积极拓展发展区域。如依托中南传媒、华声传媒等，拓展图

书、音像、电子网络、动漫游戏、出版和印刷发行产业,发展版权交易新业态,打造全国性出版物和版权交易中心、中南地区重要的出版物发行配送中心和印刷包装基地。四是演艺娱乐休闲业方面,发挥长沙演艺娱乐的品牌优势,培育形成若干个核心竞争力强的演艺娱乐产业集团,加快形成衍生产品与衍生服务,提升长沙演艺娱乐产业的品牌价值。

②推动知识产权优势转化,增强核心竞争力。长沙文化产业凭借良好的人才储备优势,注重知识产权对文产发展的促进功效,实现要素驱动向创新驱动的转变。一是制定中长期的知识产权人才培育计划,加大对知识产权的教育与培训力度,如科学设计针对企业发展和知识产权创造领军人才的培训课程,定期分类举办知识产权讲座。二是加大知识产权创造激励力度,将专利申请补助资金扩展为专利申请与著作权登记补助资金,实施企业"专利扫零"计划。三是加大知识产权转化服务力度,鼓励高校、科研院所围绕长沙优势产业开展应用性技术研发,构建"产、学、研"知识产权转移机制。四是加大知识产权保护力度,建立知识产权"三百工程"维权援助服务机制,开通培育企业知识产权保护绿色通道,完善长沙市重点行业专利数据库建设。

4.武汉

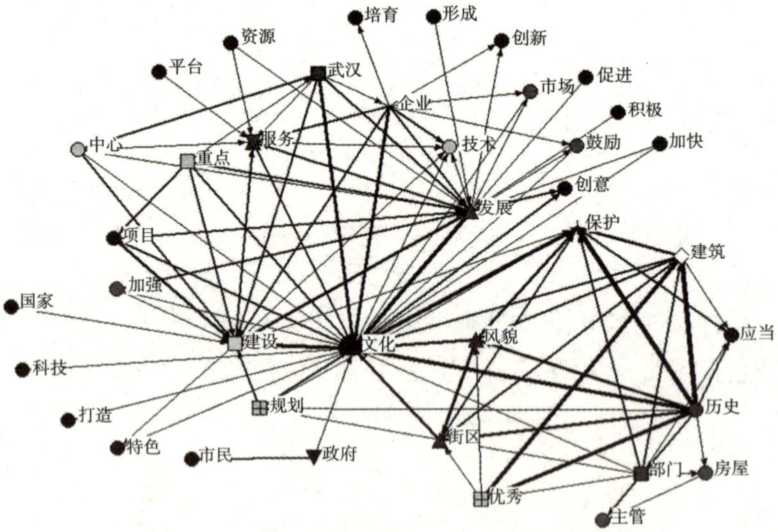

图4-9 武汉文化产业政策文本语义网络图

通过对搜集到的14篇武汉有关文化产业的政策文本进行语义网络构建,现基于此进行分析。

(1)总体评价

语义网络图从整体上呈现了武汉文化产业发展的行为逻辑,武汉的文化产业仍处于政府推动的起步阶段,形成了以“文化”为核心词,以“文化—历史—保护”“文化—建设—发展”为拓展的多维网络体系。以“文化—历史—保护”为主线的政策发展较为成熟,“文化—建设—发展”方面还处于学习阶段。

(2)具体分析

核心网络:武汉文化产业发展的重点在于对历史文化的保护。从武汉的语义网络图可以看到,“文化—历史—保护”三个高频词汇形成了最明显的三角回路。体现出武汉以地域特色文化和非物质文化遗产的挖掘与保护为重点,以彰显历史文化名城的文化底蕴,丰富武汉文化内涵,提升武汉文化品位为目标定位的发展战略。在“文化—历史—保护”这一条回路上,“文化—街区—历史—建筑—保护”“街区—风貌—保护”又形成两条次级回路,凸显出街区风貌、建筑保护是武汉历史文化保护的重中之重。在共现词汇中“历史—保护”“保护—文化”“风貌—文化”“历史—文化”等与历史文化保护相关的词汇以高频率进一步说明历史文化保护在武汉文化产业发展中的重要战略地位。

次级网络:形成了以“文化—建设—发展”为主线的三角回路。以“发展”和“建设”为中心点形成了两个拓展网络。把发展作为重点,形成了“发展—企业—文化”“发展—企业—服务”“发展—武汉—服务”三条主要回路。把建设作为重点,形成了“建设—项目—文化”“建设—重点—文化”“建设—服务—文化”三条主要回路。可以看出,武汉的文化产业建设还处于以“努力形成与国家中心城市相适应的文化软实力”为目标的起步阶段。“建设”“服务”“项目”等高频词汇,也是次级网络中的核心词汇,进一步说明政府仍然是武汉文化建设的主要推动力。在共现词汇中,仅出现“发展—文化”“建设—文化”两个高频词汇,体现出武汉在文化产业的发展建设方面主要停留在构想上,实际可行性政策还处在萌芽阶段。

基础网络:以“文化”“发展”“建设”为中心节点,最外层的关联词主要为“资源”“平台”“中心”“项目”“科技”“特色”“市场”,表明了武汉市依托自身资源,以项目和平台建设等为载体,大力发展科技信息产业的具体行动策略。但是,从整体来看单向联系多但回路少,发展的具体思路仍有待进一步完善。

(3)政策实践

根据对武汉市文化产业发展相关政策文本的梳理,其具体实践主要表现在以下两个方面。

①深挖历史文化资源,保护历史风貌街区和优秀建筑。武汉拥有独特而丰富的历史文化资源,注重对各级各类文物、优秀历史建筑、遗址及历史风貌区的保护,实行城市紫线管理规定。一是加强对历史名胜的保护。推进辛亥革命博物馆及遗迹遗址等重大文物保护工程建设;加快首义文化区建设;加强重点地区工业文化遗产的保护,构建历史与文化融合、文化与景观和谐的城市风貌。二是弘扬非物质文化遗产。利用白云黄鹤、知音琴台、辛亥首义等构建主题特色文化;加强对汉剧、楚剧、湖北大鼓、楚乐、汉绣等具有地方特色的传统民间艺术的抢救、保护和合理利用,加强对代表性传承人及传承机制的保护。

②构建大数据平台,促进文化产业的数字化升级。武汉市以全国领先的信息技术和信息资源优势为抓手发展文化产业。一是释放科教资源和人才红利,为文化产业奠定了人才基础。二是加强大数据产业基地和通信基础设施建设,创立大数据中心,搭建文化产业大数据平台,创新文化产品交易方式。三是打造大数据龙头企业和知名品牌,以技术创新引领文产发展。具体表现为重点建设8个云数据中心,并选择若干条件成熟、具有大数据市场前景的领域,建立多个大数据应用和交易平台,形成“2+8+N”的以大数据促进文化产业发展的新格局。

5.天津

通过对搜集到的22篇天津有关文化产业的政策文本进行语义网络构建,现将统计结果展示如下,并基于此进行分析。

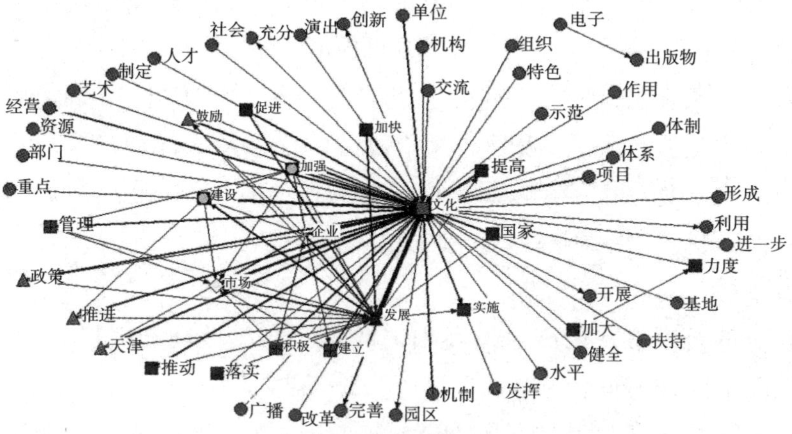

图4-10　天津文化产业政策文本语义网络图

(1)总体评价

通过语义网络图可以从整体上展现天津文化产业发展的逻辑,发现其尚未围绕“文化”形成成熟的话语结构网络。天津在观念上重视文化产业的发展,但是缺乏深思熟虑,没有形成结合自身资源禀赋和地方文化特色的可供操作的文化产业发展行动策略。

(2)具体分析

核心网络:由“文化—发展—建设”三个关键词构成并形成了联系紧密的闭合三角回路。在文化产业发展的战略选择上,天津重视文化创意产业的发展,秉承国务院“发展”和“建设”两手抓的发展思路齐头并进。

次级网络:形成了以“文化—发展—市场”“文化—发展—企业”“加强—文化—发展”为主的扩展网络。由此可见,天津市的文化产业发展建立在以市场为基础的环境之上,力图发挥企业和市场的作用。“加强—文化—发展”表明天津文化产业发展的迫切性,但是事与愿违,天津整体的语义网络图呈现出明显的放射状,发散的因素多但回路少,没有形成围绕问题解决的密集网络,主要集中在对文化的思考层面。对文化如何与产业关联思考不清晰,问题与问题间的联系不够系统,发展策略仍在尝试之中,没有形成系统和可执行的方案策略。

基础网络:事实表明,政府在推动文化产业发展上的努力十分显著。围绕核心网络和次级网络的“管理”“建立”“实施”“落实”等关键词和作为支撑条件的“单位”“机构”“组织”和“体制”“人才”等词语彰显了绝大多数的政府行为,行政管理和单位经营仍然是天津解决文化产业发展问题的主要途径,传统的事业管理体制没有变,只是通过对原有事业人才的提升,让文化事业具有产业发展的偏好。

(3)政策实践

根据对天津市文化产业发展相关政策文本的梳理,其具体实践主要表现在以下两个方面。

①依托示范园区和产业组团辐射带动创意产业发展。天津依托其产业基础和地理区位,发展文化产业园区和产业组团。具体实践上,围绕文化产业示范园区、示范基地出台多个政策文件,为园内企业提供企业孵化、融资中介、技术、信息、交易、展示等公共服务,形成多个集产、学、研于一体,融商务、休闲、餐饮、旅游等多功能于一身的文化创意产业集聚区,并积极推进企业与高校、科研院所建立产、学、研联盟,开展战略化合作,形成艺术创作和艺术品展示、销售、拍卖的完整产业链。

②扶持民间特色工艺项目,打造民间艺术品牌。天津大力挖掘地方特色,尤其是其戏剧、曲艺方面的独特优势。具体实践上,天津做大做强京剧、评剧、京东大鼓、泥人张彩塑、杨柳青年画等传统艺术,搭建平台开展京剧票友赛、中国天津曲艺文化旅游嘉年华,建成回顾民俗历史传承的天津民俗文化馆,支持民间工艺传承,动员民间力量,发展天津名流茶馆、泥人张彩塑工作室、京东大鼓民间艺术职教班等,树立起天津人的民间艺术品牌。

第三节　产业引领期国家文化产业发展经验分析

处于文化产业引领期的英、美、日、韩等国家，在战略设计、发展思路与规划布局上对于重庆文化产业发展的借鉴意义尤为显著。

一、英国

英国文化产业发展路径主要表现在以下三个方面。

1.清晰定义核心概念，制定系统性部署规划

纵观英国的创意产业发展，1997年至2011年出台了十余部涉及创意产业的政策或报告，指出概念、状态、数据和信息是其创意产业政策的基石，能够深入认识到创意产业的源头和丰富的各分支形态，从而结合地区优势、特点及需求，根据产业特点有针对性地推行扶持性政策和保护性政策。例如支持数字化基础设施建设、加大知识产权保护力度、针对中小创意企业进行特别支持，而不是进行“一刀切”式的简单财政补贴。特别是在网络和数字化急剧发展的时代环境下，创意产业商业模式和特点也在不断发展变化，不同于传统产业的商品价值。

2.鼓励技术创新，服务创意产业发展

技术创新是产业发展的重要基础。2008—2009年期间，英国技术战略委员会(TSB)启动1000万英镑研发项目支持技术创新，面向包括实拍-3D互动、情感感知系统、计算机辅助游戏设计技术等数字内容、数字技术应用相关的创意项目，服务于电影、动漫、游戏、广告传媒等多个数字内容开发领域。在电影业，技术创新配合其他相应的文化政策，令英国电影成功走出了窘境。如今英国拥有强悍的创作和技术人才团队及拍摄基地，成为世界级的数字特效与后期制作中心之一。

3.重视创意人才培养,为产业提供动力

创意产业是人才密集型产业,并且对创新型人才的综合素质要求较高。英国为创意产业相关领域人才的培养制定了长期、系统的培养规划,并且将艺术教育、创新教育推广普及到各年龄层。除此之外,还为年轻人提供在创意部门工作和实习的机会,开辟新的技能培训基地,大力资助支持高等院校中与创意产业相关的学科与专业,从人才源头对创意产业进行扶持。

二、美国

美国文化产业发展政策实践主要表现在以下四个方面。

1.运用高科技优势,提升文化产业层次

美国的科技优势十分明显,其文化企业为了使自己的产品能够吸引消费者,从而在文化市场竞争中胜出,不断运用最新的技术手段,提升文化产业的附加值。迪士尼通过将高科技融入娱乐节目中,而且不断地变换更新技术,使观众随时体会、亲身体验,增进了对科学与技术成果的认知与感受,增加了节目的娱乐性与惊险刺激效果,大大提高了企业的经营效益。20世纪90年代,新科技更是拯救了美国的电影业,通过新技术的运用,美国电影走上了大制作、大场面的道路,不断创造出新的视觉体验,把全球观众从电视机前拉进电影院。在科技运用上,美国政府也起到了推动作用,如强制淘汰落后的模拟技术,推广采用先进的数字技术,以使高科技被应用到实际产业中,提升产业的技术水平。

2.依靠民间资本,扶持文化产业发展

美国文化产业的发展以市场为基础,政府对文化产业的投入非常少,主要是靠民间资本投资来实现。美国的迪士尼乐园、好莱坞环球影城、百老汇等文化设施都是民间的创意,是吸纳民间资本投资形成的。

即使是由政府出资的文化项目，在决策方面也是采取董事局的组织形式，由董事局聘请专业人士进行管理与经营，日常经费则通过各种门票、培训收入以及社会方式筹措。民间资本进入文化产业不仅解决了美国文化产业发展的资金问题，而且形成了文化产业的竞争局面，保证了足够的、差异性的文化产品供给，更好地满足了人们的文化消费需求，同时促进了文化资本的再循环和文化产业的发展。不仅如此，为吸引更多资金进入文化产业，美国的文化市场向国际资本开放，积极鼓励外来资本投资，通过跨国资本运作加速本国文化产业的发展。

3.拓展文化功能，开发休闲娱乐业

人们对文化产品的需求是多样化的。文化的功能不仅仅是教育、引导，对于文化消费而言，娱乐性是产品开发的重要前提。美国的娱乐业包括旅游、游览、博彩等多种项目，不仅在美国国内占据了不小的市场，更吸引着全球的目光。著名的迪士尼娱乐公司，2001年度总收入为252.58亿美元，利润30.42亿美元，其中海外收入占到17%。而其业务更是扩展到了网络媒体、电视电影和产品销售，成为美国娱乐业的代表。美国的娱乐业甚至成为一些地方的支柱产业，如拉斯维加斯，在20世纪80年代就已经成为世界上著名的集娱乐、休闲、国际会议及赌场于一身的娱乐中心，并且带动了其他产业，如旅游业和演出业的发展，每年的经济收入超过200亿美元。

4.人才战略优先，以各类精英保障竞争力

美国文化产业的快速发展正是得益于一大批高素质的文化创作和经营人才。美国在文化产业的发展中注意培养各种文化产品创作和文化企业经营管理人才，尤其是能适应数字技术环境中多种产业需求的文化资本人才、数字艺术软件开发人才和媒体产业经营管理人才。不仅仅培养了文化创作与生产方面的精英，还培养出具有现代企业家精神的文化企业领导人，在文化市场中带领文化生产企业参与国际竞争。

三、韩国

韩国文化产业发展的政策实践主要表现在以下五个方面。

1.注重政策分析，完善制度供给

通过动态跟踪产业发展状况，全方位评估自身相关行业发展战略、法规和计划；通过系统的政策制定，对文化产业发展进行战略规划、政策引导和法律保护。随着近十余年的发展进步，韩国政府在政策方面的构建呈现出新的趋势，即从早期对个别企业进行支援转向产业集群构建。发展产业集群、进行积极的产业集群构建带来了巨大的产业优势，既可以避免内部恶性竞争，又可以通过聚集产生的交流协作推动资源整合。具体推广上，韩国政府在制定、完善了各领域数十部宏观政策法规之后，特别将地方政府作为文化产业集群构成的主体来推动该项措施；并且通过中央与地方的合作，建立了涉及法律、财政等多方面的执行体系。

2.拓宽资金渠道，优化投融资环境

政府先期财政投资对产业的补贴与引导功不可没，这表现为直接财政投资专项基金、融资、补贴与税收优惠等多个方面。首先，在纯政府层面，最初为了帮助文化产业快速成长，韩国政府自亚洲金融危机后不断加大对文化事业的预算，每年超过国家总预算的1.1%。同时，还设立文化产业、文艺、电影、出版、广播及信息通信化等系列专项基金，集中扶持相关产业，其扶持额度也是逐年大幅上升，到2011年已高达3兆3千亿韩元。此外，还有以社会资金为主、政府和民间共同投融资运作的“文化产业专门投资组合”，很多地方政府也设立了专门的文化基金，这种官民共同投融资的体制成为韩国的一大特色。纯市场层面，很多大企业如CJ文化财团、三星文化财团、LG文化财团等设立文化基金，成为文化项目投资者。例如CJ公司是韩国具有代表性的食品生产与加工企业，20世纪90年代后在政府支持下开始进军娱乐产业，目前其文化产品已销售至10多个海外国家。

3.配套税收优惠政策,推动文创产业加速

韩国修改了标准产业分类体系,新增设了“出版、音像、广播、通信及信息服务”的大分类,使文化创意产业也能够享受政府融资扶持和税收优惠。针对文化内容产品的创作、制作生产、流通和出口不同阶段分别实行税收优惠、资金保障、出口贷款支持等措施。面向国际市场的文化产品税收扶持更加直接,早在2000年,韩国政府专门成立影音分公司助力文化产品出口,对将韩文翻译为外语及相关产品制作费用提供全额补助,开启了对国际市场的强大攻势。合理的税收优惠政策使文化创意产业资本向文化创意产业资源尚待开发的领域流动,推动了各个区域内的文化创意产业协调发展。

4.跨系统校地合作,合力打造高水平人才

韩国政府通过结合地方文化产业基地,携手地方高校与科研机构以及文化产业支援中心(创新研发中心),推动文化产业所亟须的复合型高级人才和专门人才的培养。具体经验为:首先结合地方大学和专业院校,针对地方文化产业领域的需求,扶持相应的专业人才培养;其次,在高校建立区别于企业和政府事业背景的研究所,并通过系列管理制度与财政资助制度,打通人才培养、技术与内容创新研究、市场与行业研究、孵化创业等系列通道。

5.注重产业集群建构,发展本土特色文化产业

文化产业是对选址非常敏感的产业,地方政府要发展或培养基于本土特色的文化产业,布局及战略安排非常重要。韩国各级政府通过七个方面的建设来实现产业集群要素的扶持,分别为:产业基础设施建设、城市环境、相关企业的聚集、企业专项服务、特定产业领域中的知识支援、专业流通市场与渠道支持、专业人才教育及供应。通过软件振兴院负责实施,在美国、日本、英国、德国、新加坡等主要网络游戏市场设置了客户端下载服务器,并完成了基础设施的建设,此举大大加快了韩国游戏企业进军海外市场的步伐。另一典型案例是电影产业,韩国政府通过以辅

助金制度资助电影学院学生和独立电影导演进行创作生产,并以韩国商务产业和能源部、韩国文化观光部及其他机构联合支持的电影基金制度帮助韩国电影顺利制作和发行,通过电影节、自建在线展映平台“KoBiz Online Screening”等多种方式提高韩国电影进入国际视野的可能性。这些非硬件基础设施的发展为韩国文化走向海外市场起到了至关重要的作用。

四、日本

日本文化产业发展的政策实践主要表现在以下三个方面。

1.改革投融资制度,丰富资金调度手段

包括开展促进数字内容事业制作的投融资制度,在投融资方面,由政府与民间合作成立投资基金,以投融资、参股、参与经营等多种形式支持中小企业创业、经营。在保险方面,对出口内容产品签订知识产权转让合同后,对由于战争、买方企业倒闭、外汇汇款限制等原因而导致的不能回收货款的中小企业进行广泛补偿。在税收方面,规定中小企业进行设备投资时,其购买设备经费可减免7%的税额或特别冲抵30%。

2.强化专业人才培育,打造数字技术基础

一是支持高等教育机关进行企划制作人等专门人才培育计划;二是支持设立影像产业振兴机构;三是支持以计算机视觉设计(Computer Graphic)技术为基础的先端影像技术相关开发研究;四是加快推进电影制作、流通及上演等过程的数字化进程;五是支持宽屏幕技术和数字内容流通技术的研究开发等。

3.创办文化节庆日,激励文化产品交易

日本在文化产业发展中注重文化产品交易平台的打造。以“东京国际电影节”为中心,形成了以推介电影、动画、游戏等各种内容产品为主

的系列文化节庆日，使东京成为亚洲最大的内容产业生产基地与交易平台。在提升日本特色文化产品品牌知名度的同时，极大地增加了文化产品的交易量。

第四节　重庆文化产业发展政策的国内外经验借鉴

重庆市积极出台政策，发展和建设文化产业，已取得了不少成绩。受结构性、周期性因素的叠加影响，重庆文化产业运行目前呈现出经济新常态的特征，总体稳中有进、稳中趋缓。2015年，重庆文化产业实现增加值536亿元，同比增加13%；与全国文化产业平均增速基本持平，比全市GDP增速高约2个百分点，占全市GDP比重升至约3.35%。截至2015年12月底，全市注册主营文化的企业（即企业登记的主营业务范围含有文化的）76 726家，同比增加28.44%，主营文化的企业注册资本金总额2020.7亿元，同比增加35.7%。全年实际新增（即“新注册—新撤销”）主营文化的企业18 535家，净增注册资本金总额534.79亿元。[①]同时，文化产业内部结构调整加剧，传统核心层（新闻出版发行、广播影视、文化艺术三大门类）占比已不足三成；以数字化为特征的动漫、网络、数字出版、创意设计、信息传输等新兴行业崛起，动漫产业链条逐渐完整，数字传媒、文化创意等产业快速发展，年产值突破600亿元，数字内容创意和版权交易产业集群逐步形成。但与国内外其他城市或国家的文化产业发展相比较，重庆市文化产业起步较晚，发展不成熟，需要借鉴国内外成功经验，推动文化产业升级、提质发展。

①见《2015年重庆文化产业运行情况》。

一、国内融合发展期城市发展经验借鉴

根据文化产业发展阶段判定,重庆目前处于融合型发展阶段。对比处于同一发展阶段的成都、西安、武汉、长沙、天津,重庆可以从政策构思和政策实践两方面进行借鉴。

1.准确识别本土资源,恰当选择开发策略

成都的诗歌传统、消费习惯,西安的传统帝都文化、文物资源等,都被精细化地识别出来。在此基础上,成都大力发展文化休闲娱乐,西安以文化旅游和文博会为支柱,在策略选择上均突出和利用了本地的资源优势。重庆虽拥有丰富的巴渝文化、红岩文化、三峡文化等传统文化资源,但是尚未从产业发展的角度对其进行有效识别,缺乏精细化、系统化、建设化的思路,导致文化产业开发盲目,具体的政策设计中无法体现出本土特色。对本土文化资源进行精细化的识别和开发对于文化产业的发展至关重要,因此重庆文化产业发展的当务之急是对本土文化资源作出分门别类的梳理,并在资源整合的基础上对如何发展文化产业进行清晰的政策设计。

2.扶持民间艺术品牌,大力培育本地市场

天津凭借戏剧、曲艺等独特优势,成都以诗歌文化和原创艺术品为依托,均逐步树立起本地的艺术品牌。在满足本地消费需求的同时,刺激了本地文化市场的扩张(成都还特别注意培育农村文化市场)。重庆拥有在全国具有较大影响的特色文化艺术,如油画及农民版画、川江号子、民间吹打等,但开发程度不深,政策性的鼓励不足,没有形成立足本土的特色文化艺术品牌。此外,广大农村市场的文化消费潜力尚未得到有效的开发。文化产业的长远发展必须立足于市场,尤其是本地市场的建设,基于此,重庆在发展中应当逐渐培育出相对独立的文化内部市场,以内需增长推动产业发展。

3.加强知识产权保护,优化文化市场环境

长沙在文化产业的发展过程中格外注重知识产权的保护。通过形

成系统的知识产权优势的培养、维持、发展和转化的短、中、长期计划和措施，推动知识产权优势转化为产业竞争优势，形成了其产业发展的核心竞争力。重庆目前在文化产业的知识产权保护方面表现出明显的政策缺失，通过产权保护以促进产业良性竞争的观念尚未进入政策设计体系。“智力”作为文化产业发展的主要支撑之一，不仅需要从人才建设上加以保障，还需要通过知识产权的保护和转化来实现。在知识产权方面，从政策鼓励到转化利用，重庆还需要加以重视并制定具体的措施。

二、国内支柱产业期城市发展经验借鉴

处于“支柱产业期”的城市，文化产业在产业结构中占据了重要的地位，在长期的产业发展过程中形成了较强的资源整合能力和市场建设能力。对比处于这一阶段的北京、上海、杭州、深圳的发展，重庆可以从政策构思和政策实践两方面进行借鉴。

1.构建创意营销网络，积极开拓国际市场

北京通过文化产品线上线下流通系统和创意营销网络的构建，上海依托口岸城市和国际大都市的独特地理区位，有效地促进了文化贸易的发展，并建成了具有一定出口规模、出口潜力较大的对外文化贸易示范基地和交易平台，从而有效地扩宽了文化产业的外部市场。重庆虽然地处西部内陆开放口岸和“一带一路”的交汇点，但是未能充分发挥区位优势，在文化贸易营销网络的打造与开拓方面尚有欠缺。重庆应充分发挥西部文化贸易集散地和中转站的区位优势，借助电子商务等新兴交易模式，大力助推重庆文化名片“走出去”，提升重庆文化的国际知名度和影响力。

2.创新工业资源利用策略，助推“文化+制造”深度融合

通过工业资源利用的优秀示范项目和工业资源与文化融合的专业

化服务平台的建设,北京有效地促进了文化创意与工业资源的双向融合发展,为产业融合提供了良好的范例。重庆虽然已经逐渐显现“文化+体育”“文化+旅游”等产业融合新趋势,但是更多强调的是通过产业对内融合以实现集聚发展,并没有关于文化跨行业融合的具体发展目标和发展策略。基于重庆的重工业和国家现代制造业基地的产业基础,通过制造业与文化产业的跨界融合,在解决制造业发展的环境污染与资源约束的同时,通过融合促进文化产业的转型升级。

3.培育与集聚文创人才,提升文化创意内驱力

上海依托区位优势大力引进海内外高级文化创意人才,杭州选择了“引进与培育”并举的人才集聚策略,北京、深圳等在发展中也十分强调人才资源的重要性,从而在整体发展中形成了独特的人才竞争优势。作为西部唯一的直辖市,政策叠加的优势虽给重庆带来了人才储备优势,但在人才的应用、开发方面存在短板,未能充分实现知识的生产性转化。文化产业是以智力与创意支撑的产业,创意人员的思想、知识、文化、技能和创造力等各方面所构成的创意,是文化产业中最核心的部分。在文化产业的发展中,重庆应当结合重点文化产业业态,通过政策制定的外在引导力和产业发展的内生吸引力培育和引进文创人才,逐步提升文化产业的创意内驱力。

4.激发文化市场活力,打造大型文产集团

产业发展成熟度越高就越表现出对市场的依赖。深圳依靠对外开放的优势,逐步构建了以“产权交易”为特色的现代文化市场体系,杭州则大力发挥大型文产集团的孵化和引领作用。重庆文化产业市场总体规模虽然很大,但市场格局分散,市场化运作程度不高,尚未形成成熟的市场体制及良性的竞争环境。此外,重庆虽然已经培育了一定数量的中小文产企业,但领军的大型文产集团基本靠外来引进,忽视了内部市场的培育与成长,无法刺激本土的文化需求与消费,导致整个产业的竞争力不强,自我开发、发展能力薄弱。如何建设文化市场、提升产业的市场化程度是重庆文化产业必须考虑的问题。

三、产业引领期国家发展经验借鉴

国外文化产业起步早,形成了较为成熟的产业体系。根据文化产业发展阶段判定,英、美、日、韩等国家处于文化产业引领期,在战略设计、发展思路与规划布局上对于重庆文化产业发展借鉴意义尤为显著。

1.制定清晰的产业规划,落实系统发展政策

英、韩等国在其文化产业发展历程中均对产业进行了清晰识别和准确定位,对文化产业发展进行战略规划、政策引导和法律保护。重庆在对文化产业发展的构思中尚未对本土资源进行有效的识别,缺乏精细化、系统化、建设化的思路,导致文化产业开发盲目,缺少针对性。在未来的发展中,需要通过系统的产业政策规划来整合资源,引导产业更好地发展。

2.加强技术创新,提升产业品质

英、美、日等国在文化产业的发展中始终坚持"创新促发展",借助本国的科技优势和不断地鼓励技术创新来增加文化产品的附加值和产业的市场竞争力。重庆目前虽已拥有了一批文创园区和重点科技项目,但是整体上的技术开发和运用水平还比较低,技术对产业发展的贡献不高。当前重庆大数据产业迅速发展,应当抓住大数据交易平台、仙桃数据谷建设的机遇,实现文化产业与信息技术的融合发展。

3.鼓励社会投资,构建多元投融资体系

政府、民间、海外资本所组成的多元化资金体系在保证英、美、日、韩等国文化产业发展的资金供给的同时,还有利于形成文化市场的良性竞争局面,从而提供差异性的文化产品供给以满足多样化的消费需求。重庆目前文化市场建设尚不成熟,资金来源大部分依靠政府的财政投资和专项发展基金,使市场活力不能得到有效激发。进一步拓宽投融资渠道,放活文化产品市场,将会有利于重庆文化产业竞争力的提升。

小结:通过对比国内外处于“融合发展期”“支柱产业期”和“产业引领期”的城市及国家与重庆文化产业的发展,在政策构思层面,重庆可借鉴之处主要为:①在有效识别本土文化资源的基础上制定特色文化产业的发展策略,打造重庆品牌,提高产业发展的辨识度;②层层分解总体目标,制定翔实可行的发展政策,通过资金、人才、技术等要素保证产业政策的落实。

在政策实践层面,重庆可借鉴之处主要为:①资源方面,合理开发和利用本地的文化资源发展特色产业,通过整合碎片化、分散化的文化资源提升资源利用效率,同时依托制造业基础促进“文化+制造”的深度融合;②市场方面,注重开放有序的文化市场环境建设,在此基础上通过培育本土大型文产集团刺激本土消费,同时通过发展文化贸易拓展外部市场;③人才方面,认清创意人才在产业发展中的核心地位,依托政策的外部引导力和产业的内在吸引力,通过引进和培育使得重庆逐渐成为文创人才的聚集地;④技术方面,抓住大数据交易平台等建设的机遇,创新文化产品的营销模式。同时通过产、学、研结合等措施加强关键技术的自主研发能力,不断提高文化产业的品质。⑤政策方面,主要制定引导产业发展方向的相关政策,创新财政扶持的具体形式,鼓励社会资本投资文化产业。

第五章　重庆文化产业未来发展的目标及重点领域

DIWUZHANG　CHONGQING WENHUA CHANYE WEILAI FAZHAN DE MUBIAO JI ZHONGDIAN LINGYU

第五章　重庆文化产业未来发展的目标及重点领域

（2017年1月）

基于重庆文化产业发展水平处于融合型发展阶段，文化产业发展政策环境不够完善，文化企业数量少、规模小、附加值低，文化产业品牌影响力不够，文化产业与相关产业融合度不够，政府部门、行业协会、文化企业之间信息不畅通等问题，本研究立足重庆文化产业资源优势，通过继续巩固和壮大六大主体产业，大力推动文化产业与旅游业、制造业、体育的融合，力争在"十三五"期间，使文化产业成为重庆市的支柱产业。

第一节　重庆文化产业发展目标与思路

一、战略目标

围绕打造中国重要现代制造业基地、国内重要功能性金融中心、西部创新中心和内陆开放高地、长江上游地区经济中心的目标，围绕我市全面建成小康社会的目标，重庆市出台了《重庆市国民经济和社会发展第十三个五年规划纲要》，其指出，到2020年，文化产业增加值达到1200亿元左右，估算年均增速为17.5%，力争把文化产业培育成为支柱产业。

二、发展思路

基于重庆市文化产业发展面临的主要问题,通过借鉴国内外先进地区文化产业发展的路径,立足重庆文化产业优势,依托重庆智力资源、工业技术优势,大力促进新闻出版、影视动漫、演艺娱乐、工艺美术、文博会展、文化创意和设计服务等六大传统文化产业升级转型,加快做好"文化+制造""文化+旅游""文化+体育"等三大融合发展产业,抓好文化市场牵引,着力于创新性文化发展平台的搭建,重点抓好产业集聚、人才集聚、品牌集聚,做好要素配置和创新驱动工作,实现文化创意与科技创新的"双创驱动",建设与国家中心城市相匹配的国家文化强市、与国际大都市相匹配的文化创意名城。

三、发展原则

1.坚持"互联网+",促进转型发展

中国人民大学文化创意产业研究所所长金元浦教授,针对我国当前文化产业的升级换代以及数字化技术对文化产业的影响等问题,指出新技术改变了文化生态和人类生存的方式,互联网思维对于文化产业具有非常重要的意义。要实现重庆文化产业的转型发展,必须秉承互联网的思维,依靠互联网的方式,善用互联网的手段,才能达成未来的发展目标。

2.坚持"文化+",推进融合发展

"融"是指融思维,就是要跨界思维和跨界的产业。"合"是指共发展,就是要相互支撑,相互提升。无论是制造业、旅游业,还是博览业、农业、体育产业等,在消费为本、内容为王、创意至上的时代,只有充分发挥文化在创意激发、品位提质、价值提升、消费提档方面的独特作用,真正在产业

发展中把文化加进去，实现文化与制造业、农业、旅游业、体育休闲业等深度融合，快速推进重庆文化产业由融合发展阶段向支柱产业阶段过渡。

3. 坚持双轮驱动，壮大产业支撑

文化事业和文化产业是相互联系、相互依靠并可以相互转化的统一体，不能截然对立和分割开来。社会主义市场经济条件下发展文化的思路，就是要坚持改革创新，坚持社会效益优先，努力实现文化事业和文化产业的"双轮驱动"。重庆未来的文化产业发展要结合人民群众多样化、多层次、多方面的精神文化需求，努力推动文化产业实现跨越式发展，让文化事业的发展成为文化产业发展的重要支撑；要着力在加快文化体制机制改革创新、加快构建公共文化服务体系、加快发展文化产业和加强对文化产品创作生产的引导上下大力气，下大功夫。

第二节　继续巩固和壮大六大主体产业

一、选择六大主体产业的依据

根据2012年国家统计局公布的《文化及相关产业分类(2012)》，文化产业主要包括两大部分十个大类。通过梳理分析2012年至2014年重庆文化产业十个门类的数据，可以看出：

从增加值结构组成来看，新闻出版发行服务、文化创意和设计服务、广播电视电影服务、文化休闲娱乐服务、文化用品的生产等五个门类对文化产业增加值的贡献较大。

从增加值的增速来看，文化创意和设计服务、文化艺术服务、工艺美术品的生产、文化用品的生产增速较快。

表5-1 重庆文化产业增加值门类分布表(2012—2014年)

		增加值(亿元)			结构占比			增加值同比增长	
		2012	2013	2014	2012	2013	2014	2013	2014
第一部分 文化产品的生产	一、新闻出版发行服务	75.39	75.8	76.90	20.60	17.8%	15.7%	0.54%	1.5%
	二、广播电视电影服务	48.29	48.5	49.70	13.20	11.4%	10.1%	0.43%	2.5%
	三、文化艺术服务	27.07	32.23	39.43	7.40	7.6%	8%	19.06%	22.3%
	四、文化信息传输服务	20.09	21	22.36	5.49	4.9%	4.6%	4.53%	6.5%
	五、文化创意和设计服务	39.82	56.3	77.93	10.88	13.3%	15.9%	41.39%	38.4%
	六、文化休闲娱乐服务	49.25	50	51.00	13.46	11.8%	10.4%	1.52%	2%
	七、工艺美术品的生产	18.53	38.9	48.70	5.06	9.2%	9.9%	109.9%	25.2%
第二部分 文化相关产品的生产	八、文化产品生产的辅助生产	40.53	48.83	54.41	11.08	11.5%	11.1%	20.48%	11.4%
	九、文化用品的生产	45.23	51.89	67.40	12.36	12.2%	13.8%	14.72%	29.9%
	十、文化专用设备的生产	1.69	2	2.35	0.46	0.47%	0.5%	18.34%	17.5%

同时,通过调查发现,重庆具有丰富的文化展馆、博物馆、会议中心等场馆资源,重庆文化产业博览会的影响力不断扩大,加大文博会展业的发展力度,有利于更好地打造文化交流和文化产业发展平台。

基于重庆文化产业十个门类发展的比较分析，我们选择新闻出版、影视动漫、演艺娱乐、工艺美术、文博会展、文化创意和设计服务业作为重庆文化产业发展的六大主体产业。

二、六大主体产业发展目标及主要举措

1.新闻出版业

(1)发展目标

坚持把创新摆在新闻出版业发展全局的核心位置，推动新闻出版产业创新发展，促进新闻出版与文化文物、广播影视等的融合发展。推动公益性新闻出版事业和经营性新闻出版产业的协调发展，产业支撑事业，事业反哺产业，实现双轮驱动。

“十三五”期间，重庆新闻出版产业综合实力力争走在西部前列，传统出版与新兴出版融合发展初步实现，新闻出版业“走出去”卓有成效，形成与长江上游地区经济中心、内陆开放高地、西部创新中心相适应的核心竞争力。

图书出版业。年出版品种控制在6000种左右，总印数、总印张数年均分别增长6%和5%。图书再版重印率保持稳中有升，到2020年达到总品种数的65%。逐年削减图书库存，库存图书码洋年增长率控制在10%以内。年均推出精品出版物20种。三家图书出版单位总资产年增长7%，到2020年达到120亿元，重庆出版集团成为百亿级企业。

音像电子出版业。年出版品种数稳定在400种以上，音像制品和电子出版物比例达到合理配置。教育类音像电子出版物保持稳定，非教育类原创音像电子出版物品种数年均增长15%，到2020年达到120种，占总品种数的30%。确保总发行量、销售收入、利润、总资产基本平稳。

报刊业。报刊业舆论引导能力和传播能力进一步增强，千人拥有日报100份，人均消费期刊2.5册。《重庆日报》等主流媒体及《改革》《现代

法学》等学术期刊影响力得到提升。区县报进一步发展成为基层宣传主阵地。报刊产业总产值保持平稳，期发行量超过30万份的报纸保持在5种左右，月发行量超过100万册的期刊1种，月发行量超过50万册的期刊超过两种。报刊与新媒体融合取得重要成果，形成基于报刊出版内容，多媒体、多介质报刊产品和信息增值服务产品共同发展的多业态发展新格局。

数字出版业。力争产业增加值高于全市文化产业增加值增幅2～3个百分点，争取达到20%及以上。整合重庆市优势资源，重点发展3～5个数字出版产业门类。培育年产值过亿的数字出版企业5～10家，年产值10亿元以上的数字出版企业1～3家，数字出版核心业务企业数量超过300家，数字出版技术研发机构达到30家。力争实现数字出版及相关产业总产出达到600亿元，数字出版业（核心层）总产出达150亿元。

印刷复制业。将重庆市打造为全国IT印刷包装重点地区、长江上游重要印刷基地。绿色印刷企业达50家。出版物印刷企业中绿色印刷企业的占比超过30%，中小学教材、票据实现绿色印刷全覆盖。培育全国印刷百强企业5家、国家印刷复制示范企业3家、规模以上印刷企业70家，年产值过亿元企业50家，年产值超10亿元企业3家，印刷工业总产值达到300亿元。

出版物发行业。努力形成国有带动、民营共兴、拉动内需、辐射周边的发行业态。发行产业年均增长7%。建成覆盖城乡、传输快捷的发行体系，实现万人拥有发行网点2个。建成全民阅读活动长效机制，市民综合阅读率达82%，年人均图书阅读量5册，每个农家书屋年均新增出版物60种。全市行政村及城镇主要社区基本实现城乡阅报栏（屏）全覆盖。

版权业。年均普通作品版权登记数达2万件。图书版权贸易达500项，版权贸易金额达1000万元。侵权盗版行为明显减少，版权保护社会环境和版权产业发展市场环境得到明显改善。打造1个集艺术品展示、交易、拍卖为一体的版权交易平台及衍生品研发中心，新建2～3家版权产业基地。完成国有企业软件正版化检查整改工作。

(2)主要举措

①用好“数字+”技术,创新和丰富新闻出版内容生产。

一是以巴渝文化为根植,不断丰富和创新具有重庆文化特色、符合主流价值观、风格和形式多样、具有自有版权的数字出版内容,形成一批在全国具有较强影响力的数字出版产业门类,树立重庆数字出版品牌,重点推进重报智能数字印刷、重庆期刊数字出版中心。

二是构建“1+N”的数字出版基地发展模式,推动行业信息数据共享,完善数字出版产业链,实现经营模式和服务方式的有效转变。重点建设西南大学出版基地、重庆新华智能书城等工程,推动出版物云终端(RFID)技术应用,建设集出版、发行、交易、展示等于一体的国家级出版发行交易电子数据交换枢纽中心,促进传统出版向新兴出版、单一出版向全产业链出版发行转型。

三是以国家和市级数字出版转型升级示范单位为依托,支持和鼓励图书、报刊、音像电子等传统出版企业开展数字化转型升级,积极申报网络出版资质,开展专业数字内容资源知识服务模式探索,加强出版内容产品数字化采集、存储、加工、传输及各式便携终端使用,关注读者需求,引导大众阅读方式的创新。

四是实施出版品牌发展战略,打造特色出版领域。整体提升全市出版单位实力,力争全市书报刊总印数保持增长、图书再版重印稳中有升,力争重庆出版集团独占地方出版社鳌头,西南师范大学出版社、重庆大学出版社在大学出版社二十强中升位。顺应大众需求变化,加快转变发展方式,不断优化出版结构,重点做好时政类、文化艺术类、科学技术类、公益惠民类、巴渝特色类、少年儿童类、教学助学类、“走出去”类等传统特色出版领域。

五是实施品牌报刊及重点学术期刊建设工程,打造渝版报刊方阵。积极运用云计算、大数据等现代信息通信技术,打造“巴渝非物质文化数字出版平台”“大足石刻资源数据库”“中国石窟雕塑全集数据库”等各类基础资源数据库和网络应用平台。

六是加强政策引导,完善数字出版政策体系。坚持传统媒体与新兴数字媒体发展相结合的原则,完善重庆数字出版产业政策体系,对传统媒体数字化转型、企业自主研发、重点产品推广、企业人才建设等,在税收、信贷、投融资等方面予以扶持。加强财税政策聚焦,完善多元投融资体系。

②提升数字印刷能力,构建立体传播体系,全面提升媒体传播力、引导力、公信力、影响力。

一是推动新闻出版业与金融业融合发展。创新与新闻出版企业轻资产特点相适应的金融产品,探索对新闻出版企业发展著作权、版权、动漫形象等知识产权质押贷款业务,对具有稳定物流的出版发行、印刷复制等企业,发展仓单质押贷款业务。创新其他贷款产品和服务,积极探索新闻出版企业融资租赁贷款、订单合同质押贷款等创新产品。鼓励新闻出版企业和新闻出版项目通过互联网金融等新型模式融资。加快推进新闻出版企业直接融资,鼓励新闻出版企业通过债务融资工具优化融资结构。

二是构建现代新闻出版市场体系。加速打造上游新闻——重庆媒体融合与转型升级平台和重庆理论头条新媒体平台,重点发展图书报刊、数字出版等产品市场,加快培育产权、版权、技术、人才等要素市场。建立布局合理、技术先进、便捷高效、绿色环保、安全有序的现代出版物流服务体系。探索建立新闻出版企业上市资源储备库,支持新闻出版企业实现股权融资。

三是大力发展版权产业,积极建立和完善数字版权保护体系。新建2~3家版权产业基地,扶持荣昌纸扇、梁平竹帘画、皱皮丝瓜画的发展,切实增强重庆市版权产业的自主创新和市场竞争力。积极开展合法使用数字版权的宣传教育活动,提高公众的版权意识;完善数字版权交易体系建设,支持重庆版权交易中心以及版权交易平台项目建设;增强版权服务,提高合法使用版权的便捷性和专业性;提升版权保护、监管技术能力,鼓励企业研发数字版权保护技术,加快网络出版内容监管平台的立项建设。

四是围绕“一带一路”倡议，依托中欧班列（重庆）加强国际合作，加大版权输出力度，力争每年开展图书版权贸易500件以上。积极申报“经典中国国际出版工程”项目并力争有项目入选。促进版权对外贸易，扶持重庆出版集团、维普资讯等单位对外输出版权。

表5-2　“十三五”期间新闻出版重点项目

重报智能数字印刷、上游新闻——重庆媒体融合与转型升级平台、解放碑时尚文化城、江北中心书城、重庆期刊数字出版中心、重庆理论头条新媒体平台、重庆新华智能书城、西南大学出版基地等

2.影视动漫业

（1）发展目标

全面贯彻落实中央和市委、市政府关于“十三五”经济社会发展的重大决策部署，准确把握当前影视动漫发展的总体趋势，准确把握重庆经济社会发展和人民群众不断增长的文化需求对影视动漫提出的新要求，紧紧围绕主城区建设和文化强市建设的总目标，全面推进我市影视动漫行业的创新和转型发展，进一步提升我市影视动漫的传播力、引导力、影响力和公信力，到“十三五”末期，基本形成西部影视发展高地、动漫产出高地。

①影视动漫内容生产能力显著提高，节目质量取得突破性进展，内容供给和内容形态更加多元化。

创作出一批有思想、有温度、有品质的作品。建成适应融合媒体内容需要的全媒体、全业务资源管理体系，媒体平台综合信息服务能力大幅提高。

②产业结构更加合理。全面推动媒体产业、传输产业、内容产业转型发展。

通过转型升级，推动广播影视媒体产业和内容产业实现跨越式发展；加快传输产业结构调整，全面推动传输产业智慧化建设，适应国家“互联网+”和“宽带中国”战略总要求，全力推进“媒体+”和“TV+”，形成有竞争力、持续健康的广播影视产业经营新格局。

③管理体系更加健全。安全播出保障体系更加完善,基本建成全媒体、全业务监测监管体系。

政府管理体系更加科学,能力明显增强;人才成长及管理机制更加科学,队伍素质明显增强。媒体改革、产业转型等重点领域改革取得突破性进展;基本形成满足互联网时代广播影视事业产业发展要求的管理体系。

表5-3 "十三五"影视动漫主要发展指标一览表

序号	指标项	指标值
1	动画片产量	5000分钟
2	电视剧产量	50部1800集
3	电影产量	50部
4	全市人均年电影观影人次	1.5人次
5	电影票房年均总收入	10亿元
6	打造全国票房收入百强影院	5家
7	城市影院银幕总量	1200张
8	本土电影进入主流院线年放映量	5部
9	新建电影拍摄制作基地	3家

(2)主要举措

加强栏目(节目)创新创优。以弘扬社会主义核心价值观为导向,深入开展广播电视栏目(节目)创新创优工作。实施栏目(节目)创新创优工程,以项目扶持、评优奖励等多种形式大力支持原创性公益、文化、经济、都市、农村、生活服务类栏目(节目)创新建设;引导扶持社会制作机构积极与广电机构合作开展优秀栏目(节目)的创新创优;着力提高我市广播电视栏目(节目)的创新创优水平。

①立足本土资源，为影视制作企业营造优良环境。重点打造发展两江国际影视城、东方梦工厂、老重庆影视外景区、钓鱼城影视文化主题游乐及影视制作产业基地等四大影视产业工程。

一是加快推动四大工程建设发展，建设武隆仙女山、江津白沙、江津塘河、荣昌万灵、渝北民国影视街等具有西部特色的组团式影视基地，发挥重庆特有的山水城市的特色，吸引外地影视公司到重庆拍摄。加强影视基地的宣传推介力度，促进影视公司、地产企业与旅游景区联合进行文旅融合开发，提高重庆影视基地的综合化、市场化程度。

二是发挥本土资源优势，引进外部优势企业，打造具有西部影响力的动漫产业品牌。用好重庆大学、西南大学电影学科等资源优势，培养影视制作高端人才；引进全国著名的影视制作企业，积极发展影视后期制作，打造“西部影视制作品牌企业”。

三是积极出台财税扶持政策和人才引进政策，发展影视后期制作产业。加强政策扶持。完善政策扶持措施，以优惠的财政和税收政策吸引更多的影视后期制作公司入驻；加强银企合作，建立影视制作企业的信用担保体系、评估体系，打造高效的金融服务平台，提供金融信贷等方面的支持。人才培养与引进。大力培养和引进影视制作人才，组建高水平制作团队，创作精品，树立自身的行业地位和影响力；充分发挥四川美术学院等院校的人才培养优势，鼓励企校联合，建立稳固的影视制作人才培养基地，设立专项资金，开展影视制作、管理和营销的紧缺型人才和高层次人才培养工作。

②推进广播影视内容的深度开发，打造以影视作品、媒体节目、文创衍生品为一体的多元化内容产业新格局。

一是以“媒体+”“节目+”理念，探索广播电视节目研发、生产、经营新模式，切实推动“媒体+”或“节目+”的内容模式开发，鼓励节目与产业融合，推动广播影视内容的深度开发。

二是加强广播影视精品建设，强化“影视制作—发行—播映—衍生产品开发”的一体化建设，延伸产业链。实施广播影视精品建设工程，积极对接国家新闻出版广电总局电影、电视剧、动画片、纪录片“百部规划”,加强对重庆本土影视作品规划、立项、创作、播映的扶持和服务,形成精品影视作品“储备一批、策划一批、生产一批”的良性循环。创新精品建设机制,在发挥市场机制作用的基础上,进一步强化政府的引导作用,加大扶持力度,从题材选择、剧本创作、拍摄制作、发行播映等环节着力,把社会主义核心价值观、中国梦主题融入电影、电视剧、纪录片、动画片、微电影、网络剧、公益广告的创作生产中;深入发掘“三峡文化、巴渝文化、红岩文化、抗战文化”的精神内涵,着力推出一批具有重庆文化特色的广播影视精品,全面提升我市影视作品的创作生产水平,弘扬主旋律,传播正能量。

三是实施网络视听节目原创扶持工程,扶持原创网络剧、微电影、微记录等网络视听作品。按照中央关于加强网络文化建设的要求,实施网络视听节目原创扶持工程,以脚本扶持、成品奖励扶持等多种扶持手段,扶持原创网络剧、微电影、微记录等网络视听作品。推动内容创作、视频技术开发、新媒体研发等网络媒体和网络视听全产业链线上线下一体化发展,打造西部地区网络视听资源汇集地和网络视听企业集聚地。

四是完善电影产业转型发展政策。制定内容产业扶持政策,用好中央文化产业发展专项资金和市级文化产业股权投资引导基金;通过制定电影生产奖励扶持办法,建立市级电影精品工程专项资金,开展电影剧本征集评选,办好巫山“艺术电影周”,开展电影创作项目资助,建立电影剧本孵化基地,打造电影创客小镇等举措,狠抓原创电影生产,力争每年创作出5部具有社会效益和经济价值的优秀影片;根据《关于扶持重庆电影发展的若干意见》,从支持生产创作、均衡城乡电影放映服务、减免税收、优惠用地、金融服务、人才建设、总部建设等多方面给予扶持,加强行业上、下游结合,加快产业链均衡发展。

③以重庆有线云数据中心和重庆广播电视集团(总台)新媒体建设工程的建设为抓手,促进广播影视传输转型升级。

一是支持重庆有线整合重组上市,建立基于资本纽带的管控模式。

鼓励广电传输机构横向和垂直整合相关市场主体，形成市场化的资源配置能力。

二是强力推进广电传输产业的业态创新，在提升内容传输服务水平的同时，充分利用传输网络优势和用户入口资源优势，深度拓展“TV+”业务形态，创新服务业态，积极参与以“宽带中国”为核心的“智慧城市”“智慧社区”“智慧乡村”等地方信息化建设。

三是加快影视动漫交易平台项目的建设。建立支撑全市图书、报刊、影视、动漫等文化产业生产、存储、发行、传输、分享及监管的云数据中心；全面推进家庭智能网关和相关业务的开发应用，积极开发线上线下实体服务业务和综合信息服务业务。

四是加强品牌频率频道建设。实施频率频道品牌建设工程，进一步彰显重庆卫视频道品牌定位，培育和打造2~3个在全国有较大影响力的品牌节目（栏目），综合排名稳定进入全国前十名。加强区县综合频率频道的地方化、特色化建设，着力提高区县综合频率频道的舆论传播引导水平和服务地方经济社会发展的能力；大力开展专业频率频道建设，着力提高各类专业频率频道的专业化、特色化水平；鼓励支持区县广电播出机构与先进地区广电机构开展跨区域业务合作，采用模式复制、联合运营、团队协作、委托或合作制作、服务外包等形式开展节目体系建设和媒体产业经营，建成一批品牌化频率频道。

④依托“互联网+技术”，出台扶持政策，加大动漫业创意开发。

一是以互联网为载体，促进动漫作品向数字化转变。充分利用移动平台和互联网平台大力发展数字动漫业，将动漫游戏业的发展和网络软件相结合，促进动漫和游戏产业向4G、5G领域移植和延伸，加快形成西部网络游戏集散地。

二是以手机游戏为重心，努力成为西部地区手机游戏领先城市。

三是积极探索电视游戏、单机游戏、游戏外包等游戏领域，拓宽游戏产业链。积极发展游戏的研发和运营，发展贴近生活的智能APP等手机增值服务，发展与动漫网游有关的服装、玩具等衍生品的生产经营。

四是以动漫创谷公园为项目抓手,发挥国家动漫产业基地的优势,扶持动漫微企、独立制片人或工作室,奖励内容健康、艺术性强、创新度高、深受群众喜爱的原创动漫产品,鼓励动漫内容创新,做大做强以西部动漫文化节为代表的媒体会展产业。

五是出台扶持动漫业发展的税收减免、专项财政资金政策,打造动漫知名品牌。

表5-4 "十三五"期间影视动漫重点项目

两江国际影视城、东方梦工厂、文化世纪城、老重庆影视外景区、钓鱼城影视文化主题游乐及影视制作产业基地、重庆动漫创谷公园、重庆有线云数据中心、重庆广播电视集团(总台)新媒体建设工程、重庆视听媒体大数据中心建设工程等

3.演艺娱乐业

(1)发展目标

到2020年,重庆市艺术创作选题不断丰富,创作质量不断提高,创作队伍不断壮大,创作机制不断完善,创作环境不断优化。创作一批艺术精品力作,打造一批品牌演艺项目,推出一批优秀艺术人才,使重庆市的艺术创作整体水平位居西部前列。创作推出舞台艺术重点剧目10台以上,其中在全国有影响的大戏5台以上,力争3至5台剧目入选国家艺术基金资助项目;培育市级艺术领军人才10名、艺术新星20名、艺术创作及评论骨干人才50名。配齐配强市级专业文艺院团的主创人员。

表5-5 "十三五"演艺娱乐业主要发展指标一览表

序号	类别	数量	备注
1	舞台艺术重点剧目	10台	其中在全国有影响的大戏5台以上, 3~5台剧目入选国家艺术基金资助项目
2	培育市级艺术领军人才	10名	
3	培育艺术新星	20名	
4	培育艺术创作及评论骨干人才	50名	

（2）主要举措

①实施重点选题创作工程。一是深入发掘重庆厚重的文化积淀，加大重庆历史人文题材、抗战题材、现实题材、民族题材艺术作品的规划和创作力度，推出一批地域文化色彩浓厚、艺术质量上乘、为广大观众所喜闻乐见的优秀艺术作品。在全市选择一批专业性强、特色鲜明、有发展潜力的艺术生产单位进行重点扶持和培育，在政策和资源上给予倾斜，逐步形成一批舞台艺术专业化创作生产主体或基地。支持和鼓励艺术家进行新作品创作，每年推出一批重庆题材的优秀美术作品，由重庆市美术馆进行统一收藏。市艺术创作中心《重庆艺术》每年发布一批重点选题，面向全市征集原创作品，鼓励广大创作人员积极开展剧本创作，对优秀剧本创作项目给予大力扶持。

②实施重点创作项目扶持工程。对列入全市艺术创作资助范围的创作项目给予重点扶持，争取推出一批有竞争力、影响力的精品佳作。

一是戏曲类作品。五年内新创、挖掘、改编川剧、京剧等大型剧目5台以上，其中川剧3台、京剧2台。近期重点推出京剧《大梦长歌》，改编排演川剧传统戏《白面虎肖方》《婚变案》等，川剧《灰阑记》《白露为霜》要进一步修改打磨，加工提高。

二是话剧类作品。五年内新创排演大型话剧2台以上，进一步打磨话剧《幸存者》等剧目。

三是歌剧、舞剧、音乐剧类作品。五年内新创排演歌剧1台、舞剧2台（其中芭蕾舞剧1台）、交响乐1台、民乐1台。重点推出舞剧《杜甫》、歌剧《妙善公主》、民族管弦乐《大地悲歌》，深度打磨芭蕾舞剧《追寻香格里拉》；同时广泛汲取重庆丰富的民族音乐素材，努力推出一批广为传唱并为群众所喜爱的优秀音乐作品。

四是曲艺、杂技（魔术）类作品。五年内新创排演曲艺剧1台、杂技剧1台。由市委宣传部、市文化委、市文联每年面向社会公开征集评选优秀舞台艺术、美术创作项目，并给予一定的专项经费资助。

③实施演艺市场培育工程。

一是坚持举办重庆演出季、市级专业文艺院团"周周演"、高雅艺术进校园、"渝州大舞台"城乡文化互动工程送演出进基层等品牌文化活动,积极开展形式多样的惠民低价票演出,进一步丰富广大市民的精神文化生活。支持重庆演出院线的建设和发展,促进全市演艺资源的优化配置,提高演出剧场的使用率。由市委宣传部、市文化委每年举办一届重庆演出季活动,包含国内外优秀剧目展演、演艺推介会、进基层惠民演出等活动项目。市级专业文艺院团"周周演":由市级专业文艺院团利用自有演出剧场,坚持开展常态化的驻场演出活动,打造市级专业文艺院团演出品牌。"渝州大舞台"城乡文化互动工程送演出进基层活动:由市委宣传部、市文化委每年面向全市遴选优秀艺术团体赴我市各区县,为基层群众演出1000场以上。积极探索政府采购模式,不断提升演出质量。推动重庆演出院线发展:支持重庆演出院线的建设和发展,促进全市演艺资源的优化配置,提高演出剧场的使用率。

二是推进演艺与旅游的有机结合。围绕"都市游""三峡游",以及渝东南和库区等旅游发展重点,深入发掘利用丰富的地方特色人文旅游资源,结合元旦、春节、清明、端午、中秋等民族传统节庆,积极创作打造一批驻场演出、民族风情展示、文化遗产演绎等为主的优秀剧(节)目,大力推动旅游演艺产业高水准运营,实现产业化发展。打造重庆川剧艺术中心3A级旅游景区,开发一批川剧旅游文化产品。

④实施戏曲传承发展工程。

认真贯彻落实《国务院办公厅印发关于支持戏曲传承发展若干政策的通知》和《关于支持重庆戏曲传承发展的若干政策》精神,加大对传统戏曲的抢救、保护和扶持力度,强力推进我市戏曲艺术的传承发展。力争在"十三五"期间,建立专业戏曲院团和传承机构为主体的戏曲保护传承工作体系;健全学校教育与戏曲艺术表演团体传习相结合的人才培养体系;完善戏曲艺术表演团体体制机制、戏曲工作者扎根基层潜心事业的保障激励机制;实现戏曲传承发展"五个一批"目标,即创作推出一批优秀现代剧目，挖掘整理一批珍贵的戏曲文献和优秀传统剧目，培养一批德艺双馨的专业戏曲人才，培育一批热爱戏曲艺术的忠实观众，打造一批独具戏曲特色的旅游文化产品；大幅提升戏曲艺术服务广大人民群众的综合能力和水平，形成有利于戏曲活起来、传下去、出精品、出名家的良好环境。

一是全市戏曲剧种普查。通过普查，全面掌握我市各区县戏曲剧种的数量、发展历史、艺术特点、分布和流传地区、演出团体、人才状况、演出剧目、生存现状等，实现各级文化行政部门对各地戏曲文化资源的动态化、科学化管理，更好地促进戏曲艺术繁荣发展。

二是川剧振兴工程。设立川剧保护传承专项资金，支持市川剧院及相关区县川剧院团发展，大力实施优秀传统川剧剧目挖掘整理、优秀川剧折子戏录像、川剧艺术展演交流、川剧资料抢救保护、川剧人才培养五大工程，推动川剧艺术的繁荣发展。

三是地方戏曲的传承保护。加强梁山灯戏、秀山花灯戏、酉阳阳戏等地方戏曲的保护与传承，各有关区县人民政府应设立地方戏曲发展专项资金，将地方戏曲保护传承工作纳入国民经济和社会发展“十三五”规划。把符合条件的地方戏曲列入非物质文化遗产名录，实施抢救性记录和保存。地方戏曲传承发展聚集地，可申报评选地方戏曲名镇和传统村落。坚持在改革中传承，在传承中发展，面向市场，改革创新，提高戏曲作品的影响力和竞争力。

四是戏曲艺术研究。支持艺术院校、社科单位成立专门的研究机构，深入开展戏曲艺术研究，为戏曲艺术的传承发展提供有力的理论支持。收集整理我市戏曲艺术的文献资料和历史资料，集中拍摄记录重点戏曲剧目、优秀戏曲表演艺术家的影视资料。加强戏曲艺术评论，引导人们增长戏曲知识，提高鉴赏能力及水平。

五是政府购买戏曲演出。根据各地群众的实际需求，将地方戏曲演出纳入基本公共文化服务目录，通过政府购买服务等方式，组织优秀戏曲艺术表演团体进农村、进校园、进社区、进企业、进军营、进景区演出。

⑤实施艺术人才培养工程。

牢固树立人才资源是第一资源、名家名角是第一品牌的观念。充分调动广大艺术工作者的积极性和创造性，强化艺术工作者的尊严感、成就感和自豪感；努力营造优秀人才脱颖而出的良好环境，形成尊重知识、尊重人才、尊重创作、尊重劳动，艺术人才层出不穷、茁壮成长的有利局面。坚持“请进来”与“送出去”相结合，加大对本土艺术人才尤其是编剧、导演、舞美、作曲、美术、营销人才的培养支持力度。选拔一批艺术骨干人才到全国著名艺术院团、艺术院校进修培训。积极引进优秀的创作人才，使其尽快挑起重庆艺术创作的大梁，提升艺术单位的核心竞争力。继续办好重庆市舞台艺术之星选拔比赛、重庆市声乐比赛、重庆市舞蹈比赛等艺术赛事，促进重庆优秀舞台艺术人才队伍脱颖而出。根据发展需要，每年举办高水平“编剧、导演、演员、服装、化装、舞美”等人才培训班，夯实艺术人才基础。

“十三五”期间，力争培养出荣获“文华奖”“梅花奖”等重要奖项的优秀青年演员2名以上。同时，经过五年努力，缓解人才缺行短档的矛盾，实质性地解决好创作人员断层的问题，每个专业文艺院团都要配备编剧、导演、舞美、作曲、灯光、音响、服装、化装、道具设计制作人员各1~2名，培养美术人才100名，为艺术业的繁荣发展提供人才支撑。

一是重庆市舞台艺术之星选拔比赛。由市文化委主办，每3年举办一届。通过此项比赛发现和培养舞台艺术表演人才，增强我市舞台艺术发展后劲。

二是重庆市声乐比赛。由市文化委、市文联共同主办，每3年举办一届。通过此项比赛发现和培养优秀声乐表演人才，推动我市声乐艺术的繁荣发展。

三是重庆市舞蹈比赛。由市文化委、市文联共同主办，每3年举办一届。通过此项比赛发现、培养优秀舞蹈编创和表演人才，提升我市舞蹈创作和表演水平。

⑥实施艺术宣传推广工程。

加大对优秀艺术作品的宣传推广力度，为优秀文艺作品搭建展示平台。积极组织优秀作品参加中国艺术节、全国地方戏优秀剧目展演、中国京剧艺术节、中国歌剧节、全国话剧展演、全国优秀舞蹈节目展演、全国优秀杂技节目展演、全国美术展览等全国重大文艺赛事和重要展演活动。倡导市级各专业文艺院团定期开展本院团优秀剧（节）目展演，培育固定观众群体，提高院团的经济效益和社会效益。策划在全国具有影响力的美术展览。加大对我市艺术作品和人才的宣传力度，提高各类优秀艺术作品和人才的知名度和社会影响力。

一是制作出版《2010—2015年度重庆市舞台艺术优秀剧目选集》。由市文化委委托出版单位出版《2010—2015年度重庆市舞台艺术优秀剧目选集》，对优秀剧目进行统一包装宣传。

二是制作出版《2010—2015年度重庆市舞台艺术优秀表演人才集粹》。由市文化委委托出版单位出版《2010—2015年度重庆市舞台艺术表演人才集萃》，对优秀演员进行统一包装宣传。

表5-6　“十三五”期间演艺娱乐重点项目

山水小镇·六旗乐园、恒大游乐城、东方梦工厂、凤凰西部文化城、华梦园娱乐城、华侨城欢乐谷、海天水世界·长江明珠、巴文化公园二期工程巴国霓歌剧场、梦幻奥陶纪地质主题公园、《川军抗战》大型实景演艺项目、“烽烟三国”实景演出、星际未来城、光彩国际（江津）游艇产业园休闲母港一期项目、大美重庆三千年、桃源老家等

4.工艺美术业

（1）发展目标

“十三五”期间，推动文化艺术体育用品制造业向特色型、创意型和个性化、精品化方向发展，重点发展黄金珠宝饰品、具有收藏价值的工艺美术精品、绿色健康的文具用品、多功能智能休闲化健身器材、安全益智的高附加值的玩具，提升木雕、漆器、角雕、刺绣等传统优势工艺产品创意设计水平和市场化水平。到2020年实现产值200亿元。

(2)主要举措

①大力推广非遗文化的新技术应用,全面增强非遗资源的传承能力。

一是加强非物质文化遗产的技术保护体系建设。积极做好非物质文化遗产传承链上项目名录、传承人等相关信息采集、编写、记录、保存及数字化工作,大力推动非物质文化遗产资源数据库的建设工作。大力实施濒危非遗项目抢救工程,充分利用演艺、出版、影视等作品记录其记忆精华,增强巴渝文献数字化抢救力度,积极支持"巴渝文库""巴渝寻宝"等重大公益出版工程。

二是推动非物质文化遗产产品生产。结合表演、技艺、民俗等非物质文化遗产的特点,利用现代数字技术,以影视、演艺、出版等形式推动非遗数字产品开发。通过新技术复原珍贵文物,应用新技术和新材料,重点开发陶瓷、漆器、织造、雕刻、刺绣等非遗产品,引入新工艺打造特色非遗产品和品牌。建设以非遗产品研发设计、展示传承、活态体验等为主要功能的非遗产业园。建立"重庆市非物质文化遗产创意研发中心",以创新创意推动非遗产品的研发与生产,大力研发民族服饰、传统医药、手工制品、纪念品等非物质文化遗产衍生产品,支持非物质文化遗产衍生产品项目入驻产业园区,发展一批特色产业,建成一批龙头企业,助推形成一批著名品牌。鼓励将重庆非物质文化遗产元素与现代时尚元素相结合,使刺绣、夏布、陶器、石雕等系列产品走向国内国际市场。利用长江非物质文化遗产网重庆馆、京东重庆馆、淘宝重庆馆等电子商务平台,鼓励市内特色手工艺品企业入驻,开展民族民间工艺品网络贸易。

三是加强传统工艺与高新技术的融合创新发展。促使高新技术与陶瓷、漆器、织造、雕刻等中国传统工艺有机结合,借助先进的技术手段,加大文化艺术品知识数据库的研究开发力度,将机器生产的精细准确渗透于手工再生产环节,在传承民族传统工艺特色的基础上,进一步提高传统工艺产品的当代审美价值和实用程度,促进文化创意产品及衍生产品的生产,将资源优势转化为产业优势,走内涵式发展道路。

②培育特色工艺美术知名品牌。

一是培育工匠精神，通过新技术、新材料，振兴陶瓷、漆器、织造、雕刻、刺绣等传统工艺。重点围绕荣昌夏布、山神漆器、綦江版画等优势行业门类，推进品牌建设，做大做强大足石雕、乌木、手工渝绣等特色品牌。

二是支持优势品牌企业跨地区进行兼并重组，壮大品牌企业规模。

三是鼓励企业加强对知识产权的规范化管理，支持企业和个人就工艺美术作品、技艺进行知识产权布局。由市委宣传部、市文化委、市文联主办，重庆美术馆、市美术家协会征集资助一批“重庆市重大历史题材和现实题材创作”等大型主题性美术创作项目。

四是深入实施“一区(县)一品”战略，推动绘画、雕塑、编织等具有重庆特色的工艺美术品的生产、加工和发布工作，培育以自然资源、人文传统为支撑的传统工艺美术特色集群。

五是依托珠宝和钟表等产业基础，着力延伸高档饰品和钟表等工艺美术品的创意、研发、制造、流通和服务等，打造新兴工艺美术集群。

六是加大美术等高雅艺术的宣传力度，培育工艺美术消费市场。组织专业文艺院团赴大中小学校开展形式多样的演出活动，普及艺术知识，培养青年学生的艺术素养和观演兴趣。制作《2010—2015年度重庆市美术创作优秀作品集》，由市文化委委托出版单位出版，对优秀艺术家及其美术作品进行统一包装宣传。策划有影响的美术展览，重庆市美术馆力争每年策划举办在全国具有一定影响力的大型美术展览1次以上。

③以文创园、美术馆为基地，推动工艺美术品交易市场的发育。

一是通过推动川美创谷、两江当代国际艺术中心建设，聚集国内外知名作家、艺术家以及具有潜力的作家和艺术家，引进现代经纪画廊等机构，提升文创园的影响力。

二是开展文艺美术品展览，完善艺术品研究、收藏、展示和公众艺术教育等公共功能，带动机构收藏和私人收藏，促进艺术品原创和交易。

三是依托两江当代国际艺术中心、重庆版权交易市场、重庆艺术品版权交易及衍生品研发等项目，加快建设名优名品的实体渠道和电子交易体系，提升交易平台的信息化和网络化水平。

四是依托国博中心、三峡博物馆等重大平台,积极举办艺术品产业博览会。扶持发展一批艺术品交易卖场、艺术品交易中介机构。

五是支持有文化内涵的原创性文艺作品的创作、生产及营销,支持建设一批在国内具有较强影响力的私立美术馆,促进当代艺术品原创和交易。

表5-7 "十三五"期间工艺美术重点项目

綦江农民版画、壹秋堂夏布、三峡绣民俗文化村、手艺网+手艺工场传统手工艺的互联网+O2O平台、荣昌陶文化业发展基地·夏兴窑国际陶艺村、陶文化园、大足石雕创意园、牡丹文化旅游城、山神漆器园等

5.文博会展业

(1)发展目标

"十三五"时期,以文博会展服务的营销推广为重点,通过扩大产业规模、增强创新能力、深化行业改革、提升社会效益、优化发展环境,切实提高文化与科技的融合发展水平,全面增强文博资源的传播能力和会展服务的组织能力。到2020年,完成1家综合性博物馆的标准化建设,完成5家专题性博物馆的标准化建设,全面完成文化单位史馆(站)的标准化建设,60%以上市级文保单位完成保护机构的组建。基本完成市、区(县)馆藏文物资源的数字化;完成数字博物馆、数字图书馆系统建设;完成文物数字资源管理系统建设。

(2)主要举措

①增强文博资源的传播能力。

一是加快文博史馆标准化建设。加强文物保护实用型技术及软科学研究,积极推动综合性博物馆、专题性博物馆和两级文化保护机构的标准化建设。积极支持三峡博物馆创建央地共建的国家级博物馆,打造三峡文物科技保护中心,带动国家文物保护装备产业基地、文物修复实验室、保护环境监测中心的建设。积极鼓励文物资源大区大县,打造民俗、科技等专题性博物馆。综合利用高新技术提升对传统介质资源保护、无损检测及安全修复的技术手段,加快馆藏文物保存环境监测、评估与调控系统、考古发掘现场装备集成系统、文物专用3D打印技术应用装备和材料以及文物保护专用装备标准化支撑机构、联合重点实验室、质量认证机构等公共服务平台建设;大力加强区县文管所和市级以上文保单位标准化建设。

二是加快文博会展服务数字化建设。充分利用互联网技术和虚拟现实技术,建立文物基础资源的信息采集、转换、记录、保存应用技术体系,加快馆藏文物资源数字化,构建互联互通的文物资源数据库;积极推动数字博物馆系统建设、数字图书馆系统建设以及文物数字资源管理系统建设,创新文博服务方式,拓展文博服务空间。

②发展会展集聚区,提升会展影响力。

一是培育与吸引国内外品牌会展,巩固提升一批已有的会展品牌。鼓励支持渝洽会、渝交会、旅交会、高交会、西部农交会、立嘉机械展、摩托车博览会、国际汽车展等会展项目与国内外的行业组织或中介机构建立长期战略合作关系,逐步实现会展项目的国际招商,提高会展项目的国际参展商和采购商比重,提高展会品牌影响力。支持鼓励会展企业积极参与国际展览协会(UFI)、国际大会与会议协会(ICCA)等国际性组织的认证。注重做好"会展后"服务,比如为参展商和与会者提供会展统计分析资料,保持会展影响力的连续性,为下一届做好准备。结合重庆战略性新兴产业、文化创意产业发展情况,自主创办一批定时定址的主题论坛、专业品牌展会。依托目前已经较为成熟的会展,延伸举办新的会展项目,并且与成熟会展同期同地举办,最大程度地借助成熟会展的知名度、影响力和参展商、观众等资源。积极引进国际知名会展。积极探索社团会议、学术会议召开的周期规律,加强与协会、学会等的联系与沟通,争取适宜在重庆举办的科技会议、学术会议落户。

二是完善大型专业会展设施适应国内外会展行业规模化、一体化发展趋势。围绕与会展业紧密相关的策划、设计、执行、加工、搭建等要素和吃、住、行、游、购、娱等关联行业,集聚会展业发展要素,打造培育会展业集群。依托重庆国际博览中心,吸引会展策划企业、会展主办企业、会展招商企业、会展搭建企业等入驻,建设以会展业为支撑的新型会展商务区,形成具有国际商务、会议展览、文化创意和休闲游憩功能的悦来两江现代国际商务中心体系,打造国内外大型会展项目最佳承接地和建设长江上游地区会展之都的核心平台。依托重庆国际会展中心和重庆展览中心,完善会展配套服务,形成会展业集聚区。

三是打造世界一流的会展旅游目的地。会展旅游是会议、展览与旅游业相结合的新业态,具有团队规模大、消费水平高、活动内容丰富等特点。重庆拥有丰富的旅游资源,又具备举办大型会议、大规模展览的条件,应促进会展业与旅游业的有机结合,打造国际一流的会展旅游目的地。

四是促进"互联网 + 会展"融合发展,实现"互联网+"向会展业的渗透。通过运用互联网技术提升传统的会展业,发展"网络会展"。推进智慧会展场馆建设,实现对口观众信息发布、客户关系管理、参展商实时监控、后期数据挖掘等功能,提升会展活动的效度、精度、广度和深度,提升参展体验。建立专业化的网络平台,对产品进行全方位、多维度的宣传与展示,借助网络技术完成举办方、参展商、采购商之间的磋商与交易。

五是健全会展产业链。充分发挥会展业的带动作用,促进市场要素的合理流动和有效配置,推动一二三产业联动发展。以会展企业为龙头,发展以交通、物流、通信、金融、旅游、餐饮、住宿等为支撑,策划、广告、印刷、设计、安装、租赁、现场服务等为配套的产业集群,形成行业配套、产业联动、运行高效的会展业服务体系,增强产业链上下游企业协同能力,带动各类会展服务企业发展壮大。

表5-8 "十三五"期间文博会展业重点项目

重庆文化产业博览会、中国西部动漫文化节、云环文化创意产业园、中国(重庆)国际投资暨全球采购会

6.文化创意和设计服务业

(1)发展目标

大力推进文化创意和设计服务业与相关产业的融合发展,更好地为稳增长、转方式、调结构、增效益服务，为满足人民群众日益增长的物质文化需求服务。引进和培养一批高素质人才，打造一批在国内外具有较大影响力的品牌，培育建设一批国家级设计中心和集聚创意设计资源的支撑平台，形成一批文化创意和设计服务产业集聚区。力争到2020年，把文化创意和设计服务产业培育成我市先导产业，与实体经济全方位、深层次、宽领域的融合发展格局基本形成，相关产业文化含量显著提升，文化创意和设计服务产业年产值突破1000亿元，对相关产业发展贡献度达30%以上。努力把我市打造成为长江经济带文化创意和设计服务的重要基地，争取进入联合国教科文组织“创意城市网络”。

（2）主要举措

①提升文化创意和设计服务产业发展水平。

以创建“设计之都”为主要任务，以融合发展为引领，通过创业、创新、创意、创造，不断提升文化创意和设计服务产业规模和集聚辐射能力。大力发展多种类型的广告服务，鼓励跨媒体、跨区域的广告内容制作和渠道代理；以市场为导向，提升多媒体、游戏等软件开发和数字内容服务的创意水平，引导企业发展更多依靠自主创新；做强房屋建筑、风景园林、室内装饰等设计产业，不断提升水平、拓展空间。提高传统产业信息化、数字化意识和水平，创新消费方式和商业模式，开发定制化产品和服务。重点发展电子图书、数字报刊、电子书包、网络视频、动漫游戏、应用软件、数据库出版物、手机出版物等优势产业，扩大产品出口和服务外包，培育本土品牌。加快推进数字出版云平台建设，积极推动以数字技术为支撑的现代文化产业集聚区。深入实施三网融合，继续拓展数字电视覆盖面，推动智慧社区、智慧家庭建设。推动传统新闻出版产业的数字化转型和经营模式创新，促进传统媒体和新兴媒体融合。引导印刷复制加工产业通过整合文化创意和设计服务提升附加值。

②推动发展广告服务业。

一是提升广告企业服务能力。以狼卜品牌营销策划股份有限公司等4A广告企业为抓手，培育一批创新能力强、具有专业服务能力的大型骨干广告企业,提高其在广告服务及相关专业领域的竞争力,产生10个年经营额超亿元的骨干广告企业。提升具有细分市场服务能力和服务效率的中小型广告企业专业化水平,促其向专、精、特、新方向发展,满足经济新常态下广告市场的多层次需求。培育具有地方特色的广告创意和设计企业,支持广告工作室等形式的小微广告企业。

二是进一步优化产业结构。发挥广告产业园区对广告产业要素的集聚作用,推动广告企业集群发展。开展"一带一路"倡议中的广告产业建设。依托现有的文化创意、动漫、IT、包装印刷等产业基础,重点围绕重庆广告产业园、重报·万州中心项目、重庆双桂禅修文化园等,建设西部地区具有国际视野的广告创意产业园区,引导广告创意、设计、制作等相关广告产业门类向园区集中。

三是促进广告产业创新。打造广告业众创、众包、众扶、众筹平台,鼓励建设广告业创新示范基地、广告业创新研发基地和创业孵化器,构建广告企业、高校、科研机构、创客多方协同的新型创业创新机制。

四是推进广告产业融合发展。支持广告业与互联网产业融合发展,规范数字广告程序化交易管理,建立新的数字广告生态。鼓励广告业以"互联网+广告"为核心,实现跨媒介、跨平台、跨终端整合服务,发展基于网络新媒体技术的数字电视、移动视频、电子报刊及其他新兴广告传媒,形成发布、展示、推广、反馈等功能高效互动的新兴广告传媒集群。

五是加强广告业标准化建设,实施国家标准,推广行业标准,鼓励企业标准。建设涵盖广告产业链各流程环节的技术标准、管理标准、作品标准,以及企业和区域广告业发展质量评价等标准化体系,促进广告业质量升级、规范发展。由行业组织牵头,有关企业和专家参与制定广告业标准,支持广告业自主标准国际化。加强标准执行情况动态监测,建立第三方的标准评估制度。

六是鼓励广告市场主体申请知识产权,加大广告业知识产权保护力度。探索建立广告企业无形资产评估体系,广告创意和广告设计企业的无形资产评估,按照文化企业无形资产评估规定执行。

七是创新广告教育和人才培养模式，建设开放式广告教育和培训平台。支持高等院校广告院系以市场为导向开展基础教学和实训教学。加强广告从业人员的职业技能培训。

八是举办有国际影响力的广告产业博览交易会，举办在全国乃至世界有影响的广告产业论坛及学术研讨交流活动，打造国际国内知名广告行业品牌活动。

③用好文化创意和设计服务，提升新城乡建设、农业发展内涵。

一是提升城市社区和农村住宅、居民点建设水平，强化创意设计，丰富文化元素，建设各具特色的美丽乡村，提升城乡居民宜居水平。依托我市“山水城市”特有风貌，完善全市区域空间结构，推动建立历史文化资源信息库。强化文化传承创新，加大文物遗址和传统村落整体保护力度，有效保护历史文化街区、名镇名村和传统风貌区。针对山地独特的自然生态条件，重点开展应用研究，为科学建设人居环境提供技术支撑。

二是挖掘特色效益农业发展潜力。鼓励文化创意和设计服务企业为农业企业、专业合作社、家庭农场等涉农经营主体提供多种形式的创意设计服务，延伸现代农业产业链、提升农产品附加值。大力发展休闲农业和乡村旅游，重视经营场所和农村生态景观的创意设计，扶持特色农产品观光园区、基地建设，提升农事节庆活动的创意策划水平，推行集农产品生产销售、农耕文化展示、田园观光游览、民俗风情体验、农技科普教育、文化遗产传承于一体的休闲农业发展模式。

④文化创意和设计服务促进商贸服务业提档升级。

一是将文化创意和设计服务引入“中华老字号”“重庆老字号”等传统产品，大力培育地方特色品牌。构建会展创意设计产业集群，提升策展办展水平。

二是运用创意和设计手段促进商圈、特色商业街、城市综合体、大型商场超市等升级发展，引导商品零售、餐饮住宿、生活服务等在店面装饰、商品陈列、形象包装、服务手段和市场营销上更加突出创意和设计。

三是完善大型专业市场功能，吸引文化创意和设计服务企业进驻提供配套服务。

表5-9 “十三五”期间文化创意和设计服务重点项目

渝东南文化创意产业园、黄桷坪艺术园区、金佛山文化创意产业带、南滨路文化产业长廊、云环文化创意产业园、京渝国际文创园、中国·涪陵文化创意产业园、夔州诗苑、巴滨文化休闲产业园、重报·万州中心项目、五洲世纪文化创意中心、翰林庄养生文化村、重庆广告产业园、天健创意产业基地、完美世界手游、重庆动漫创谷公园、重庆工业文化博览园、重庆绿岛中心天安数码项目、猪八戒网、云环文化创意产业园、川美创谷等

第三节 大力推进三大融合产业快速发展

一、文化+制造

1.发展目标

到2020年,培育5家国家级工业设计中心、30家市级工业设计中心,培养30个以产品设计创新为中心的国内领先的设计师团队、300名专业设计师,组织实施200个重点产品设计创新试点示范项目,培育10个市级创意设计产业园、1~2个国家级创意设计产业园区。

2.主要举措

按照新型工业化战略部署,以推进创意设计与制造业融合发展为主要任务,将高水平“文化+制造”融合全方位融入研发设计、装备工艺、生产过程和品牌营销等全过程,进一步提升实用性和审美性,增加文化内涵和附加值。加强我市“6+1”制造业设计能力建设,实施设计引领转型升级计划。战略性新兴产业和高端装备制造领域,要大力提升总体设计、系统集成、节能环保、绿色智能、试验验证、应用转化等能力,重点将汽车、摩托车、轨道交通、船舶装备等工业设计服务培育成为具有国内外领先优势的设计产业集群。提升笔记本电脑、电子数码设备、服装服饰、家居用品等消费品领域的新产品设计和研发能力,加强传统文化与现代时尚的融合,增加多样化供给,引导消费升级。加强制造业产品广告营销策划,引导从单一产品设计提升为品牌整体形象设计。鼓励开展体验营销、电子商务等“四位一体”的设计体验中心,推动“传统制造”向“智能型制造、服务型制造”方向发展。“十三五”期间,通过实施六大工程,切实提升设计服务水平。

(1)实施新中心培育工程

引导企业重视设计创新,加大设计投入,开展以产品设计创新为核心的企业管理及发展战略体系建设。支持汽摩、电子信息、装备、消费品等行业的龙头企业开展企业工业设计中心建设,提升设计能力和水平。开展工业设计企业创新能力建设及项目招商,培育集创意设计、造型设计、手板模具、产品试制等功能为一体的、产业链完备的设计服务产业集群。组织做好国家级、市级工业设计中心培育认定工作。

(2)实施新团队建设工程

引导企业建立以产品创新为中心的设计师团队,推进建立首席设计师制度,增强设计发展战略规划及执行能力。鼓励社会力量开展设计师专业培训,举办企业高管、设计人员等设计培训,做好设计及汽车、服装、箱包等专业设计提升培训。建立企业与高校优秀设计师双向交流培训制度,支持有条件的企业创建工业设计产业实训基地。组织开展年度市级优秀设计师团队评选工作。

(3)实施新产品开发工程

以市场需求为导向,围绕汽摩、电子信息、装备制造、服装家居、医疗器械等行业,收集建设全市重点产品设计创新示范项目库。重点支持企业开展基于新技术、新工艺、新装备、新材料及信息技术、人机工程、系统仿真的产品设计应用,推动地方特色文化融入设计创意和设计理念,提升产品设计智能化、绿色化和服务化水平,设计研发一批市场潜力大、附加值高、深受消费者喜爱的“重庆造”产品。

(4)实施全产业链协同工程

秉承“共同创造”创新理念,整合产业链上下游创新资源,搭建消费者、设计企业、制造企业及科研机构间的设计协作机制,共同推动产品、品牌及商业模式的设计创新。鼓励制造企业加强与专业设计公司合作,开展设计订单外包。利用财政、税收和土地等优惠政策,大力推进招商引资,支持和鼓励引进先进的技术和高端的工业设计人才,培育世界级的工业设计团队和知名品牌。将汽车、摩托车、轨道交通、船舶装备等工业创意设计服务培育成为具有国内外领先优势的创意设计产业集群。重点支持翼马思消费者行为研究中心、宇杰整车设计、迪科改装车设计、集创家消费品设计、北斗技术民用化设计等“设计+制造”全产业链项目建设。

(5)实施全价值链集聚工程

鼓励各区县结合产业发展定位和实际,利用老厂房、旧仓库、闲置楼宇建设创意设计产业园区,搭建产业公共服务平台,引导设计企业、人才、资金等要素集聚发展。设立专项扶持资金,推进利用工业资源发展文化创意产业基地优秀示范项目的建设,对专业化服务平台、建筑改造方案设计论证、培训下岗职工和采用节能、环保新技术实施旧厂房改造的项目给予资金支持。重点推动南岸区、九龙坡区、沙坪坝区、渝北区等创意设计园区建设,以产业链培育为重点,有针对性地选择目标企业开展招商。组织开展市级创意设计园(区)认定工作。

(6)实施全生态链服务工程

完善全市工业设计产业发展生态环境,加强产业链关键薄弱环节建设,重点推进国际创意设计研究院、消费者行为研究中心等公共服务平台建设。发挥好市工业设计促进中心、市工业设计联盟促进产业交流合作平台功能,组织推动设计研发重大关键设施设备共建共享。组织举办“长江杯”设计大赛、国际设计周等产业化、品牌化活动,营造发展氛围,激励设计创新。提升笔记本电脑、电子数码设备、服装服饰、家居用品等消费品领域的新产品设计和研发能力,加强传统文化与现代时尚的融合,增加多样化供给,引导消费升级。

表5-10　“十三五”期间“文化+制造”重点项目

猪八戒网、云环文化创意产业园、重庆抗战兵器工业旧址群、重庆工业文化博览园、机器人体验馆、视觉工业合成中心、斯威特钢琴基地

二、文化+旅游

1.发展目标

推进文旅融合发展，要以供给侧结构性改革为突破口，切实贯彻落实党中央、国务院和市委市政府关于促进文旅融合、拉动文旅消费的一系列政策文件精神，落实十大战略性新兴服务业发展战略，坚持统筹规划、因地制宜、突出特色、行业协作总原则，着力破除体制机制约束，整合文化和旅游两个方面资源，发挥政府引导和市场调节两个方面作用，推进鼓励、引导文化产业和旅游产业在规划设计、建设运营、业态发展、技术创新、企业培育、宣传营销、消费促进等方面充分融合，努力营造以文化丰富旅游内涵、以旅游促进文化传播的良好局面。“十三五”期间，要以建设文化强市和世界级旅游名城为总目标，文化旅游融合发展要打造一批示范园区景区景点，新建一批文旅主题乐园，开发一批重点项目，培育一批龙头企业和“专、精、特、新”的文旅市场主体，扶持一批新兴业态做强做大，推出一批文旅演艺、特色节会、工艺品、目的地、旅游线路的知名品牌，形成业态丰富、特色鲜明、设施完善、服务优良的现代文化旅游产业体系。

2.主要举措

(1)各级文化部门要推动文化资源向旅游产品转化，支持旅游景区，丰富文化旅游内涵

一是进一步强化文化与旅游的产业融合。加强文化文物遗产资源的开发利用，加大文化旅游产品、衍生品的开发，挖掘文旅产品，促进地方特色产品的产业化发展。围绕陶瓷、夏布、纸伞、竹帘、茶叶等优秀地

方特色产品，鼓励特色文化元素、传统手工技艺与创意设计、现代科技、时尚元素相结合，积极引导企业和广大市民设计、制作、生产创意产品。借鉴杭州经验，通过产业融合来提升相关产业的文创附加值，其中最具地方特色和发展优势的是促进文创产业和品质生活的融合发展。通过多方合作，加大非物质文化遗产衍生品的开发。加大馆藏文物的创意开发，大力发展抗战文化、红岩文化等红色旅游，三峡文化、巴渝文化、苗族土家族文化等特色文化旅游，通过工艺美术品、地方美食、书籍、图画等方式展示文化，不断提升文化旅游的价值。重庆是中国历史文化名城，文化文物资源丰富，全市拥有55处全国重点文保单位和282处市级文保单位、近百家博物馆、30个历史文化名镇名村、5个历史文化街区、63处传统村落、44项国家级和511项市级非遗项目、1处世界文化遗产、2处世界文化遗产预备项目等，还有一大批文化产业园区基地、文化院团、院校、文化企业、文化传播的平台和载体。这些都是我们文旅融合的宝贵资源，要充分发挥这些资源在旅游发展中的支撑作用。具备条件的就要在抓紧保护修缮的前提下，做好开发和利用，创造条件发展文化旅游，尽可能推动文化文物资源向旅游产品转化。同时，要实施好重庆工业博物馆、渝中区老鼓楼衙署遗址公园等重大项目；要对各景区挖掘历史文化资源、打造旅游演艺进行指导，重点把握文化内涵和艺术水准；要深入推进文化文物单位文化创意产品开发试点工作，引导特色工艺与创意设计相结合，助推特色优秀产品进入旅游市场，提高综合效益。

二是扩大针对旅游市场的文化产品供给。广大文化文物部门、文物单位、文艺院团、文化企业要切实转变观念，根据旅游市场需求调整工作方向和经营策略，将原来只面向市民开放、提供的文化产品拓展为面向市民和游客两个群体、两个市场。推动重庆大剧院、国泰大剧院、川剧艺术中心、重庆马戏城等地标性文化设施面向游客开放参观；推动国有和民营文艺院团以政府购买方式进景区，为游客提供演出服务；推动国有和非国有博物馆、艺术馆、美术馆等整合资源，对接旅游市场，提供特色化的展陈服务。同时要努力培育新的热点，服务好重庆马戏城、万达文旅城、华侨城、美国六旗乐园、极地海洋公园、解放碑时尚文化城等重大项目建设，打造综合性文化旅游乐园；扶持CAD中央艺术区、南滨路走廊、黄桷坪片区、喵儿石文创园、京渝文创园、非遗博览园、綦江古剑山艺术村、荣昌陶产业园、夏布小镇、皇庭珠宝城等文化产业园区基地和专业市场加快建设、完善配套、丰富内容，深度延展旅游功能；引导企业围绕旅游景区布局工艺体验、民俗体验、真人游戏、AR/VR等体验、艺术酒店、文化民宿等新兴业态。

三是打造文化精品助力城市形象推介营销。文化部门要以塑造和传播重庆城市形象为重要使命和重点任务，鼓励、扶持各文化艺术机构和人才；结合重庆壮美秀丽的城市景观、健康向上的城市精神、特色包容的城市文化，创作高品质、高水准，同时又被市场广泛接受，具备传播力和影响力的作品包括出版作品、影像作品、舞台作品和工艺作品，在广大潜在游客心中深植重庆城市形象，将重庆纳入旅行备选，从而拉动我市的旅游消费。当前，要发挥好艺术基金、电影基金等资金杠杆作用，着力打造好《朝天门》《杜甫》等舞台精品，拍摄好《金子》《奇袭白虎团》《重庆大轰炸》等影视作品；推动文化文物精品到国内外展演、展映、展销、展览，吸引本土和国内知名导演、编剧、影视片来重庆创作、拍摄；紧紧抓住重大活动搭建的文化展示平台，借助巨大的影响和传播力，让重庆形象走出去。

四是多样化开发文旅创意产品，提升旅游产品品质。依靠旅游目的地独有的景观资源或其所在的地理位置，打破文化创意产业和旅游产业现有的内容和运行操作，制作别具一格的、具有当地风情的文化创新表演等创意产品。通过开发独特的创意性产品，使用别具一格的、含有文化元素的创意手法、技术手段和制作方式，将包含景观资源或空间场地等的旅游产业价值链活动延伸到文化创意产业中，从而给消费者带来别具匠心的用户体验[①]。

①夏小莉.民族文化创意旅游产业发展机理与发展模式[J].经济研究导刊，2010(31):189-190.

(2)各级旅游部门要着力提升旅游消费的文化内涵和品牌特色。

一是高起点规划文旅融合发展布局。以全市城乡总体规划为指导，重点构建文化旅游产业集群。深度开发景区观光、旅游商品展销以及配套服务业，延伸文化旅游产业链条，推动各区县差异化发展。都市休闲文化旅游圈要着力增强高品质文化旅游服务功能，突出抓好渝中区历史文化旅游基地、红岩文化产业基地、北碚抗战文化旅游基地、北碚十里温泉城、重庆环球欢乐世界、重庆旅游形象展示体验中心、两江影视城等一批重大项目，打造温泉之都、会展之都、购物之都、美食之都，构建集山城、江城、不夜城于一体的国际文化旅游休闲大都市。渝西文化旅游走廊要着力建设特种旅游和乡村旅游发展示范区，支持大足石刻、合川钓鱼城、涪陵沿江走廊、菩提山中国长寿文化城等重点旅游园区建设，将荣昌打造为中国陶文化研学旅游目的地。渝东北三峡文化旅游带要充分利用三峡后续扶持政策，发展各层次的文化旅游产品，加快丰都鬼城、奉节夔州古城、忠文化旅游基地、云阳双江和巫溪宁长古镇等重点旅游基地建设，构建品牌突出、产品丰富的长江三峡国际黄金旅游带。渝东南民俗生态文化旅游带要结合武陵山文化生态保护试验区建设，开展好旅游扶贫。打造土家族苗族民族民俗风情古镇群，积极培育黔江小南海、石柱西沱古镇、秀山洪安古镇、彭水鞍子苗寨、酉阳河湾山寨等文化旅游项目，构建成国内重要的民俗生态旅游目的地、国家级旅游扶贫试验区，使文化旅游业真正成为渝东南地区支柱性优势产业，带动贫困山区经济社会后发崛起。

二是高品位提升文旅融合景区景点的文化含量。整合我市著名旅游品牌和文化品牌，进一步挖掘其深刻内涵，进一步加强宣传和营销，进一步提升其文化附加值，将其真正打造成全国知名的文化旅游品牌。要提高现有知名旅游景区景点的文化含量。组织国内外文化专家，对长江国际黄金旅游带、武隆、大足、酉阳、彭水等文化旅游景区进行以增加文化内涵为目的专业策划，以提升旅游景点的文化附加价值，使自然景观与人文景观有机结合，不断增强旅游景点的核心吸引力。

三是高标准策划文旅融合宣传营销。重视市场研发和宣传,保持经常性的调研分析、交流和比较,分级分区制定营销战略,政策鼓励多种形式的旅游宣传。不断创新宣传营销手段,大力发展主题文化旅游,提升旅游的文化感染力和吸引力。要依托各区县特色主题文化资源,激活本地消费,策划峡江风光旅游、地质奇观旅游、山水生态旅游、温泉旅游等一批特色文化旅游,充分利用巴渝文化、抗战文化、三峡文化、统战文化、红岩文化、都市文化、乡村田园文化等一系列特色鲜明的文化资源;要以这些文化为灵魂和主线串联一批旅游精品线路,向国内外旅游市场宣传推介。鼓励本市居民到市内景区、景点参观并且可以享受门票优惠,促进文旅消费市场。

(3)政府主导,多方协作,加大文旅融合研发力度,推进文化旅游深度融合

一是建立重庆市文化旅游研发中心。由市政府分管领导牵头,以市委宣传部、市发展改革委、市旅游局、市文化委等有关部门为主,文化旅游协会以及学校科研人员共同参与。

二是设立文化旅游融合发展专家顾问团。邀请文化产业和旅游产业领域的专家学者成立文化旅游融合发展专家顾问团,建立专家顾问机制,参与指导文化旅游融合发展规划编制、重点项目论证评审。

三是建立研发投入和购买服务机制。调整 R & D 激励机制,探索历史文化资源保护、开发和利用的新思路、新方法;对产业发展的重难点问题与障碍进行科学调研与攻关,探索智力购买服务机制。

四是精心制定旅游发展规划。强化跨区域协作和旅游连线运作,围绕文化旅游融合发展的重大问题,在区域布局上注重旅游、文化、商贸的高度融合,在城镇规划上注重旅游、文化、商贸的综合配套,在品牌打造上注重旅游、文化、商贸的特色魅力,在环境建设上注重旅游、文化、商贸的发展氛围,在节庆活动上注重旅游、文化、商贸的互动共进。

五是积极策划和打造文旅商融合的精品线路和经典景区。整合文化旅游精品线路,打造一批文旅商深度融合的景区度假区、主题公园、节

会活动和工艺产品，以文化提升旅游的内涵质量，以旅游商贸扩大文化的传播消费。着力强化文化旅游业的住宿、餐饮、娱乐、演艺功能，完善文化旅游产业链条，加快建设特色旅游商品交易场所、特色餐饮服务网点等。重点打造滨江长寿谷文化旅游风景区、汉海极地海洋公园、新三峡文化旅游产业园、天坑地缝文化产业园、重庆市江津区夏坝老工业遗址文化旅游综合体项目、十里花灯长廊、巫山神女文化园、大佛寺文物旅游景区建设工程、大宁河生态长廊、重庆大足龙水湖国际旅游度假区、重庆巴渝文旅产业园、汉丰湖综合文化开发项目等。

六是加大文旅品牌建设力度，打造文旅名城。深化"大旅游经济"发展理念，大力推进"文化+旅游+商贸"，建立文旅商深度融合促进机制，将文化强市建设、历史文化名城保护与国际旅游名城的打造进一步结合，建设成为国际知名的文化旅游目的地。改善大型商圈、城市综合体、特色商业街的文化休闲环境，凸显"中华老字号""重庆老字号"的文化元素，满足文化旅游商贸一体化的消费需求。支持建设富有文化特色的休闲街区、特色村镇、旅游度假区，依托特色资源创新开发多类型、多层次、多业态的文化旅游精品。重点打造菩提山中国长寿文化城、解放碑时尚文化城、榨菜1898文化小镇、偏岩古镇旅游文化产业园区、三峡工坊文旅街区项目、三峡·大溪艺术小镇、板桥古街、中国·石柱土家吊脚楼风情园、金刚碑抗战历史文化风貌街区、蚩尤九黎城、银杏堂三教寺南城寺宗教文化旅游等。

表5-11 "十三五"期间"文化+旅游"重点项目

滨江长寿谷文化旅游风景区、汉海极地海洋公园、菩提山中国长寿文化城、解放碑时尚文化城、新三峡文化旅游产业园、中国·石柱土家吊脚楼风情园、天坑地缝文化产业园、重庆市江津区夏坝老工业遗址文化旅游综合体项目、重庆巴渝文旅产业园、十里花灯长廊、巫山神女文化园、汉丰湖综合文化开发项目、大佛寺文物旅游景区建设工程、金刚碑抗战历史文化风貌街区、蚩尤九黎城、榨菜1898文化小镇、偏岩古镇旅游文化产业园区、三峡工坊文旅街区项目、银杏堂三教寺南城寺宗教文化旅游、三峡·大溪艺术小镇、板桥古街、大宁河生态长廊、重庆大足龙水湖国际旅游度假区等

三、文化+体育

1.发展目标

在“十三五”期间，重庆应引导和推动文化体育产业实现特色发展、差异发展、协调发展，各区县根据地方文化特点，结合体育产业发展优势，实现文化体育协同发展。充分发挥资源和市场优势，重点发展健身休闲、赛事表演、中介培训、文化传媒、商务流通等文化体育服务业，力争建成全国著名的文化体育休闲之都、西部高端品牌赛事区、体育赛事经纪活动中心和体育用品展示集散中心，引领全市文化体育产业发展。到2020年，全市集聚一批品牌赛事、骨干企业和优势产品，基本形成市场机制更加完善、消费需求愈加旺盛、产业集聚效应初步显现、文化体育示范项目特色鲜明的发展格局。

2.主要举措

（1）强化文化与体育的融合发展

一是大力培育体育文化品牌。加大体育公益广告宣传力度，利用报刊、电视、网络等媒体，普及体育知识，营造良好的体育氛围。着力培育品牌赛事、品牌俱乐部、品牌健身活动，扩大其影响力。打造本土体育品牌，进军国际舞台，提升全球知名度。大力发展体育赛事、体育会展、健身娱乐、体育传媒、体育出版、音像制品、体育广告、集邮收藏等体育文化创意产品市场。支持引导体育明星参与公益活动。充分利用影视、文学、音乐、美术、舞蹈、绘画、雕塑、动漫、摄影等各类文化形式，开展体育文化艺术创作。

二是抓好体育文化阵地建设。依托山水、森林、民俗资源，在渝东北建设水上运动娱乐服务带，重点发展赛艇、皮艇、龙舟、滑水、摩托艇等特色文化体育运动；在渝东南打造户外运动和民俗体育休闲旅游服务带，重点发展登山、攀岩、探险、漂流、民俗体育旅游等项目。充分发挥主城区工业基础和区位优势，重点布局体育用品制造、运动医学保健、体育文化创意等具有示范效应的产业基地。鼓励各区县（自治县）结合当地资源条件，培育各类特色体育产业基地。

“一核”凸显工程:重点发展五宝生态运动休闲基地、歌乐山中梁山户外山地运动探险体院基地、王家岩体育中心、沙坪坝欧洲户外装备展示馆等建设项目。

“两带”打造工程:渝东北重点推进万州南浦水都乐园、垫江迎凤湖水上运动基地、云阳环湖自行车赛道、巫山大昌湖垂钓基地等重点项目。渝东南重点推进彭水摩围山户外运动基地、秀山川河盖户外健身营地等项目。

“多基地”培育工程:依托长寿沙滩摩托产业基地、大足体育配件健身器材基地等项目,引进培育户外运动装备、冰雪运动装备、船艇运动装备、钓鱼运动器材、运动车辆装备和国际知名运动服装、鞋帽生产企业,构筑体育装备制造基地。推进涪陵营养保健食品药品生产基地、九龙坡健康饮品生产基地、彭水运动功能饮料生产基地等项目,培育运动保健医药制造基地。加快重庆电子竞技赛事中心建设,打造体育文化创意基地。

(2)通过发展国际性高端体育赛事引领文化体育发展

一是引入或创办一批国际性高端体育赛事。加强与NBA、世界铁人三项公司等国际体育组织以及阿里体育等拥有优质赛事资源和广大受众的体育行业组织合作,充分利用其现有赛事及传播平台,从赛事转播权益合作开始,逐步加深合作力度和水平,尽快引进英超、MLB、世界铁人三项赛等国际性高端体育赛事的赛季前系列巡回赛、热身赛进重庆,争取在3年内引进NBA联赛热门球队每年到重庆举办中国巡回商业比赛。与力帆等本地体育企业合作,每年引进意甲、西甲和德甲球队到重庆进行训练比赛和商业邀请赛,逐步形成足球商业赛事的重庆品牌。深入挖掘竞赛表演市场潜力,促进赛事与市场融合,发展多层次、多样化的体育赛事活动,打造一批有影响力的国际性、区域性品牌赛事,形成独具特色的竞赛表演市场体系。

二是培育一批国内知名的高端体育赛事。创新赛事管理制度,破除制约体育产业市场化、商业化的体制机制障碍。出台相关鼓励和支持政策,实施重庆赛事品牌战略,加快与国际赛事接轨,打造重庆赛事品牌,提升整体运作水平，增强重庆国际马拉松赛、武隆国际户外山地越野赛、永川国际女足邀请赛、长寿湖国际铁人三项赛等有地区性体育赛事品质。办好重庆世界铁人三项赛、环中国自行车赛(重庆巴南站)、世界杯攀岩赛(重庆站)、南川金佛山国际大学生登山邀请赛、中国重庆万盛黑山谷杯羽毛球挑战赛、重庆市全民健身运动会、全地形车重庆锦标赛等大型赛事，扩大赛事规模和影响力。加强与国际体育组织和国家体育主管部门的沟通，利用区位、地理优势，积极申办适合重庆特点的重大国际国内赛事。推动国家级运动项目训练基地落户我市，吸引国内外高水平运动队来渝训练、竞赛和表演。引导社会资本发展职业体育，支持有条件的企业参与组建各种类型的职业体育俱乐部，培育一批有影响的职业体育俱乐部，积极参与国内大型赛事。

(3)引进、培养一批国内外知名的体育用品制造和服务企业

一是做大做强体育用品制造业。积极引进国内外知名的体育用品制造企业，结合传统制造业去产能，发挥我市人力成本、物流通关和保税平台优势，引导体育用品制造企业转型升级发展。加大垂直整合力度，加快引进和培育符合“中国制造2025”要求、科技含量高、综合附加值高的体育器材、运动装备、运动功能饮料、营养保健食品药品等上中下游制造企业，带动本地配套企业发展，壮大体育制造业集群。鼓励传统制造企业加强高端运动器材装备研发制造，提高关键技术和产品的自主创新能力。支持体育制造业建立智能工厂，开展个性化体育用品定制服务，满足体育消费个性化需求。

二是推动体育制造业业态创新。引导制造业企业延伸服务链条，从单纯制造产品向研发设计、营销推广、运营服务等领域延伸，加强与国内外知名体育企业、研发机构合资合作，提升产品研发和检测能力。积极搭建公共技术服务平台，推动技术创新和产品升级，开发一批技术领先、绿色环保、拥有自主知识产权、可替代进口的产品。

三是提高品牌形象策划能力，打造知名体育用品品牌。优先引进国内外知名的运动产品与服务提供企业，扶持体育用品流通业发展。发挥

渝新欧铁路大通道和水陆空口岸优势,深化国际国内产业合作和贸易互通,扩大体育用品流通业规模。着力打造体育用品商贸合作平台,在保税区建辐射西部、面向全国的体育用品展贸市场或体育主题展销中心,推动体育用品流通与保税物流、保税加工、保税服务融合发展。支持有条件的区县规划建设体育用品展贸市场或体育主题展销中心,逐步扩大体育展会经济规模。积极引进国内外知名体育品牌公司总部和区域总部,培育和发展总部经济。

四是鼓励体育用品批零企业提升组织化程度。通过实施连锁经营,提升企业现代化、集群化和集团化水平。支持连锁企业开设乡镇营销网点,降低销售成本,扩大销售覆盖面。创新发展电子商务,积极建设集信息发布、价格指导、网上交易、资源配置等功能于一体的体育批零业门户网站,促进线上线下高效互动,积极开拓市内外市场。

(4)引导培育文化体育消费,促进体育产业新发展

一是大力培育体育服务业。准确把握群众文化体育消费能级提升趋势,促进我市大健康产业创新发展,加快培养健身休闲、竞赛表演、场馆服务、中介培训等体育服务业。盘活场馆、赛事、运动员等体育资产资源,促进人才、品牌、版权等要素流动,扩大并提升城乡体育服务市场供给,拓展和延伸体育相关产业链。

二是建设全国性的体育用品展示集散中心。发挥中欧班列(重庆)和保税区等平台优势,探索高端体育用品跨境电子商务、保税商品展示交易等新型服务贸易,建设辐射西部、面向全国的体育用品展示集散中心。

三是大力吸引社会资本参与投资。推广和运用政府和社会资本合作等多种模式,吸引社会资本进入体育产业领域,建设体育设施,开发体育产品,提供体育服务。拓宽体育产业投融资渠道,支持符合条件的体育企业上市、发行企业债券、公司债、短期融资券、中期票据、中小企业集合票据等非金融企业债务融资工具。

表5-12　“十三五”期间“文化+体育”重点项目

懒坝艺术公园、南岸区茶园文化艺术中心、空港新城全民健身中心、体育职业学院、武隆仙女山国家级户外营地和市足球训练基地、市射击射箭中心配套工程、市奥体中心综合馆和小球馆

小结：从重庆文化产业发展处于“融合发展期”的阶段特征出发，着力继续壮大新闻出版、影视动漫、演艺娱乐、工艺美术、文博会展以及文化创意设计和服务等六大重点产业，这既是基于历史发展的逻辑，也是综合考虑文化资产总量、从业人员、满足文化事业发展市场供给等方面的需要，是渐进式改革的必然选择。同时，充分考虑处于“融合发展期”重庆文化产业发展的主要任务是做好融合发展，因此基于重庆制造业的厚实基础、基于大众文化消费需求的升级转换和全民健身运动、健康中国的大力推进，在未来的文化产业发展路径中选择“文化+制造”“文化+旅游”“文化+体育”等三大领域来全力推进文化与制造业、旅游业、体育产业的融合发展应当成为重庆文化产业发展的不二选择。

第六章　重庆文化产业发展的政策支持体系构建

DILIUZHANG　CHONGQING WENHUA CHANYE FAZHAN DE ZHENGCE ZHICHI TIXI GOUJIAN

第六章　重庆文化产业发展的政策支持体系构建

（2017年1月）

一、深化改革与扩大开放政策

1.继续深化文化体制改革，全方位营造文化产业发展生态环境

（1）尽快厘清权责合理划分职能。继续深化大部门制，进一步打破传统分割，更有力地统筹文化文物、新闻出版、广播影视业态和社会文化资源，以适应大文化融合发展的需要。明确文化主管部门权责。加快文化部门从管微观向管宏观的职能转变。

（2）坚持放管结合激发市场活力。以服务型政府建设为主线，把工作重心转移到创造良好发展环境、提供优质公共服务和促进市场公平有序上来。坚持放管结合，既着眼于把关文化内容，把该管的事切实管好，更着眼于服务文化发展，把该放的权坚决放开到位。大幅减少政府对资源的直接配置，放活市场主体和要素。

（3）积极构建产业发展法治支撑。把落实全面依法治市与深化文化行业行政改革结合起来，构建文化产业发展的法治支撑。加快地方立法，力争出台我市文化产业促进条例、文化市场管理条例。探索搭建文化智能审批数据平台，简化审批流程，精简审批事项和程序，压缩审批环节，一人核查，多证合一，实现“一次申请、一窗口受理、一人核查、一证许可、一键反馈”。

2.加快文化产业开放步伐,积极构建大文化市场和扩大文化贸易

(1)建立合理的市场准入退出机制。允许不同地域、不同规模、不同所有制主体平等进入我市文化产业领域,减少行政审批事项,健全市场退出机制。

(2)大力推动文化企业“走出去”。鼓励各类文化创意类行业协会、龙头企业等参加海外重点展会、开拓海外市场和渠道,支持优秀的文化创意产品和服务走向国际主流市场,支持外向型文化创意类企业通过新设、收购、合作等方式对外投资,在境外收购文化企业、演出剧场和文化项目实体,在境外设立演艺经纪公司、艺术品经营机构、文化经营机构等。

(3)规划建设文化产业服务贸易功能区。依托现有文化产业园和自贸区,培育和认定一批在文化贸易领域具有代表性和引领性、具有一定出口规模、出口潜力较大的对外文化贸易示范基地和交易平台。

二、市场主体培育与创新驱动政策

1.着力内培与外引相结合,不断壮大文化产业市场主体

(1)有序推进文化企业兼并重组。按照政企分开、政事分开的原则,推动党政部门与其所办企业脱钩。适应市场化、现代化、国际化新形势,以提高国有资本效率、增强国有文化企业市场竞争力为中心,进一步深化国有文化企业改革,鼓励有条件有实力的文化企业进行跨地区、跨行业、跨所有制兼并重组。

(2)实施成长型文化企业培育计划。将文化创意服务企业作为重点扶持对象,优先推荐文化创意服务企业争创中国驰名商标、原产地标记、地理标志产品、文化企业30强、文化出口重点企业和重点项目等。

(3)实施文化产业知名企业引进计划。有重点、有选择地引进万达集团、深圳华侨城集团等一批国内外知名文化企业,建设一批大体量的综合性文化项目,大力培育重庆文化品牌,充分发挥示范和带动作用。

2.加快实施文化产业创新驱动战略,设立文化产业发展智库

(1)不断壮大文化金融服务规模。鼓励以知识产权、品牌、技术、科研成果等无形资产作价参与组建文化产品生产企业。

(2)促进商业模式创新发展。推动“互联网+文化”产业,鼓励电子商务平台开发运营文化创意服务交易平台,或提供网络化的文化创意服务,鼓励第三方支付平台提供配套服务。

(3)成立重庆文化产业发展研究院。积极创造条件成立由市委宣传部、市发改委、市经信委、市文化委、市级科研机构共同参与的重庆文化产业发展战略研究机构,引进、吸纳更多的文化创意产业研究学者、专家,群策群智,共同做好全市文化产业政策研究。

(4)强化产业共性关键技术攻关和新产品研发。围绕我市产业发展方向,结合战略性新兴产业发展技术创新需求,重点推进“文化+先进制造”、互联网领域的文化创意、科技创新。

(5)建立健全多层次创新创业投资基金。针对文化创意创新型企业不同发展阶段融资需求,发挥好创业种子投资引导基金、天使投资引导基金、风险引导投资基金和产业投资引导基金,以及战略性新兴产业股权投资基金作用,加大优质项目跟踪和项目储备力度,吸引优秀股权投资团队来渝设立各类股权投资基金。

三、财税扶持与文化经济政策

1.加大各级政府投入力度,设立市区(县)两级文化产业专项基金

(1)争取恢复市级文化产业专项资金。实践证明,市级文化产业专项资金对文化产业的扶持带动作用十分明显,应该予以回复。同时市级财政安排的新型工业化、农业产业化、科技创新、旅游产业发展、信息产业发展、小微企业发展等专项资金要适当向文化创意服务领域倾斜。

(2)鼓励设立区级文化事业和文化产业发展专项资金。

(3)各区县(自治县)政府要加大投入,支持文化产业与其他相关产业融合发展。各级财政对扶持文化产业创新的投入占本级财政收入的比例不少于1%,且每年增幅不低于同级财政经常性收入的增长幅度。

2.落实文化企业税收减免政策,探索纳入"营改增"试点

(1)落实对文化企业的税收减免政策。对从事文化产业的龙头企业和支撑技术等领域的文化企业,按规定认定为高新技术企业的,按15%的税率减征企业所得税。落实公益文化捐赠的税前抵扣。开发新技术、新产品、新工艺发生的研究开发费用,允许按国家税法规定,在计算应纳税所得额时加计扣除。对符合税法规定的从事艺术品、工艺美术品和设计服务的文化创意小微企业,可实行核定征收。在校学生到文化创意服务企业实习发生的培训实践费用,符合税法规定条件的,准予在计算应纳税所得额时扣除。

(2)探索将文化服务行业纳入"营改增"试点范围。对文化企业相关经营项目实行税收优惠。协调发展改革、财政、人力社保、国土、规划、税务等部门支持,为文化发展提供基础条件。探索将文化服务行业纳入"营改增"试点范围,研究"创意型"企业成本抵扣办法,实质性减轻小微文化企业税负。

(3)探索对市属文化企业有条件地免缴部分国有资本收益,以支持其转型发展。对文化创意服务企业获得的财政性资金,符合税法及相关

政策规定条件的，在计算应纳税所得额时从收入总额中减除。企业实际发生的文化创意和设计服务费用，符合税法规定的研究开发费用条件，计入当期损益未形成无形资产的，允许再按其当年研究开发费用实际发生额的50%，直接抵扣当年应纳税所得额；形成无形资产的，按照无形资产成本的150%在税前摊销。

3.深化金融支持政策，探索文化产业保险服务

（1）深化“政金合作”机制，为金融机构推介文化及相关产业项目。引导市内外各类投资机构投资我市文化及相关产业。鼓励金融机构根据文化企业特点创新金融产品和服务，积极推进收益权抵(质)押贷款业务，探索知识产权等无形资产质押业务。支持符合条件的文化企业利用上市、债券等金融工具直接融资。

（2）加大文化创意保险产品开发力度。加强文化保险宣传工作，适时出台文化保险财政补贴方案，提升保险服务水平。支持文化担保公司做大做强，鼓励担保公司为文化创意、高新技术企业提供融资担保服务，对保险公司开展的小额贷款保证保险业务按规定实施风险补偿。鼓励保险机构创新保险品种和保险业务，积极开展知识产权侵权险，演艺、会展、动漫游戏、出版物印刷复制发行和广播影视产品完工险和损失险，以及团体意外伤害保险、特定演职人员人身意外伤害险等新型险种和业务。

4.挖掘城市土地使用潜力，加大文化产业发展用地保障力度

（1）通过划拨、出让方式，提供文化及相关产业用地保障。规定利用划拨方式取得的存量房产、土地兴办文化产业的，其用地手续办理符合《划拨用地目录》的，可按划拨方式办理；不符合《划拨用地目录》的，在符合国家有关规定的前提下可采取协议出让方式办理。

（2）优先保障研发类项目用地。探索在城市建设用地分类中增设文化及相关产业类别，优先保障文化产业研发类项目用地。

（3）鼓励把城市转型中退出的工业用地和闲置楼宇用于发展文化产业。

四、文化消费促进政策

1.提升文化消费服务水平

(1)加快推进文化消费领域产品、服务标准化体系建设,发挥标准化对建设安全可信消费环境的支撑作用。鼓励电子商务平台开发运营文化创意服务交易平台,或提供网络化的文化创意服务,鼓励第三方支付平台提供配套服务。鼓励金融机构开发演出院线、动漫游戏、艺术品互联网交易等领域的支付结算系统,拓展文化旅游、教育培训、体育健身等方面消费信贷业务,提供灵活多样的金融服务,促进个人信用消费。

(2)支持搭建文化消费服务联盟。同类文化企业和产业链上下游企业建立文化消费服务联盟,搭建文化消费服务平台。

2.推动文化消费供给侧改革

(1)实施居民文化消费直补。建立健全加强文化产品供给与促进文化消费并重的政府扶持机制,创新财政资金支持方式和途径,建立适度竞争、消费挂钩、择优扶持的新机制。出台针对群众的电影、演出、旅游景区等票价补贴办法,由直接补贴文化经营单位向补贴居民文化消费转变。

(2)公平实施文化产品与服务的政府采购。加大对本市文化创意产品和设计服务的政府采购力度,建立国有与民营企业公平参与竞标的机制。

(3)扩大政府采购范围。探索将城市公共基础设施设计、公益广告、公共信息平台开发和应用软件开发等纳入政府采购范围。

五、行业治理与市场监管政策

1.加强行业协会建设,发挥其规范引领作用

(1)设立文化产业各类社会组织,健全行业规范,完善行业管理,更好地履行协调、监督、服务、维权等职能。

(2)建立健全协会参与政策制定和征询机制、政府与协会的联系制度和信息交流制度,支持鼓励行业协会积极当好政府的参谋和助手,主动参与政府制定或修改有关政策法规、技术规范。

(3)督促指导行业协会依据有关标准制定质量检测体系等行规行约,制定行业自律公约,规范行业内的恶性竞争,防止假冒伪劣行为。

2.推进文化市场综合执法,完善文化产业监管体系

(1)完善文化市场综合执法联动机制。减少执法层级,将执法重点从注重主体向注重行为转变。建设大数据支撑的文化市场技术监管平台和一体化的新媒体实时监管平台。

(2)出台文化市场管理条例。实现文化治理从单纯依靠行政手段向综合运用法律、经济、行政、技术手段转变,构建文化发展的法治支撑,加快地方立法,力争出台我市文化市场管理条例。

3.强化信用登记、发布与监管,构建文化产业征信体系

(1)建立失信“黑名单”制度。与工商联动构建文化企业征信系统,全面加强行业信用信息记录工作,大力推动政务信用信息公开,实现信用信息共享,将文化企业信用信息资源有机整合纳入企业信用信息公示系统,规范企业信用信息发布制度、信用监管制度和失信惩戒制度。

(2)探索建立国有文化企业社会责任报告制度。

六、人才保障政策

1.加大文化产业人才队伍培养引进与选拔使用力度

(1)进一步办好高等院校艺术、设计、传媒、广告、营销等专业,加大文化科技融合型人才培养,支持高等院校开设文化科技领域的跨界学科,强化数字媒体艺术特色领域的专业学科建设。

(2)完成文化艺术职业学院大专标准化建设。加强文化创意产业领域专业硕士的培养,培育一批既有实践经验又有理论知识的创意人才。

(3)鼓励并扶持高等院校、科研院所和文化企业,联合共建人才实训基地,加强人才的专业技能培训。推进与海外高校和培训机构的交流与合作,培养具有国际视野的创意设计、营销和管理人才。

(4)对接落实重庆市各项人才扶持政策,研究制定促进文创人才队伍建设的意见。健全海外高层次文创人才引进体系,构建引进文创人才动态监督管理机制,促进文创人才有序流动和健康发展。

2.建立各类人才激励约束机制,完善文创人才发展政策

(1)创新国有企事业单位激励机制,提升人才发展活力。树立大人才观,打破所有制限制,促进国有和非公单位人才双向自由流动,创造良好环境,吸引文化领军人物、文化资本运营人才、文化科技创新人才等在渝创新创业。

(2)完善文创人才职业发展激励措施,研究制定文创人才评定标准,完善职业技能鉴定机制,拓宽职称报考资质范围,畅通改制和民营文化企业职称评定渠道。

(3)建立文创人才培养机制、人才价值评价机制、人才考评机制,为文创人才的选拔、培养、引进、评价、流动提供指导和服务,为文创产业的发展提供强有力的人才队伍支撑。

(4)探索在文化企业实行职业经理人制度。

小结:中国改革开放三十多年的历史实践已经证明,产业的发展离不开相应的政策引领和政策支持,政策到位、政策落地就必然能够推动产业的快速发展。未来重庆文化产业的发展构建好契合的、管用的政策支持系统,必须紧紧围绕六个方面着力:一是从深化改革和扩大开放政策上,继续推进文化体制改革,加快文化市场开放力度,大力鼓励文化产业"走出去";二是从市场主体培育与创新驱动政策上,有序推进兼并重组,实施企业培育计划,建立健全产业发展投资基金;三是从财税扶持与文化经济政策上,设立各级文化产业专项资金,落实文化企业税收减免

政策，探索推行文化服务行业“营改增”试点，强化产业用地保障；四是从文化消费政策上，支持搭建文化消费服务联盟，实施居民文化消费直补，扩大政府采购文化产品范围；五是从行业治理与市场监管政策上，重点是加强行业协会建设、完善文化产业监管体系和构建文化产业征信体系；六是从人才兴文政策上，加大文化产业人才队伍培育力度、健全和完善文创人才激励政策，探索文化企业职业经理人制度。

附 录

重庆市民文化消费需求和文化市场管理调查分析报告

《重庆文化产业发展研究》课题组借助我市举办“2015重庆文化产业博览会”之机,开展了“重庆市民文化消费需求和文化市场管理”问卷调查和文化企业访谈。通过调查发现,重庆市民的文化消费呈现出传统文化消费项目较热、新兴文化消费项目遇冷,收入水平、学历层次、职业和年龄对人们的文化消费项目选择具有显著影响等特点。同时,大家对重庆文化产品的创新和文化市场的管理表达了强烈的改革期盼。为此,课题组认为重庆未来文化消费市场的培育和壮大,既要准确把握市民文化消费的特征以顺应消费需求的变化,又要注重文化需求侧的改革,更要注重文化供给侧的改革,实现需求侧和供给侧改革的双轮驱动,进一步培育和壮大我市的文化消费市场。

一、我市市民文化消费特征以及市民和企业对文化供给侧现状的评价

(一)从五个方面来看市民文化消费特征

1.从消费热度排行榜来看(见表1)

(1)我市市民文化消费整体上倾向于传统文化消费项目,新兴的基于

互联网和移动网络的文化消费项目受冷遇。消费热度“前三甲”依次为电影，旅游观光，图书馆、博物馆、纪念馆；消费遇冷项目依次为网络付费软件，艺体培训，网络付费游戏，网络付费小说、影视剧。市民对最喜爱的“电影”的喜爱程度是最不受青睐的“网络付费软件”的7.47倍。

表1　市民喜爱的文化消费项目排序表

项目/排序	文化消费项目	总占比
1	电影	79.9%
2	旅游观光	67.1%
3	图书馆、博物馆、纪念馆	49.8%
4	歌舞厅、KTV、网吧、游乐园等	44.6%
5	付费电视节目	37.4%
6	音像书报刊	36.7%
7	工艺美术品	23.9%
8	文艺演出	23.5%
9	网络付费小说、影视剧	22.5%
10	网络付费游戏	11.8%
11	艺体培训	10.7%
12	网络付费软件	10.7%

2.从收入与文化消费关系看(见表2)

(1)电影，旅游观光，图书馆、博物馆、纪念馆等文化消费成为各个收入层级市民的普遍选择，同时也是超过半数以上人群的主要文化消费内容。

(2)随着个体收入的不断增加,市民文化消费的面和广度也不断增加,除前三项外,网络化消费和文艺演出、工艺美术品等高端消费项目逐步增加。

(3)10万以上的中高端收入群体,在新兴文化消费领域的选择上较为积极。文化消费的选择面与收入基本呈正相关。

表2 不同收入群体文化消费热度排序表(受访人多选结果)

年收入(元)	排序	文化消费
0~5万(元)	1	电影77%
	2	旅游观光66.1%
	3	图书馆、博物馆、纪念馆54.1%
	4	歌舞厅、KTV、网吧、游乐园46.4%
	5	付费电视节目41%
	6	音像书报刊33.9%
	7	文艺演出23%
	8	工艺美术品20.8%
	9	网络付费小说、影视剧19.1%
	10	网络付费游戏12%
	11	网络付费软件10.9%
	12	艺体培训7.1%

续表

年收入(元)	排序	文化消费
5万~10万(元)	1	电影82.1%
	2	旅游观光75%
	3	图书馆、博物馆、纪念馆55.4%
	4	付费电视节目50%
	5	歌舞厅、KTV、网吧、游乐园44.6%
	6	音像书报刊41.1%
	7	工艺美术品26.8%
	8	网络付费小说、影视剧21.4%
	9	艺体培训19.6%
	10	文艺演出17.9%
	11	网络付费软件10.7%
	12	网络付费游戏7.1%
10万~15万(元)	1	电影90.9%
	2	图书馆、博物馆、纪念馆77.3%
	3	旅游观光68.2%
	4	歌舞厅、KTV、网吧、游乐园54.5%
	5	网络付费小说、影视剧45.5%
	6	工艺美术品45.5%
	7	付费电视节目45.5%
	8	音像书报刊40.9%
	9	网络付费软件22.7%
	10	艺体培训18.2%
	11	网络付费游戏18.2%
	12	文艺演出9.1%

续表

年收入(元)	排序	文化消费
15万~20万(元)	1	电影66.7%
	2	图书馆、博物馆、纪念馆66.7%
	3	音像书报刊50%
	4	文艺演出41.7%
	5	工艺美术品41.7%
	6	歌舞厅、KTV、网吧、游乐园41.7%
	7	网络付费小说、影视剧33.3%
	8	旅游观光33.3%
	9	付费电视节目25%
	10	网络付费软件25%
	11	网络付费游戏8.3%
	12	艺体培训0

3.从学历与文化消费关系看(见表3)

(1)学历与市民文化消费之间总体呈正相关关系。

(2)文化消费热情最高的学历群体是硕士、博士群体,在12项文化消费选项中有11项居各消费主体首位。

(3)高中及以下学历群体文化消费热情最低,在12类文化消费选项中有5项居各消费主体末位。

表3　不同学历文化消费热度排序表(受访人多选结果)

学历	排序	文化消费
高中及以下	1	电影63.64%
	2	旅游观光55.84%
	3	付费电视节目49.35%
	4	图书馆、博物馆、纪念馆40.26%
	5	歌舞厅、KTV、网吧、游乐园40.26%
	6	音像书报刊38.96%
	7	工艺美术品29.87%
	8	文艺演出28.57%
	9	网络付费小说、影视剧23.38%
	10	艺体培训11.69%
	11	网络付费软件7.79%
	12	网络付费游戏6.49%
大专	1	电影77.78%
	2	旅游观光65.08%
	3	歌舞厅、KTV、网吧、游乐园52.38%
	4	图书馆、博物馆、纪念馆50.79%
	5	音像书报刊47.62%
	6	付费电视节目36.51%
	7	工艺美术品25.4%
	8	文艺演出22.22%
	9	网络付费小说、影视剧20.63%
	10	网络付费软件14.29%
	11	网络付费游戏12.7%
	12	艺体培训7.94%

续表

学历	排序	文化消费
本科	1	电影91.74%
	2	旅游观光74.38%
	3	图书馆、博物馆、纪念馆47.11%
	4	歌舞厅、KTV、网吧、游乐园42.98%
	5	付费电视节目28.93%
	6	音像书报刊28.1%
	7	网络付费小说、影视剧19.83%
	8	文艺演出19.01%
	9	工艺美术品15.7%
	10	艺体培训12.4%
	11	网络付费软件10.74%
	12	网络付费游戏7.44%
硕士、博士	1	图书馆、博物馆、纪念馆85.71%
	2	电影76.19%
	3	旅游观光61.9%
	4	音像书报刊42.86%
	5	歌舞厅、KTV、网吧、游乐园42.86%
	6	网络付费小说、影视剧38.1%
	7	付费电视节目33.33%
	8	工艺美术品28.57%
	9	艺体培训28.57%
	10	网络付费游戏28.57%
	11	文艺演出23.81%
	12	网络付费软件9.52%

4.从职业与文化消费关系看(见表4)

(1)学生群体文化消费热情最高,电影,歌舞厅、KTV、网吧、游乐园等成为学生群体最喜爱的文化消费项目,学生群体高居网络类新兴文化消费主体的首位。

(2)公职人员文化消费热情较高,文化消费主要集中于传统文化消费项目,诸如电影,图书馆、博物馆、纪念馆,旅游观光,音像书报刊等。

(3)公司职员更倾向于轻松娱乐性的文化消费。

(4)自由职业者文化消费热点主要集中于文艺休闲类文化消费项目。

(5)其他消费群体主要青睐旅游观光、电影和付费电视节目等需充裕时间的休闲类文化消费。

表4　不同职业文化消费热度排序表(受访人多选结果)

职业	排序	文化消费
学生	1	电影96.15%
	2	旅游观光59.62%
	3	图书馆、博物馆、纪念馆50%
	4	歌舞厅、KTV、网吧、游乐园等50%
	5	网络付费小说、影视剧30.77%
	6	网络付费游戏23.08%
	7	音像书报刊19.23%
	8	付费电视节目19.23%
	9	文艺演出17.31%
	10	工艺美术品15.38%
	11	网络付费软件15.38%
	12	音像书报刊7.69%

续表

职业	排序	文化消费
公职人员	1	电影78.57%
	2	图书馆、博物馆、纪念馆60.71%
	3	旅游观光57.14%
	4	音像书报刊42.86%
	5	歌舞厅、KTV、网吧、游乐园等39.29%
	6	文艺演出35.71%
	7	付费电视节目32.14%
	8	工艺美术品32.14%
	9	艺体培训25%
	10	网络付费小说、影视剧17.86%
	11	网络付费软件10.71%
	12	网络付费游戏7.14%
公司职员	1	电影82%
	2	旅游观光71%
	3	歌舞厅、KTV、网吧、游乐园49%
	4	图书馆、博物馆、纪念馆47%
	5	音像书报刊37%
	6	付费电视节目34%
	7	工艺美术品25%
	8	网络付费小说、影视剧21%
	9	文艺演出20%
	10	网络付费游戏14%
	11	网络付费软件10%
	12	艺体培训8%

5.从年龄与文化消费关系看(见表5)

(1)年轻市民喜欢新兴文化消费项目,年老市民更喜欢传统文化消费项目。

(2)30岁以下人员成为网络付费游戏、影视剧和小说等新兴文化消费项目的选择主体。

(3)除电影,旅游观光,图书馆、博物馆、纪念馆等普遍选择的消费项目外,付费电视节目、音像书报刊等文化项目消费热度仍然不减,成为不同年龄段群体的共有选择。

表5 不同年龄文化消费热度排序表(受访人多选结果)

年龄段	排序	文化消费
10~20岁	1	电影100%
	2	图书馆、博物馆、纪念馆61.9%
	3	歌舞厅、KTV、网吧、游乐园等47.6%
	4	旅游观光47.6%
	5	网络付费小说、影视剧23.8%
	6	音像书报刊19%
	7	文艺演出14.3%
	8	网络付费游戏9.5%
	9	艺体培训9.5%
	10	付费电视节目4.8%
	11	网络付费软件4.8%
	12	工艺美术品4.8%

续表

年龄段	排序	文化消费
20~30岁	1	电影95%
	2	旅游观光69.3%
	3	歌舞厅、KTV、网吧、游乐园63.4%
	4	图书馆、博物馆、纪念馆49.5%
	5	付费电视节目31.7%
	6	音像书报刊29.7%
	7	网络付费游戏24.8%
	8	网络付费小说、影视剧24.8%
	9	文艺演出20.8%
	10	工艺美术品16.8%
	11	网络付费软件13.9%
	12	艺体培训5.9%
30~40岁	1	电影76.2%
	2	旅游观光69%
	3	图书馆、博物馆、纪念馆56%
	4	付费电视节目48.8%
	5	音像书报刊42.9%
	6	歌舞厅、KTV、网吧、游乐园等39.3%
	7	工艺美术品23.8%
	8	网络付费小说、影视剧23.8%
	9	文艺演出17.9%
	10	艺体培训14.3%
	11	网络付费游戏7.1%
	12	网络付费软件7.1%

续表

年龄段	排序	文化消费
40~50岁	1	图书馆、博物馆、纪念馆66%
	2	旅游观光64%
	3	电影62%
	4	付费电视节目62%
	5	音像书报刊36%
	6	歌舞厅、KTV、网吧、游乐园36%
	7	工艺美术品34%
	8	文艺演出28%
	9	网络付费小说、影视剧26%
	10	艺体培训22%
	11	网络付费软件12%
	12	网络付费游戏2%
50~60岁	1	旅游观光72.7%
	2	图书馆、博物馆、纪念馆68.2%
	3	电影50%
	4	工艺美术品45.5%
	5	音像书报刊45.5%
	6	付费电视节目45.5%
	7	文艺演出36.4%
	8	歌舞厅、KTV、网吧、游乐园27.3%
	9	艺体培训18.2%
	10	网络付费软件9.1%
	11	网络付费小说、影视剧4.5%
	12	网络付费游戏4.5%

(二)市民和市文化企业对文化供给侧现状的评价

1.市民对企业和商家提供的文化产品和服务满意度普遍偏低

市民对本次调查的12项文化消费项目的评价,总平均分为6.28,最高分是电影,为7.57分,网络付费小说、影视剧,网络付费游戏,付费电视节目,网络付费软件4项文化消费项目平均分不及格,分别为5.84,5.43,5.95,5.46。这说明文化供给侧的企业和商家提供的产品和服务在结构和质量上都有待提高。

表6 市民对商家提供的文化消费项目满意度评价表

消费项目	平均分数
电影	7.57
文艺演出	6.49
网络付费小说、影视剧	5.84
工艺美术品	6.21
音像书报刊	6.61
艺体培训	6.03
网络付费游戏	5.43
歌舞厅、KTV、网吧、游乐园等	6.23
付费电视节目	5.95
旅游观光	6.76
网络付费软件	5.46
图书馆、博物馆、纪念馆	6.81

2.市民对政府管理的文化消费市场的满意度也偏低

市民对政府管理的12项文化消费项目的总评分为6.13分，最高的电影仅为7.1分，而网络付费小说、影视剧，网络付费游戏，付费电视节目，网络付费软件，歌舞厅、KTV、网吧、游乐园等5项文化消费项目平均分不及格，最低分为网络付费小说、影视剧，仅为5.54分。说明市民对政府的文化管理还有极大期待，特别是新兴文化消费项目的管理问题较多。

表7　市民对政府文化管理满意度评价表

消费项目	平均分数
电影	7.1
图书馆、博物馆、纪念馆	6.96
旅游观光	6.46
音像书报刊	6.32
文艺演出	6.18
工艺美术品	6.18
艺体培训	6.03
付费电视节目	5.84
歌舞厅、KTV、网吧、游乐园等	5.78
网络付费游戏	5.57
网络付费软件	5.57
网络付费小说、影视剧	5.54

3.市文化企业对我市发展环境评价偏低

处于供给侧的文化企业对我市产业发展环境评价总体偏低,平均分为6.8分。得分最高的是政府扶持政策(7.08分),其次是消费市场前景(7.06分)。得分最低的为创意人才储备(6.51分),其次为品牌战略实施(6.60分)。此外,文化企业对政策的期待排名前三的分别为产业引导基金扶持、税收减免、资金融通。结合两组数据来看,企业最希望政府加强财税资金方面的扶持政策,对政府惯常重视的基础设施建设、区域品牌建设、市场环境营造等宏观经济政策不太关心。这从侧面反映出,诸多企业依然存在计划经济时代"等、靠、要"心态,文化供给侧改革势在必行。

表8　我市文化企业对我市产业发展环境评价及政府需完善政策情况表

排序	产业发展环境	平均分数	政府需完善政策排序	选择比
1	政府扶持政策	7.08	产业引导基金扶持	15.1%
2	基础设施配套	6.84	税收减免	14.3%
3	产业发展规划	6.73	资金融通	11.2%
4	创意人才储备	6.51	人才政策	9.6%
5	创意成果交易	6.68	技术创新平台支持	9.4%
6	品牌战略实施	6.60	搭建合作交流平台	9.3%
7	消费市场前景	7.06	中介服务	8.4%
8	交流平台搭建	6.81	公平市场环境	8.3%
9	产业市场监管	6.77	教育与培训	6.2%
10	投资融资环境	6.93	区域品牌的建设	6.1%
11			完善基础设施	2.1%

二、我市文化供给侧存在的问题

1.从文化企业总量规模效益和效益方面看

首先，从2014年国家统计局公布的全国规模以上文化及相关产业法人单位基本情况来看，截至2015年重庆市注册主营文化的企业数虽然达到了76 726家（其中活跃主体5万家左右），但规模以上企业数偏少，只有674家，处于全国17位、西部十省区市第2位，但与处于第一阵营的东中部地区相比差距较大，法人单位数是北京（3820）的17.64%、上海（2011家）的33.5%、天津（1030家）的65.4%、浙江（4118家）的16.4%、江苏（6434家）的10.5%、广东（6788家）的9.9%、湖北（1525家）的44.2%、湖南（2370家）的28.4%、四川（1004家）的67.1%。

（2）从规模以上文化企业的主营业务收入来看，2014年主营业务收入总量只有986.8亿元，分别只有北京（6866.9亿）的14.37%、上海（7076.6亿）的13.9%、天津（2191.6亿）的45.0%、浙江（9688.3亿）的10.19%、江苏（5113.1亿）的19.30%、广东（13 465.9亿）的7.33%、湖北（1621.5亿）的60.86%、湖南（3201.3亿）的30.82%、四川（530.9亿）的185.87%。

2.从规模以上文化制造业企业法人单位来看

规模以上文化制造业企业法人各项指标处于全国15位和17位，但与东中部地区相比差距较大。虽然制造业是重庆的传统优势产业，但在西部仍落后于四川，说明文化制造业还未能找到与传统优势产业的结合点和突破口。

（1）规模以上文化制造业法人单位数是北京的101.61%、上海的41.63%、天津的58.70%、浙江的8.71%、江苏的7.01%、广东的5.45%、湖北的38.57%、湖南的13.62%、四川的50.94%。

（2）年末从业人员是北京的128%、上海的51.32%、天津的51.86%、江苏的7.37%、浙江的15.18%、广东的3.73%、湖北的57.95%、湖南的14.06%、四川的40.34%。

(3)主营业务收入是北京的131.26%、上海的32.27%、天津的32.89%、江苏的17.50%、浙江的5.87%、广东的4.49%、湖北的47.71%、湖南的17.02%、四川的32.23%。

表9　全国各地区规模以上文化制造业法人单位基本情况(2014)

地区	法人单位数(个)	年末从业人员(人)	资产总计(亿元)	主营业务收入(亿元)	主营业务税金及附加(亿元)
北京	186	42 216	410.3	317.7	1.7
天津	322	89 573	671.0	1268.0	3.2
河北	604	102 264	562.2	912.6	4.2
山西	57	13 838	61.7	44.3	0.3
内蒙古	38	7224	56.6	146.4	0.4
辽宁	286	67 207	505.1	684.0	4.8
吉林	85	12 208	92.7	117.8	3.3
黑龙江	79	11 411	41.2	89.2	0.2
上海	454	105 286	843.1	1292.3	2.7
江苏	2698	732 957	4868.8	7102.1	26.0
浙江	2182	355 954	2652.1	2415.5	12.0
安徽	880	147 017	828.2	1175.5	6.2
福建	1290	315 094	1099.8	2068.3	11.1
江西	535	146 909	577.1	1274.4	18.2
山东	1878	457 451	3620.9	5845.7	36.2
河南	938	303 932	1439.7	2127.9	11.8
湖北	490	93 252	525.6	874.2	6.1

续表

地区	法人单位数（个）	年末从业人员（人）	资产总计（亿元）	主营业务收入（亿元）	主营业务税金及附加（亿元）
湖南	1388	384 395	1042.8	2450.4	47.2
广东	3475	1 450 260	5869.2	9282.3	26.4
广西	268	100 400	275.7	463.5	5.6
海南	7	4515	321.9	91.4	0.5
重庆	189	54 039	359.1	417.0	4.1
四川	371	121 111	1195.6	1293.7	10.2
贵州	70	10 128	60.4	107.6	2.0
云南	87	19 766	134.5	142.7	1.4
西藏	6	858	8.5	3.0	0.0
陕西	103	26 124	149.7	195.4	1.9
甘肃	27	6401	22.5	17.6	0.1
青海	16	7271	94.3	55.6	0.1
宁夏	16	5017	32.6	14.9	0.1
新疆	23	3086	17.9	18.1	0.1
重庆排名	全国第15西部第2	全国第15西部第2	全国第15西部第2	全国第15西部第2	全国第17西部第2

3.从文化及相关产业发明专利授权情况来看

（1）按照国家统计局公布的2014年数据，从总量来看，文化及相关产业专利只有801项，处于全国16位、西部第3位，明显落后于东部发达地区。只有北京（3032项）的26.4%、上海（2715）的29.5%、天津（1146项）的70%、浙江（13 642项）的5.9%、江苏（11 449项）的7%、广东（19 981项）的4%、湖北（1017项）的78.7%、湖南（1325项）的60%、四川（1445项）的55.4%、陕西（978项）的82%。

(2)从体现文化创意水平的发明专利授权数量来看，2014年只有33项，总量处于全国21位，与东中部地区相比差距较大，只有北京的(838项)3.9%、上海的(576项)5.7%、天津(134项)的24.6%、浙江(583项)的5.7%、江苏(646项)的5.1%、广东(1943项)的1.7%、湖北(150项)的22%、湖南(93项)的35.4%、四川(170项)的19.4%、陕西(163项)的20.2%。

表10　全国各地区文化及相关产业专利授权情况(2014)

地区	发明专利(项)	实用新型专利(项)	外观设计专利(项)	合计(项)
全国	6353	23 569	42 090	72 012
北京	838	1248	946	3032
天津	134	696	316	1146
河北	41	351	309	701
山西	41	100	102	243
内蒙古	5	54	75	134
辽宁	82	327	311	720
吉林	27	97	70	194
黑龙江	59	440	228	727
上海	576	1032	1103	2711
浙江	583	3664	9395	13 642
江苏	646	2511	8292	11 449
安徽	99	798	722	1619
福建	172	710	2292	3174
江西	61	372	579	1012

续表

地区	发明专利(项)	实用新型专利(项)	外观设计专利(项)	合计(项)
山东	260	1586	821	2667
河南	87	580	1186	1853
湖北	150	457	410	1017
湖南	93	528	704	1325
广东	1943	5876	12 162	19 981
广西	37	154	207	398
海南	6	30	49	85
重庆	33	374	394	801
贵州	14	79	229	322
四川	170	699	576	1445
云南	18	115	106	239
西藏	0	2	16	18
陕西	163	560	255	978
甘肃	5	55	74	134
青海	3	8	53	64
宁夏	1	19	10	30
新疆	6	47	98	151
重庆排名	全国第21 西部第3	全国第16 西部第3	全国第14 西部第2	全国第16 西部第3

结论:从发明专利、实用新型专利和外观设计专利数量偏少和前面调研市民对新兴的网络文化类的文化产品满意度偏低两类情况可以看

出，我市文化创意设计的人才数量，特别是高端创意人才的数量是明显不足的，且已有的文化创意人才的创新力也偏低，发明专利的数量必然偏少。

4.从拥有的电影院、图书馆、博物馆的数量来看

（1）与我们建成文化强市的目标相比总量仍然偏少，电影院仅为全国的2%，图书馆为全国的3%，博物馆为全国的1.9%，总量供给明显不足。

（2）从每万人拥有的数量来看，电影院和博物馆未能达到全国平均数，图书馆略高于全国平均数。

表11　重庆电影院、图书馆、博物馆在全国的占比情况（2014）

类型及数量	全国总量（家）	全国人均拥有数量（家）	重庆总量（家）	重庆人均拥有数量（家）
电影院	5598	0.04178	118	0.04091
图书馆	1338	0.00998	43	0.01491
博物馆	3658	0.02730	72	0.02496

注：据第六次全国人口普查，全国总人口为1 339 724 852，重庆总人口为28 846 200人

数据来源：重庆市统计局和重庆市文化委

5.从四大文化集团2015年营业状况来看

（1）四大集团的总资产同比增长增幅收窄，利润总额不足6亿元，如此庞大的规模，只相当于1家重庆餐饮企业50强。除新华集团外利润都呈现了较大幅度的负增长，其中广电集团利润减少2亿元，下降94.19%，只有1200万。

（2）如果排除出版集团和新华集团的房地产项目的收入，四大集团主营业务收入的下降趋势将更加明显。且各集团的资产负债率已经处于较高位置，前景不容乐观。

表12　四大国有文化集团2015年经营状况

集团名称	收入（亿元）	同比增长	利润	同比增长	总资产（亿元）	同比增长	资产负债率
报业集团	13.02	20.12%	0.78%	−27.1%	52.55	8.52%	61.76
广电集团	36.12	4.5%	0.12%	−94.19%	87.22	4.46%	70.98
出版集团	14.00	−2.63%	0.65%	−41.58%	78.77	2.41%	69
新华集团	29.24	24.43%	4.00%	53.85%	58.80	8.88%	59.35

数据来源：重庆市文化委2015年重庆文化产业运行情况报告

三、主要建议

推进供给侧结构性改革，是因应新常态下普遍存在的供给侧、结构性、体制性问题而起的，主要着力于从供给端发力，用改革的办法解决结构性问题。强调供给侧并非抛弃需求侧（特别是需求侧的投资仍起关键性作用），而是要强调需求侧与供给侧的双轮驱动，是着力于更好地整合供给侧和需求侧共同发力。结合以上重庆市民文化消费特征和我市文化供给侧几个主要指标的基本现状，加快重庆文化领域供给侧改革步伐，推动重庆文化强市建设，可先期从以下几方面入手：

1.针对市场主体总量不足的问题，应进一步加大扶持和培育力度壮大市场主体

（1）精准实施对小微文化企业扶持政策，尽快培育一批特色鲜明、成长性好的特色小微文化企业，逐步壮大规模以上文化企业总量。

（2）加快推进一批骨干文化企业股改上市融资，打破重庆一直没有全国文化企业30强的局面。

（3）出台促进文化产业园区健康发展的政策意见，积极争取实现国家级示范园区零的突破。

2.从改变文化企业主营收入偏低、文化消费总量不足入手,加大政策激励力度,加快平台搭建,进一步壮大文化消费市场

(1)借鉴北京等地做法搭建文化消费专门指导机构,继续出台促进文化消费增长办法,使文化消费的管理、协调、优惠等落到实处。

(2)启动重庆文化消费季,推出重庆文化消费卡,构建重庆文化消费平台。(资料:北京市2013和2014文化消费季共实现消费额超过154亿元,文化消费卡共实现交易额9亿余元,安徽省2014年文化消费季和文化消费卡共实现消费额90.43亿元。)

(3)扶持文化平台企业机构,改善文化供给侧产业结构。

一是继续出台相关政策,扶持靠市场内生动力发展起来的诸如“猪八戒网”等平台企业,使其做大做强,发挥牵引作用。

二是建立3—5个文化平台企业和平台机构,发挥其大数据优势,双向传导市场信息,为政府资金投向导航,提升政府资金作为种子基金的使用绩效。通过快速反馈机制,对文化供给侧产业结构、产业布局和政策进行调整。

三是推进文化保税区建设,加强对台、对外文化产业交流合作,打造跨境文化消费平台。

3.继续加强文化基础设施建设和管理投入,提高覆盖率和服务水平

(1)加强文化基础设施建设,提高文化供给侧质量。

一是继续围绕我市市民文化消费热度“前三甲”的电影院、图书馆、博物馆、文化馆、纪念馆等,加大其基础设施建设力度,增强覆盖力,提升服务质量,以满足大多数市民的文化消费需求。

二是建议市级和各区县财政加大偏远城区和农村地区公共文化设施投入和建设,以各中心乡镇为据点,建设一批小微文化便利站,逐步改善以提供书报为主的单一文化供给,提高新兴文化消费占比。

三是建议市文化委联合街道、社区和乡镇，加大对基层文化服务机构的考核，提高公共文化设施使用率和服务水平。

(2)扩大公共文化服务项目库，在评估基础上选择性加大公共文化服务购买。

一是建议市文化委改过去的补贴为对公共文化服务的购买，特别是市民最青睐的电影、博物馆、文化馆等基层文化服务和产品的购买。

二是扩大已有公共文化服务项目产品库，设立项目评估小组，根据对项目和产品社会效益和经济效益的评估，进行相应选择性购买。

4.加快文化创新人才的引进和培养力度，提高重庆文化创新力，为文化产业内部融合和外部融合提供人才支撑

(1)按照把文化产业培育成支柱产业的目标，借鉴深圳等地经验实施专门的文化精英集聚工程，制定出台文化领军人才(特别是十分短缺的文化创意设计人才)和团队资助办法，集聚文化领军人才和高水平团队。以创意设计、动漫游戏、新媒体、数字视听等新兴文化产业园区基地为重点，构筑文化产业人才集聚高地。

(2)借鉴上海等地经验，探索建立符合文化产业发展和文化人才成长规律的人才开发、使用、评价、激励等机制，优先开发复合型、急需紧缺文化人才。

(3)加大文化人才培养力度，支持高校扩大文化专业招生规模、提升办学水平，鼓励高等院校、职业院校与企业联合创办文化创意学院，鼓励各类教育培训机构开设相关文化创意设计专业。

(4)探索建立各种类型的文化创意、艺术人才工作室等，政府给予一定资助。支持建设重庆大学生创意创业实验基地。

(5)结合重庆制造业规模大，企业设计中心(如长安设计研究院等)较多的状况，借鉴上海经验出台《促进创意设计产业发展财政专项资金实施办法》，支持企业和专业创意设计机构的设计创新能力提升，对成为国家级企业设计中心给予重点支持。

5.开设市民业余学校,引导和培养新兴消费习惯

从培育和引导市民的新兴文化消费需求入手,建议市级教育主管部门指导职业教育机构主办或与社区、街道联合举办市民文化消费业余学校,以免费的方式培养市民(特别是中老年市民和农民工)互联网和移动网络方面的操作知识,培养并宣传推广新兴文化消费。同时通过建立重庆文化消费大数据库,定期发布推送重庆文化消费热点,培养引导新兴消费习惯。

重庆市文化产业示范园区、基地名录

序号	类别	基地名称	所在区县	命名年份批次
1	国家级文化产业示范基地（7家）	重庆市綦江农民版画产业发展有限公司	綦江区	2006年第二批
2		重庆巴国城文化投资有限公司	九龙坡区	2008年第三批
3		重庆洪崖洞城市综合发展有限公司	渝中区	2008年第三批
4		重庆商界传媒有限公司	北部新区	2010年第四批
5		重庆演艺集团有限责任公司	渝中区	2012年第五批
6		重庆猪八戒网络有限公司	北部新区	2012年第五批
7		重庆壹秋堂文化传播有限公司	江北区	2014年第六批
8	市级文化产业示范园区（10家）	南滨路文化产业长廊园区	南岸区	2010年第一批
9		黄桷坪艺术园区	九龙坡区	2010年第一批
10		磁器口古镇园区	沙坪坝区	2010年第一批
11		“虎溪公社”艺术工作室	沙坪坝区	2012年第二批
12		三峡库区涪陵印刷包装产业园区	涪陵区	2012年第二批
13		重庆广告产业园	渝北区	2015年第三批
14		荣昌陶文化创意产业园	荣昌区	2015年第三批
15		中国·重庆古剑山艺术村	綦江区	2015年第三批
16		重庆花木世界	巴南区	2015年第三批
17		N18文化创意产业园	南岸区	2015年第三批

续表

序号	类别	基地名称	所在区县	命名年份批次
18	市级文化产业示范基地（66家）	重庆洪崖洞城市综合发展有限公司	渝中区	2010年第一批
19		重庆巴国城文化投资有限公司	九龙坡区	2010年第一批
20		重庆市綦江农民版画产业发展有限公司	綦江区	2010年第一批
21		重庆市南岸区茶园新区动画产业基地	南岸区	2010年第一批
22		重庆北部新区国家数字出版基地	北部新区	2010年第一批
23		大足石刻影视文化有限责任公司	大足区	2010年第一批
24		重庆视美动画艺术有限责任公司	九龙坡区	2010年第一批
25		重庆新华书店集团公司(重庆书城)	渝中区	2010年第一批
26		重庆出版集团公司	南岸区	2010年第一批
27		重庆腾汇科技有限公司(腾讯大渝网)	北部新区	2010年第一批
28		重庆市歌舞团有限公司	渝中区	2010年第一批
29		重庆湖广会馆实业发展有限公司	渝中区	2010年第一批
30		重庆享弘数字影视有限公司	北部新区	2010年第一批
31		重庆龙门阵旅游度假有限公司	九龙坡区	2010年第一批
32		重庆思远影视文化传播有限公司（UME江北影城）	江北区	2010年第一批
33		重庆金阳房地产开发有限公司（重庆映象）	南岸区	2010年第一批
34		重庆商界传媒有限公司	北部新区	2010年第一批
35		重庆大足石刻艺术博物馆(宝顶摩崖景区)	大足区	2010年第一批
36		重庆风雅颂商贸有限公司(新博雅礼品)	渝中区	2010年第一批
37		重庆市远大印务有限公司	北部新区	2010年第一批
38		綦江区印象版画有限公司	綦江区	2012年第二批

续表

序号	类别	基地名称	所在区县	命名年份批次
39	市级文化产业示范基地（66家）	重庆西部书刊交易市场有限公司	江北区	2012年第二批
40		重庆谭木匠工艺品有限公司	万州区	2012年第二批
41		重庆金雅迪彩色印刷有限公司	江北区	2012年第二批
42		重庆聚购科技发展有限公司	江北区	2012年第二批
43		重庆宝林文化发展有限公司	渝北区	2012年第二批
44		重庆课堂内外杂志有限责任公司	北部新区	2012年第二批
45		重庆华龙网新闻传媒有限公司	北区新区	2012年第二批
46		重庆维普资讯有限公司	北区新区	2012年第二批
47		重庆新华传媒有限公司	渝北区	2012年第二批
48		重庆日报报业集团产业有限责任公司	渝中区	2012年第二批
49		重庆演艺集团有限责任公司	渝中区	2012年第二批
50		重庆正大动梦科技有限公司	巴南区	2012年第二批
51		重庆华生园食品有限公司	大渡口区	2012年第二批
52		重庆大学出版社有限公司	沙坪坝区	2012年第二批
53		重庆西南师范大学出版社有限公司	北碚区	2012年第二批
54		荣昌县天运麻纺织有限公司	荣昌县	2012年第二批
55		重庆高楼火龙文化传播有限公司	铜梁区	2012年第二批
56		重庆山神漆器有限公司	城口县	2012年第二批
57		重庆罗兰彩印有限公司	江北区	2012年第二批
58		重庆猪八戒网络有限公司	北部新区	2012年第二批
59		重庆斯威特钢琴有限公司	北碚区	2015第三批
60		中国科学院重庆机器人世界文化基地	北碚区	2015第三批
61		重庆巨蟹数码影像有限公司	渝北区	2015第三批
62		乐天花谷婚纱摄影基地	垫江县	2015第三批
63		重庆市垫江县翔龙工艺品有限公司	垫江县	2015第三批

续表

序号	类别	基地名称	所在区县	命名年份批次
64	市级文化产业示范基地(66家)	石柱县天上黄水大剧院	石柱县	2015第三批
65		重庆市丰都县石材文化艺术综合开发基地	丰都县	2015第三批
66		重庆庹氏书法产业研发基地	铜梁区	2015第三批
67		重庆市草木人文化传播有限责任公司	永川区	2015第三批
68		荣昌县美纶夏布加工基地	荣昌区	2015第三批
69		荣昌县易合纺织有限公司“荣昌夏布”产业基地	荣昌区	2015第三批
70		重庆嘉禾实业有限公司(巴渝文化会馆)	渝中区	2015第三批
71		重庆年度广告传媒有限公司	大渡口区	2015第三批
72		重庆看看十度网络科技投资有限公司	大渡口区	2015第三批
73		巫溪县致恒科技有限公司	巫溪县	2015第三批
74		九龙文化创意产业基地	九龙坡区	2015第三批
75		重庆云环文化产业(集团)有限公司	九龙坡区	2015第三批
76		501艺术基地	九龙坡区	2015第三批
77		重庆皇庭珠宝广场有限公司	九龙坡区	2015第三批
78		重庆环漫科技有限公司	九龙坡区	2015第三批
79		巫山县祥云文化体育产业开发有限责任公司	巫山县	2015第三批
80		巫溪县龙凤工艺品有限公司	巫溪县	2015第三批
81		重庆新华传媒有限责任公司九龙坡区新华书店	九龙坡区	2015第三批
82		重庆海昌加勒比海旅游发展有限公司	南岸区	2015第三批
83		重庆忝翊服务外包有限公司	南岸区	2015第三批

2011—2015年全国文化企业30强统计情况

序号	企业名称	行业分类	所在地	年份				
				2011	2012	2013	2014	2015
1	保利文化集团股份有限公司	文化艺术类	北京	√	√	√	√	√
2	北京演艺集团有限责任公司	文化艺术类	北京		√	√		
3	中国对外文化集团公司	文化艺术类	北京	√	√	√	√	√
4	中国东方演艺集团有限公司	文化艺术类	北京	√				
5	山水盛典文化产业有限公司	文化艺术类	北京					√
6	思美传媒股份有限公司	文化艺术类	浙江				√	
7	杭州宋城旅游发展股份有限公司	文化艺术类	浙江	√	√	√	√	√
8	本山传媒有限公司	文化艺术类	辽宁	√	√			
9	莆田市集友艺术框业有限公司	文化艺术类	福建			√		
10	上海文广演艺(集团)有限公司	文化艺术类	上海			√		
11	江苏省演艺集团有限公司	文化艺术类	江苏	√	√			

续表

序号	企业名称	行业分类	所在地	年份				
				2011	2012	2013	2014	2015
	小计	文化艺术类		6	6	6	4	4
12	中国国际电视总公司	广播影视类	北京	√	√	√	√	√
13	中国电影集团公司	广播影视类	北京	√	√	√	√	√
14	北京华录百纳影视股份有限公司	广播影视类	北京					√
15	北京歌华有线电视网络股份有限公司	广播影视类	北京	√				
16	北京光线传媒股份有限公司	广播影视类	北京			√	√	
17	北京北广传媒集团有限公司	广播影视类	北京				√	
18	华谊兄弟传媒股份有限公司	广播影视类	北京		√			
19	上海电影(集团)有限公司	广播影视类	上海			√	√	√
20	百视通新媒体股份有限公司	广播影视类	上海			√	√	√
21	上海东方传媒集团有限公司	广播影视类	上海	√	√	√		
22	江苏省广播电视集团有限责任公司	广播影视类	江苏	√	√	√		√
23	江苏省广播电视信息网络股份有限公司	广播影视类	江苏	√				
24	江苏省广电有线信息网络股份有限公司	广播影视类	江苏		√	√	√	√
25	浙江华策影视股份有限公司	广播影视类	浙江				√	√

续表

序号	企业名称	行业分类	所在地	年份				
				2011	2012	2013	2014	2015
26	湖南电广传媒股份有限公司	广播影视类	湖南	√	√	√	√	√
27	广东省广播电视网络股份有限公司	广播影视类	广东		√			
	小计	广播影视类		7	8	9	9	9
28	中国出版集团公司	新闻出版类	北京	√	√	√	√	√
29	中国教育出版传媒集团有限公司	新闻出版类	北京	√	√	√	√	√
30	江苏凤凰出版传媒集团有限公司	新闻出版类	江苏	√	√	√	√	√
31	湖南出版投资控股集团有限公司	新闻出版类	湖南			√	√	√
32	中南出版传媒集团股份有限公司	新闻出版类	湖南	√				
33	江西省出版集团公司	新闻出版类	江西	√	√	√	√	√
34	浙江出版联合集团有限公司	新闻出版类	浙江	√	√	√	√	√
35	广州传媒控股有限公司	新闻出版类	广东	√				
36	安徽出版集团有限责任公司	新闻出版类	安徽	√		√	√	√
37	安徽新华发行(集团)控股有限公司	新闻出版类	安徽		√	√	√	√
38	湖北长江出版传媒集团有限公司	新闻出版类	湖北		√			
39	河北出版传媒集团有限责任公司	新闻出版类	河北				√	√

续表

序号	企业名称	行业分类	所在地	年份				
				2011	2012	2013	2014	2015
40	四川新华发行集团有限公司	新闻出版类	四川	√	√	√		
41	中原出版传媒投资控股集团有限公司	新闻出版类	河南		√			
42	山东出版集团有限公司	新闻出版类	山东	√		√	√	√
	小计	新闻出版类		10	9	10	10	10
43	北京畅游时代数码技术有限公司	文化科技类	北京				√	
44	完美世界(北京)网络技术有限公司	文化科技类	北京	√	√	√	√	√
45	汉王科技股份有限公司	文化科技类	北京	√				
46	上海征途信息技术有限公司	文化科技类	北京		√			
47	北京畅游时代数码技术有限公司	文化科技类	北京	√				
48	上海盛大网络发展有限公司	文化科技类	上海		√	√		
49	深圳华强文化科技集团有限公司	文化科技类	广东	√	√	√	√	√
50	福建省网龙计算机网络信息技术有限公司	文化科技类	福建				√	√
51	科大讯飞股份有限公司	文化科技类	安徽					√
	小计	文化科技类		4	4	3	4	4
52	拓维信息系统股份有限公司	文化新业态类	湖南	√				
53	广东奥飞动漫文化股份有限公司	文化新业态类	广东	√				
54	北京万达文化产业集团有限公司	文化新业态类	北京			√	√	√

续表

序号	企业名称	行业分类	所在地	年份				
				2011	2012	2013	2014	2015
55	上海东方明珠(集团)股份有限公司	文化新业态类	上海		√			
56	西安曲江文化产业投资(集团)有限公司	文化新业态类	陕西		√	√	√	√
57	深圳华侨城股份有限公司	文化新业态类	广东	√	√		√	√
	小计	文化新业态类		3	3	2	3	3

国内外部分文化产业政策文本目录

一、政策文本主要来源渠道

(一)国内

■中央、国内其他城市:

中央:国务院、文化部、工信部、财政部等门户网;国内其他城市:政府门户网、发改委、文化厅、财政局等门户网。

■重庆市:重庆市文化委员会、人民政府、财政局、工商行政管理局、文物局、经信委、发改委、规划局等政府部门官网。

(二)国外

权威国际机构为主,如联合国教科文组织(UNESCO)、世界知识产权组织(WIPO);权威国际文化产业行业协会,如国际出版商联合会(IPA)、国际设计联盟(IDA)、世界多媒体协会联盟(FIAM/IFMA)、国际节庆协会(IFEA)等;国际智库、研究机构,如国际文化产业论坛、国际艺术理事会与文化机构联合会(IFACCA)等;各国政府的文化部门等颁布的相关政策文本及研究报告。

二、国内外部分文化产业政策文本分类整理

(一)国家层面文化产业政策文本目录

序号	标题	发文时间	发文机关
1	中共中央关于制定国民经济和社会发展第十三个五年规划的建议	2015-10-29	中共中央办公厅
2	中国共产党第十八届中央委员会第三次全体会议公报	2013-11-12	中共中央办公厅
3	关于加快构建现代公共文化服务体系的意见	2015-01-14	中共中央办公厅 国务院办公厅
4	关于印发藏羌彝文化产业走廊总体规划的通知	2014-03-03	文化部、财政部
5	关于推进文化创意和设计服务与相关产业融合发展的若干意见	2014-03-14	国务院
6	关于加快发展对外文化贸易的意见	2014-03-17	国务院
7	关于深入推进文化金融合作的意见	2014-03-17	文化部、中国人民银行、财政部
8	关于贯彻落实2014年文化系统体制改革工作要点及其分工实施方案的通知	2014-04-04	文化部政策法规司
9	关于印发文化体制改革中经营性文化事业单位转制为企业和进一步支持文化企业发展两个规定的通知	2014-04-16	国务院办公厅
10	关于加快发展现代保险服务业的若干意见	2014-08-13	国务院
11	关于大力支持小微文化企业发展的实施意见	2014-07-11	文化部、工业和信息化部、财政部

续表

序号	标题	发文时间	发文机关
12	关于推动特色文化产业发展的指导意见	2014-08-8	文化部、财政部
13	关于印发中医药健康服务发展规划（2015—2020年）的通知	2015-04-24	国务院办公厅
14	2015年扶持成长型小微文化企业工作方案	2015-05-19	文化部
15	印发关于支持戏曲传承发展若干政策的通知	2015-07-17	国务院办公厅
16	关于印发三网融合推广方案的通知	2015-09-04	国务院办公厅
17	关于加快融资租赁业发展的指导意见	2015-09-07	国务院办公厅
18	关于引导广场舞活动健康开展的通知	2015-09-11	文化部、体育总局、民政部
19	关于推进基层综合性文化服务中心建设的指导意见	2015-10-20	国务院办公厅
20	关于加快发展生活性服务业促进消费结构升级的指导意见	2015-11-22	国务院办公厅
21	关于加快实施自由贸易区战略的若干意见	2015-12-17	国务院

(二)直辖市(北京、上海)文化产业政策文本目录

序号	标题	发文时间	发文机关
1	关于设立北京市国有文化资产监督管理办公室的通知	2012-06-12	北京市人民政府办公厅
2	关于进一步鼓励和引导民间资本投资文化创意产业若干政策的通知	2013-10-01	北京市人民政府办公厅
3	北京市文化创意产业功能区建设发展规划(2014—2020年)	2014-05-26	北京市人民政府
4	北京市文化创意产业提升规划(2014—2020年)	2014-05-26	北京市人民政府
5	关于加快国家对外文化贸易基地(北京)建设发展的意见	2014-08-25	北京市人民政府
6	关于促进文化消费的意见	2014-12-30	北京市人民政府
7	北京市推进文化创意和设计服务与相关产业融合发展行动计划(2015—2020年)	2015-04-07	北京市人民政府
8	关于征集北京市文化产业专家库成员的公告	2015-11-19	北京市国有文化资产监督管理办公室
9	2010年上海文化产业发展报告	2010	上海市人民政府
10	市政府关于印发《上海市文化事业建设费征收办法》的通知	2010-12-31	上海市人民政府
11	上海金融创新奖评审和组织实施办法	2011-12-12	上海市人民政府办公厅
12	2012年上海市高等教育工作要点	2012-01-12	上海市教育委员会
13	上海市促进文化创意产业发展财政扶持资金实施办法(试行)	2012-06-11	上海市文广影视局
14	上海知识产权战略纲要(2011-2020年)	2012-07-10	上海市人民政府

续表

序号	标　　题	发文时间	发文机关
15	上海市文教结合工作三年行动计划(2013-2015年)	2013-12-06	中共上海市委宣传部、中共上海市教育卫生工作委员会、上海市教育委员会、上海市文化广播影视管理局、上海市新闻出版局、上海市财政局
16	市政府关于加快发展本市对外文化贸易的实施意见	2014-11-07	上海市人民政府
17	关于上海市2014年国民经济和社会发展计划执行情况与2015年国民经济和社会发展计划草案的报告	2015-01-29	上海市发展和改革委员会
18	促进创意设计产业发展财政专项资金实施办法	2015-04-28	上海市财政局、上海市文化创意产业推进领导小组办公室
19	上海市动漫游戏产业发展扶持资金管理办法	2015-05-20	上海市文化广播影视管理局
20	《关于促进上海电影发展的若干政策》实施细则(2015年版)	2015-11-03	上海市文化广播影视管理局、上海市文物管理局

（三）东部沿海城市杭州、深圳文化产业政策文本目录

序号	标 题	发文时间	发文机关
1	杭州市人民政府办公厅关于统筹财税政策扶持文化创意产业发展的意见	2008-04-02	杭州市人民政府办公厅
2	关于加快杭州市国家数字出版基地建设的通知	2011-11-29	杭州市人民政府办公厅
3	关于打造全国文化创意产业中心的若干意见	2012	杭州市文化创意产业办公室
4	关于加快文化创意产业园区建设的若干意见	2012	杭州市文化创意产业办公室
5	关于推进杭州市十大产业创新团队建设的实施意见	2013-04-25	中共杭州市委办公厅、杭州市人民政府办公厅
6	关于开展杭州市电影院线建设和电影产业发展项目2014年度申报工作的通知	2014-03-28	中共杭州市委宣传部、杭州市文化广电新闻出版局
7	国家数字出版基地建设的通知	2014-11-20	杭州市财政局、杭州市文化广电新闻出版局、杭州市文化创意产业办公室
8	关于深入推进文化创意产业与相关产业融合发展的实施意见	2015-04-18	杭州市文化创意产业办公室
9	市政府关于加快特色小镇规划建设的实施意见	2015-09-25	杭州市人民政府
10	关于加快建设知识产权强市的实施意见	2015-12-10	杭州市人民政府办公厅
11	关于认定第三批杭州老字号的通知	2016-01-11	杭州市人民政府办公厅

续表

序号	标 题	发文时间	发文机关
12	关于支持和促进深圳文化产权交易所发展的若干意见	2010-05-12	深圳市发改委
13	关于进一步鼓励和引导社会投资的若干意见	2010-06-24	深圳市人民政府
14	关于鼓励和引导文体旅游领域社会投资的相关配套政策措施	2010-11-15	深圳市文体旅游局
15	关于实施引进海外高层次人才“孔雀计划”的意见	2011-04-13	中共深圳市委、深圳市人民政府
16	深圳市人民政府办公厅关于印发深圳市开展国家服务业综合改革试点实施方案(2011－2015年)的通知	2011-07-05	深圳市人民政府办公厅
17	深圳市中长期人才发展规划纲要(2011—2020年)	2011-08-03	中共深圳市委、深圳市人民政府
18	深圳市人民政府关于印发深圳文化创意产业振兴发展政策的通知	2011-10-14	深圳市人民政府
19	深圳市人民政府关于印发深圳文化创意产业振兴发展规划(2011—2015年)的通知	2011-10-14	深圳市人民政府
20	关于加快产业转型升级的指导意见	2011-10-28	深圳市人民政府
21	深圳国家创新型城市总体规划实施方案(2011—2013年)	2011-12-08	深圳市人民政府
22	关于印发深圳市文化发展“十二五”规划的通知	2012-01-04	深圳市人民政府办公厅
23	关于印发深圳市人才发展“十二五”规划的通知	2012-01-06	深圳市人民政府办公厅
24	关于深入实施文化立市战略建设文化强市的决定	2012-04-23	深圳市发改委

续表

序号	标 题	发文时间	发文机关
25	关于印发《深圳市全面深化改革总体方案(2013—2015年)》的通知	2013-05-09	深圳市发改委
26	深圳市文化创意产业园区认定办法(试行)	2013-06-04	深圳市文体旅游局
27	关于推进生态文明、建设美丽深圳的决定(2014年4月28日)	2014-04-28	中共深圳市委、深圳市人民政府
28	深圳市文体旅游局2014年度公共服务白皮书	2014-04-29	深圳市文体旅游局
29	关于开展“十三五”规划前期研究工作的通知	2014-08-14	深圳市人民政府办公厅
30	文化体制改革试点中支持文化产业发展企业所得税优惠	2015-01-27	深圳市地方税务局
31	关于印发《深圳市2015年改革计划》的通知	2015-03-27	中共深圳市委办公厅、深圳市人民政府办公厅
32	关于深圳市2014年国民经济和社会发展计划执行情况与2015年计划(草案)的报告	2015-05-30	深圳市发展和改革委员会主任肖亚非
33	深圳市大鹏半岛生态文明体制改革总体方案(2015—2020年)	2015-07-08	中共深圳市委办公厅、深圳市人民政府办公厅

(四)中部代表城市长沙、武汉文化产业政策文本目录

序号	标　　题	发文时间	发文机关
1	2010年全市文化工作要点	2010-03-08	长沙市文广新局
2	2011年长沙市文化广电新闻出版工作重点	2011	长沙市文广新局
3	2011年长沙市农村(公益)电影放映工作实施方案	2011	长沙市文广新局
4	长沙建设国际文化名城战略纲要	2011	长沙市文广新局
5	2015年长沙市文化广电新闻出版局工作要点	2015	长沙市文广新局
6	长沙市文化广电新闻出版局2013年工作要点	2013	长沙市文广新局
7	长沙市文化广电新闻出版局2014年工作要点	2014	长沙市文广新局
8	长沙市人民政府关于支持长沙(国家)广告产业园发展的意见	2014-05-29	长沙市人民政府
9	关于进一步加强知识产权保护工作的意见	2014-08-08	长沙市人民政府
10	长沙市文化广电新闻出版局部分行政处罚裁量权基准修改	2014-10-14	长沙市文广新局
11	长沙市出台实体书店扶持办法	2015-12-16	长沙市人民政府办公厅
12	中共长沙市委关于制定长沙市国民经济和社会发展第十三个五年规划的建议	2015-12-31	中共长沙市委
13	武汉市动漫产业发展专项资金使用管理暂行办法	2010-12-20	武汉市财政局、中共武汉市委宣传部、武汉市文化局
14	武汉市关于加快文化产业发展的若干政策	2012	武汉市人民政府

续表

序号	标　题	发文时间	发文机关
15	武汉市文化产业振兴计划(2012-2016年)	2012	武汉市人民政府
16	武汉市关于加快文化产业发展的若干政策	2012-10-28	中共武汉市委、武汉市人民政府
17	2013年武汉市历史文化风貌街区和优秀历史建筑保护利用工作方案	2013-04-15	武汉市人民政府办公厅
18	武汉市历史文化名镇名村评选办法(试行)	2014-12-22	武汉市人民政府
19	关于加强历史文化风貌街区保护工作的意见	2015-02-26	武汉市人民政府

(五)西部地区四川、云南、陕西文化产业政策文本目录

序号	标　题	发文时间	发文机关
1	2012年四川省文化厅政府信息公开工作年度报告	2013-03-01	四川省文化厅
2	2013年四川省文化厅政府信息公开工作年度报告	2014-03-24	四川省文化厅
3	四川省人民政府关于加快发展对外文化贸易的实施意见	2014-06-26	四川省人民政府
4	2014年四川省文化厅政府信息公开工作年度报告	2015-03-24	四川省文化厅
5	2010年政府工作报告	2010-01-15	云南省人民政府办公厅
6	云南省文物局行政处罚自由裁量权细化标准(试行)	2010-07-08	云南省文化厅

续表

序号	标　题	发文时间	发文机关
7	云南省人民政府贯彻落实《国务院关于进一步繁荣发展少数民族文化事业的若干意见》的实施意见	2010-08-08	云南省人民政府
8	2011年政府工作报告	2011-05-09	云南省人民政府办公厅
9	2012年政府工作报告	2012-03-26	云南省人民政府办公厅
10	2013年政府工作报告	2013-03-21	云南省人民政府办公厅
11	云南省非物质文化遗产保护条例	2013-03-28	云南省民宗委
12	云南省少数民族语言文字工作条例	2013-03-28	云南省民宗委
13	2014年政府工作报告	2014-02-12	云南省人民政府办公厅
14	2015年政府工作报告	2015-03-11	云南省人民政府办公厅
15	云南省人民政府2014年政府信息公开年度报告	2015-03-20	云南省人民政府办公厅
16	陕西省2010年政府工作报告	2010-01-25	陕西省政府办公厅
17	陕西省2011年政府工作报告	2011-01-24	陕西省政府办公厅
18	陕西省2012年政府工作报告	2012-01-12	陕西省政府办公厅
19	陕西省2013年政府工作报告	2013-02-05	陕西省政府办公厅
20	陕西省2014年政府工作报告	2014-01-22	陕西省政府办公厅
21	陕西省非物质文化遗产条例	2014-1-10	陕西省人大常委会
22	陕西省文化系统文化产业示范基地(单位)评选命名管理办法	2014-12-08	陕西省文化厅
23	陕西省2015年政府工作报告	2015-02-02	陕西省政府办公厅

(六)重庆市文化产业政策文本目录

序号	标　题	发文时间	发文机关
1	重庆市新闻出版局关于重申严格执行《图书、期刊印制委托书》的通知	2005-07-15	重庆市新闻出版局
2	重庆市文化发展"十一五"规划纲要	2005-12-09	中共重庆市委办公厅、重庆市人民政府办公厅
3	重庆市出版物印刷质量管理暂行办法	2006-03-28	重庆市新闻出版局
4	重庆市人民政府关于加快创意产业发展的意见	2006-10-27	重庆市人民政府
5	重庆市鼓励和扶持动漫产业发展的实施办法	2007-04-23	重庆市财政局、重庆市国有文化资产经营管理有限责任公司
6	重庆市出版专项资金资助项目管理暂行办法	2008-12-25	重庆市新闻出版局、重庆市财政局
7	重庆市文化产业示范园区和示范基地评选命名管理办法(试行)	2009-03-24	重庆市文化广播电视局
8	关于进一步加强境外广播电视节目引进、播出管理的通知	2009-04-30	重庆市文化广播电视局
9	关于严格规范广播电视节目保护个人隐私的通知	2009-04-30	重庆市文化广播电视局
10	中共重庆市委关于推动文化大发展大繁荣的决定	2009-06-18	中共重庆市委办公厅
11	关于保护利用重点文化遗产的实施意见	2009-10-09	中共重庆市委宣传部、重庆市文化广播电视局
12	重庆市人民政府关于进一步繁荣发展少数民族文化事业的通知	2010-06-18	重庆市人民政府

续表

序号	标　题	发文时间	发文机关
13	重庆市文化广播电视局关于进一步强化全市广播电视广告管理工作的通知	2010-06-25	重庆市文化广播电视局
14	重庆市农村综合广播信息系统工程建设实施办法	2010-07-15	中共重庆市委宣传部重庆市财政局重庆市文化广播电视局
15	重庆市卫星电视广播地面接收设施安装服务管理实施细则	2010-08-15	重庆市文化广播电视局
16	重庆市人民政府关于大力发展微型企业的若干意见	2010-08-21	重庆市人民政府
17	关于加强工业园区建设文物保护工作的通知	2010-10-13	重庆市文化广播电视局、重庆市经济信息化委员会
18	重庆市文化广播电视局关于开展重庆市群众文化扶持奖励工作的通知	2011-02-23	重庆市文化广播电视局
19	重庆市新闻出版局关于在我市新闻出版行业开展岗位培训实施持证上岗制度的通知	2011-04-19	重庆市新闻出版局
20	重庆市版权服务工作站管理办法(试行)	2011-06-17	重庆市版权局
21	重庆市出版专业技术人员继续教育暂行办法	2011-08-12	重庆市新闻出版局
22	重庆市文化产业“十二五”发展规划纲要	2011-10-14	中共重庆市委办公厅、重庆市人民政府办公厅
23	关于加快区县数字电影院建设的通知	2011-10-25	重庆市人民政府办公厅
24	重庆市人民政府办公厅关于加快区县数字电影院建设的通知	2011-10-25	重庆市人民政府办公厅

续表

序号	标　题	发文时间	发文机关
25	重庆市文化文物广播影视“十二五”发展规划	2011-10-29	重庆市人民政府办公厅
26	关于深入贯彻落实十七届六中全会精神助推文化产业大发展大繁荣的实施意见	2011-11-18	重庆市工商行政管理局
27	关于严格出版物批发单位准入准出制度的通知	2011-12-16	重庆市新闻出版局
28	中共重庆市委关于贯彻落实十七届六中全会精神加快建设文化强市的决定	2011-12-20	中共重庆市委
29	重庆市“十二五”文化事业发展专项规划	2011-12-23	重庆市文化广播电视局
30	关于加强演出行业诚信制度建设和管理工作的通知	2012-05-30	重庆市文化广播电视局
31	重庆市人民政府关于大力促进广告业发展的意见	2012-08-20	重庆市人民政府
32	重庆市特种电影放映管理办法	2012-09-04	重庆市文化广播电视局
33	重庆市文化广播电视局关于贯彻《关于进一步加强网络剧微电影等网络视听节目管理的通知》的实施意见	2012-09-14	重庆市文化广播电视局
34	重庆市专业文艺院团演出场次补贴暂行办法	2012-09-24	重庆市文化广播电视局、重庆市财政局
35	关于做好第六轮新闻出版行政审批项目取消调整后续工作的通知	2013-01-18	重庆市文化广播电视局
36	关于实施社区文化室建设的通知	2013-01-31	重庆市文化广播电视局

续表

序号	标　题	发文时间	发文机关
37	重庆市文化产业发展专项资金管理办法	2013-05-15	重庆市财政局办公室
38	重庆市人民政府关于进一步推动互联网产业发展若干政策的意见	2013-06-05	重庆市人民政府
39	关于调整行政审批有关事项的通知	2013-07-09	重庆市文化广播电视局
40	关于支持转企改制国有文艺院团改革发展的实施意见	2013-11-01	重庆市文化广播电视局、中共重庆市委组织部、中共重庆市委宣传部、重庆市机构编制委员会办公室、重庆市发展和改革委员会、重庆市财政局、重庆市人力资源和社会保障局、重庆市地方税务局、重庆市国家税务局、重庆市工商行政管理局
41	重庆市城市影院运营管理办法	2013-11-04	重庆市文化广播电视局
42	互联网传播作品版权监管工作的意见(试行)	2014-03-03	重庆市版权局
43	关于支持特色文化产业加快发展实施意见	2014-07-07	重庆市文化委员会
44	重庆市出版物鉴定管理办法	2014-07-24	重庆市文化委员会
45	重庆市网吧连锁企业认定管理办法	2014-07-24	重庆市文化委员会
46	重庆市广播电视直播卫星户户通工程实施方案	2014-07-30	重庆市人民政府办公厅

续表

序号	标　题	发文时间	发文机关
47	关于推进全市文化市场改革加快文化产业发展的意见	2014-09-23	中共重庆市委办公厅
48	重庆市古籍重点保护单位认定办法	2014-09-29	重庆市文化委员会
49	重庆市珍贵古籍名录认定办法	2014-09-29	重庆市文化委员会
50	政府向社会力量购买公共文化演出服务实施方案	2014-09-30	重庆市人民政府办公厅
51	重庆市特色文化产业项目认定管理办法(试行)	2014-10-08	重庆市文化委员会
52	重庆市主城区公共图书馆通借通还管理办法	2014-11-03	重庆市文化委员会
53	重庆市人民政府办公厅关于推进文化与旅游融合发展的意见	2014-12-11	重庆市人民政府办公厅
54	关于组织开展2015年度重庆市文化艺术新闻出版广播影视科学研究规划项目申报工作的通知	2014-12-17	重庆市艺术科学规划领导小组办公室
55	关于完善管理政策 加强执法监督 促进互联网上网服务行业健康有序发展的通知	2014-12-18	重庆市文化委员会、重庆市工商行政管理局、重庆市公安局、重庆市通信管理局、重庆市文化市场行政执法总队
56	重庆市非物质文化遗产代表性传承人管理办法	2014-12-31	重庆市文化委员会
57	关于增补重庆市文物保护专家库专家的通知	2015-02-03	重庆市文物局
58	重庆市2015年春季印刷复制发行监管专项行动工作方案	2015-03-09	重庆市文化委员会

续表

序号	标　题	发文时间	发文机关
59	重庆市文化委员会关于做好2015年中央文化产业发展专项资金项目申报的通知	2015-03-19	重庆市文化委员会
60	重庆市人民政府关于推进文化创意和设计服务与相关产业融合发展的实施意见	2015-04-28	重庆市人民政府
61	关于扶持重庆电影发展的若干意见	2015-05-25	重庆市财政局、中共重庆市委宣传部、重庆市发展和改革委员会、重庆市国土资源和房屋管理局、重庆市规划局、中国人民银行重庆营业管理部、重庆市国家税务局、重庆市地方税务局、重庆市文化委员会
62	关于加快武陵山区(渝东南)土家族苗族文化生态保护实验区建设的意见	2015-08-04	重庆市人民政府办公厅

(七)国外部分文化产业相关政策与报告文本目录

序号	文件名	作者、发文机构或来源网址
1	Seismic Shifts in Cultural Policy, Planning, and Practice	ANN M. GALLIGAN
2	In the Market´s Place: Cultural Policy in Norway	The Annals of the Amercian Academy of Political and Social Science
3	Cultral Sector Strategic Framework	Ministry for Culture & Heritage
4	Cultural studies and intervention in television policy	European Journal of Culture Studies
5	French cultural policy, past and present	French Cultural Studies
6	FOUR MODELS OF THE CREATIVE INDUSTRIES	Cultural Science
7	FROM CULTURAL TO CREATIVE INOUSTRI ES An analysis of the implications of the "creative industries"approach to arts and media policy making in the United Kingdom	Nicholas Garnham
8	The Impact of Digital Distribution–A Contribution	Seville Think Tank
9	Images of Nationhood and Tolerance of Ethnic Minorities: A comparative Analysis of Western Europe	University of California, Irvine
10	Beyond ad hocery: Defining Creative Industries	Terry Flew Media&Communication Creative Industries Faculty Queensland University of Technology

续表

序号	文件名	作者、发文机构或来源网址
11	The ANNALS of the American Academy of Political and Social Science	*Siva Vaidhyanathan* *American Academy of Political and Social Science*
12	Imagined Europe: The Shaping of a European Cultural Identity Through EU Cultural Policy	Monica Sassatelli UNIVERSITIES OF FERRARA AND URBINO. ITALY European Journal of Social Theory
13	Cultural Policy in Australia	Prepared by Culturelink
14	Resource Guide in Contemporary Issues in Cultural Policy	Lesly-Ann Wilson
15	CREATIVE ECONOMY REPORT 2010	United Nations UNCTAD/DITC/TAB/2010/3 ISBN 978-0-9816619-0-2
16	Cultural Policy Profile Chile 2013 WorldCP International Database of Cultural Policies	National Council for Culture and the Arts Research Department
17	COUNTRY PROFI LE Zimbabwe	prepared and updated by Ms. Florence Mukanga-Majachani
18	Cultural policy in the twenty-first century: issues, debates and discourse	David Looseley French Cultural Studies 1999 10: 005
19	"INFORMATION SOCIETY STRATEGIES AND THE CULTURE INDUSTRIES:" NATIONAL POLICIES, FUNDING PRIORITIES AND LOCAL PROGRAMMES IN 6 EU COUNTRIES	ERICARTs

续表

序号	文件名	作者、发文机构或来源网址
20	Comparing Cultural Policies in the United States and Japan: Preliminary Observations	Margaret Jane Wyszomirski Journal of Arts Management, Law, and Society; Winter 1998; 27, 4; Academic Research Library
21	Review: Katharine Sarikakis (ed.), Media and Cultural Policy in the European Union. Amsterdam and New York	Petros losifidis European Journal of Communication 2007 22: 517
22	Book Review: Rethinking Cultural Policy, Cultural Citizenship: Cosmopolitan Questions	Andrew Blaikie Sociology 2006 40: 387
23	Study on the Economic, Social and Cultural Impact of Intellectual Property in the Creative Industries	Office of Strategic Use of Intellectual Property for Development The World Intellectual Property Organisation
24	Moving beyond the "Vast Wasteland": Cultural Policy and Television in the United States	Laurie Ouellette and Justin Lewis Television New Media 2000 1:95
25	Cultural Policy in Sweden	Tor Larsson; Per Svenson Journal of Arts Management, Law, and Society; Spring 2001; 31, 1; Academic Research Library
26	THE 2009 UNESCO FRAMEWORK FOR CULTURAL STATISTICS(FCS)	UNESCO UNESCO Institute for Statistics (UIS)
27	Country Profile INDIA	WorldCP-Asia IFACCA(INTERNATIONAL FEDERATION OF ARTS COUNCILS AND CULTURE AGENCIES)

续表

序号	文件名	作者、发文机构或来源网址
28	WorldCP-Australia	WorldCP
29	World Intellectual Property Report Breakthrough Innovation and Economic Growth	WIPO（World Intellectual Property Orgnazition）
30	Estonian Cultural Strategy 2008-2011	Riigikogu（Parliament of Estonia）on 14.09.2005
31	Final Report of the International Meeting on Cultural Policy Putting Culture oh the World	International Meeting on Cultural Policy 1998
32	Croatia in the 21st Century. Strategy of Cultural Development	Ministry of Culture of the Republic of Croatia, 2003
33	Cultural Studies from the Viewpoint of Cultural Policy	Stuart Cunningham
34	THE CULTURAL STRATEGY	The Scottish Parliament RN 00/89 31 October 2000
35	Cultural Policy in New Zealand (2003)	http://www.mch.govt.nz/publications/cultural-policies/index.html

2014年全国各省市文化产业发展统计表

表1 2014年全国各省市文化产业的投入及贡献计算表

序号	省市	文化产业占GDP比重（百分比）				文化及相关产业固定资产投资（万元）			
		2014年统计值	全国排名	权重	计算值	2014年统计值	全国排名	权重	计算值
1	北　京	13.10	1	0.1	10	2 283 402.0	25	0.03	0.6
2	天　津	9	2	0.1	9.666 667	4 417 790.0	19	0.03	1.2
3	河　北	3.8	12	0.1	6.333 333	14 794 559.0	3	0.03	2.8
4	山　西	6	3	0.1	9.333 333	5 089 109.0	18	0.03	1.3
5	内蒙古	2.4	25	0.1	2	5 608 522.0	17	0.03	1.4
6	辽　宁	—	29	0.1	0.666 667	10 111 973.0	10	0.03	2.1
7	吉　林	—	29	0.1	0.666 667	3 790 223.0	21	0.03	1
8	黑龙江	3	20	0.1	3.666 667	3 871 063.0	20	0.03	1.1
9	上　海	6	4	0.1	9	2 551 302.0	24	0.03	0.7
10	江　苏	5	9	0.1	7.333 333	24 098 064.0	2	0.03	2.9
11	浙　江	5	10	0.1	7	10 747 329.0	9	0.03	2.2
12	安　徽	4.65	11	0.1	6.666 667	9 139 672.0	11	0.03	2
13	福　建	5.4	7	0.1	8	8 393 680.0	12	0.03	1.9

续表

序号	省市	文化产业占GDP比重（百分比）				文化及相关产业固定资产投资(万元)			
		2014年统计值	全国排名	权重	计算值	2014年统计值	全国排名	权重	计算值
14	江　西	3.7	13	0.1	6	11 839 336.0	7	0.03	2.4
15	山　东	3.7	14	0.1	5.666 667	26 127 932.0	1	0.03	3
16	河　南	2.7	23	0.1	2.666 667	13 909 698.0	4	0.03	2.7
17	湖　北	3.1	18	0.1	4.333 333	11 091 809.0	8	0.03	2.3
18	湖　南	5.7	6	0.1	8.333 333	12 277 538.0	6	0.03	2.5
19	广　东	5.24	8	0.1	7.666 667	12 332 375.0	5	0.03	2.6
20	广　西	2.74	22	0.1	3	7 109 740.0	16	0.03	1.5
21	海　南	3.1	19	0.1	4	1 481 849.0	28	0.03	0.3
22	重　庆	3.33	16	0.1	5	7 593 029.0	15	0.03	1.6
23	四　川	1.71	28	0.1	1	8 070 662.0	14	0.03	1.7
24	贵　州	3.2	17	0.1	4.666 667	2 205 423.0	26	0.03	0.5
25	云　南	6	5	0.1	8.666 667	3 704 349.0	22	0.03	0.9
26	西　藏	3	21	0.1	3.333 333	510 105.0	31	0.03	0
27	陕　西	3.7	15	0.1	5.333 333	8 148 262.0	13	0.03	1.8
28	甘　肃	1.94	26	0.1	1.666 667	2 747 763.0	23	0.03	0.8
29	青　海	1.8	27	0.1	1.333 333	661 121.0	29	0.03	0.2
30	宁　夏	2.44	24	0.1	2.333 333	550 228.0	30	0.03	0.1
31	新　疆	1.2	29	0.1	0.666 667	1 692 432.0	27	0.03	0.4

表2　2014年全国各省市文化制造业发展情况

序号	省市	文化制造业规模以上企业单位数（单位个，权重0.02）			文化制造业规模以上企业从业人员（单位个，权重0.02）			文化制造业规模以上企业资产总计（单位万元，权重0.02）			文化制造业规模以上企业利润总额（单位万元，权重0.02）		
		2014年统计值	全国排名	计算值	2014年统计值	全国排名	计算值	2014年统计值	全国排名	计算值	2014年统计值	全国排名	计算值
1	北京	186.00	18	0.87	42 216.00	18	0.87	4 102 944.90	16	1.00	158 871.30	19	0.80
2	天津	322.00	14	1.13	89 573.00	15	1.07	6 710 332.00	11	1.33	771 542.50	10	1.40
3	河北	604.00	9	1.47	102 264.00	12	1.27	5 622 101.40	13	1.20	744 746.10	11	1.33
4	山西	57.00	24	0.47	13 838.00	21	0.67	617 312.40	24	0.47	10 259.70	26	0.33
5	内蒙古	38.00	25	0.40	7224.00	26	0.33	566 115.30	26	0.33	125 793.60	21	0.67
6	辽宁	286.00	15	1.07	67 207.00	16	1.00	5 050 783.30	15	1.07	378 684.90	16	1.00
7	吉林	85.00	21	0.67	12 208.00	22	0.60	926 535.70	23	0.53	96 698.60	22	0.60
8	黑龙江	79.00	22	0.60	11 411.00	23	0.53	411 841.50	27	0.27	64 253.20	24	0.47
9	上海	454.00	12	1.27	105 286.00	11	1.33	8 430 634.20	9	1.47	660 934.90	12	1.27
10	江苏	2698.00	2	1.93	732 957.00	2	1.93	48 688 007.50	2	1.93	4 599 577.00	1	2.00
11	浙江	2182.00	3	1.87	355 954.00	5	1.73	26 521 373.10	4	1.80	1 258 549.10	7	1.60
12	安徽	880.00	8	1.53	147 017.00	8	1.53	8 281 837.20	10	1.40	776 861.60	9	1.47
13	福建	1290.00	6	1.67	315 094.00	6	1.67	10 997 535.60	7	1.60	1 364 584.50	6	1.67
14	江西	535.00	10	1.40	146 909.00	9	1.47	5 770 928.20	12	1.27	1 123 115.80	8	1.53
15	山东	1878.00	4	1.80	457 451.00	3	1.87	36 208 913.80	3	1.87	3 484 638.30	3	1.87

续表

序号	省市	文化制造业规模以上企业单位数（单位个，权重0.02）			文化制造业规模以上企业从业人员（单位个，权重0.02）			文化制造业规模以上企业资产总计（单位万元，权重0.02）			文化制造业规模以上企业利润总额（单位万元，权重0.02）		
		2014年统计值	全国排名	计算值	2014年统计值	全国排名	计算值	2014年统计值	全国排名	计算值	2014年统计值	全国排名	计算值
16	河南	938.00	7	1.60	303 932.00	7	1.60	14 397 086.10	5	1.73	1 832 399.50	4	1.80
17	湖北	490.00	11	1.33	93 252.00	14	1.13	5 256 238.30	14	1.13	481 903.50	13	1.20
18	湖南	1388.00	5	1.73	384 395.00	4	1.80	10 428 472.30	8	1.53	1 606 787.60	5	1.73
19	广东	3475.00	1	2.00	1 450 260.00	1	2.00	58 691 803.70	1	2.00	3 538 944.40	2	1.93
20	广西	268.00	16	1.00	100 400.00	13	1.20	2 757 254.00	19	0.80	287 663.60	17	0.93
21	海南	7.00	30	0.07	4515.00	29	0.13	3 219 436.30	18	0.87	21 217.50	25	0.40
22	重庆	189.00	17	0.93	54 039.00	17	0.93	3 591 186.60	17	0.93	418 336.50	15	1.07
23	四川	371.00	13	1.20	121 111.00	10	1.40	11 956 135.30	6	1.67	464 645.10	14	1.13
24	贵州	70.00	23	0.53	10 128.00	24	0.47	603 554.10	25	0.40	89 011.20	23	0.53
25	云南	87.00	20	0.73	19 766.00	20	0.73	1 344 820.50	21	0.67	225 252.50	18	0.87
26	西藏	6.00	31	0.00	858.00	31	0.00	85 120.50	31	0.00	2938.00	29	0.13
27	陕西	103.00	19	0.80	2 6124.00	19	0.80	1 497 242.20	20	0.73	149 714.90	20	0.73
28	甘肃	27.00	26	0.33	6401.00	27	0.27	224 799.50	29	0.13	8549.20	28	0.20
29	青海	16.00	28	0.20	7271.00	25	0.40	942 838.80	22	0.60	−19 535.80	30	0.07
30	宁夏	16.00	29	0.13	5017.00	28	0.20	325 534.20	28	0.20	−62 766.90	31	0.00
31	新疆	23.00	27	0.27	3086.00	30	0.07	179 458.50	30	0.07	8803.30	27	0.27

表3　2017年全国各省市文化服务业发展情况

序号	省市	文化服务业规模以上企业单位数（单位个，权重0.02）			文化服务业规模以上企业从业人员（单位个，权重0.02）			文化服务业规模以上企业资产总计（单位万元，权重0.02）			文化服务业规模以上企业利润总额（单位万元，权重0.02）		
		2014年统计值	全国排名	计算值	2014年统计值	全国排名	计算值	2014年统计值	全国排名	计算值	2014年统计值	全国排名	计算值
1	北　京	3121	1	2	380 179	1	2.00	59 957 674	1	2.00	4 325 865	2	1.93
2	天　津	495	11	1.333 333	69 478	10	1.40	11 645 262	6	1.67	978 957	6	1.67
3	河　北	315	16	1	39 952	16	1.00	2 758 454	18	0.87	68 417	23	0.53
4	山　西	148	21	0.666 667	19 958	21	0.67	1 936 219	23	0.53	−74	31	0.00
5	内蒙古	110	23	0.533 333	9982	26	0.33	1 938 137	22	0.60	5202	29	0.13
6	辽　宁	487	12	1.266 667	86 676	9	1.47	5 319 587	16	1.00	254 018	13	1.20
7	吉　林	82	25	0.4	17 286	23	0.53	2 008 984	21	0.67	77 674	22	0.60
8	黑龙江	58	28	0.2	9858	27	0.27	877 060	27	0.27	22 916	27	0.27
9	上　海	1259	4	1.8	226 395	4	1.80	42 431 387	2	1.93	3 304 008	4	1.80
10	江　苏	2733	2	1.933 333	314 661	3	1.87	37 542 755	4	1.80	1 906 449	5	1.73
11	浙　江	1194	5	1.733 333	142 532	5	1.73	30 341 000	5	1.73	5 256 527	1	2.00
12	安　徽	378	14	1.133 333	45 636	15	1.07	5 559 127	15	1.07	238 338	14	1.13
13	福　建	599	8	1.533 333	57 599	13	1.20	6 201 954	13	1.20	297 690	12	1.27
14	江　西	243	18	0.866 667	32 253	19	0.80	2 635 852	19	0.80	184 663	16	1.00
15	山　东	1001	6	1.666 667	94 568	7	1.60	11 352 082	7	1.60	704 482	7	1.60
16	河　南	683	7	1.6	97 447	6	1.67	7 777 937	10	1.40	321 027	10	1.40

续表

序号	省市	文化服务业规模以上企业单位数(单位个，权重0.02)			文化服务业规模以上企业从业人员(单位个，权重0.02)			文化服务业规模以上企业资产总计(单位万元，权重0.02)			文化服务业规模以上企业利润总额(单位万元，权重0.02)		
		2014年统计值	全国排名	计算值	2014年统计值	全国排名	计算值	2014年统计值	全国排名	计算值	2014年统计值	全国排名	计算值
17	湖　北	598	9	1.466 667	89 984	8	1.53	10 865 648	8	1.53	593 583	9	1.47
18	湖　南	565	10	1.4	64 025	11	1.33	9 746 807	9	1.47	682 875	8	1.53
19	广　东	2237	3	1.866 667	326 935	2	1.93	41 672 195	3	1.87	3 640 955	3	1.87
20	广　西	183	20	0.733 333	34 853	18	0.87	2 333 708	20	0.73	187 479	15	1.07
21	海　南	83	24	0.466 667	15 333	24	0.47	1 764 033	24	0.47	144 775	18	0.87
22	重　庆	348	15	1.066 667	57 824	12	1.27	7 162 691	11	1.33	147 149	17	0.93
23	四　川	473	13	1.2	51 359	14	1.13	6 331 289	12	1.27	301 532	11	1.33
24	贵　州	137	22	0.6	17 321	22	0.60	1 742 601	25	0.40	100 243	20	0.73
25	云　南	197	19	0.8	31 320	20	0.73	4 228 847	17	0.93	93 727	21	0.67
26	西　藏	10	31	0	623	31	0.00	107 329	31	0.00	5043	30	0.07
27	陕　西	289	17	0.933 333	36 865	17	0.93	5 574 577	14	1.13	118 439	19	0.80
28	甘　肃	79	27	0.266 667	9149	28	0.20	663 096	28	0.20	41 433	25	0.40
29	青　海	15	30	0.066 667	2407	30	0.07	159 459	30	0.07	9261	28	0.20
30	宁　夏	29	29	0.133 333	4095	29	0.13	446 893	29	0.13	35 835	26	0.33
31	新　疆	82	26	0.333 333	13111	25	0.40	1 034 795	26	0.33	55 446	24	0.47

表4 2014年全国各省市文化批发与零售业发展情况

序号	省市	文化批发与零售业规模以上企业单位数（单位个，权重0.02）			文化批发与零售业规模以上企业从业人员（单位个，权重0.02）			文化批发与零售业规模以上企业资产总计（单位万元，权重0.02）			文化批发与零售业规模以上企业利润总额（单位万元，权重0.02）		
		2014年统计值	全国排名	计算值	2014年统计值	全国排名	计算值	2014年统计值	全国排名	计算值	2014年统计值	全国排名	计算值
1	北京	513	6	1.67	55 480	3	1.87	15 318 315	1	2.00	471 139	1	2.00
2	天津	213	14	1.13	11 118	15	1.07	2 296 443	8	1.53	65 880	16	1.00
3	河北	279	12	1.27	14 313	13	1.20	1 232 805	15	1.07	47 550	17	0.93
4	山西	154	18	0.87	7462	20	0.73	915 807	19	0.80	18 734	22	0.60
5	内蒙古	59	25	0.40	3059	26	0.33	285 375	26	0.33	−2661	31	0.00
6	辽宁	259	13	1.20	10763	16	1.00	1 061 047	17	0.93	36 349	18	0.87
7	吉林	79	24	0.47	4047	24	0.47	299 255	25	0.40	11 841	24	0.47
8	黑龙江	90	22	0.60	4555	22	0.60	249 707	27	0.27	1213	29	0.13
9	上海	298	11	1.33	28 827	7	1.60	12 611 354	2	1.93	435 858	2	1.93
10	江苏	1003	2	1.93	55 554	2	1.93	6 668 027	5	1.73	405 754	3	1.87
11	浙江	742	3	1.87	34 555	5	1.73	6 095 125	6	1.67	121 022	12	1.27
12	安徽	327	10	1.40	14 633	12	1.27	2 340 018	7	1.60	132 339	10	1.40
13	福建	361	9	1.47	11 847	14	1.13	2 049 713	10	1.40	121 257	11	1.33
14	江西	48	26	0.33	7599	19	0.80	939 669	18	0.87	96 772	13	1.20
15	山东	597	4	1.80	40 503	4	1.80	7 086 022	4	1.80	384 755	4	1.80

续表

序号	省市	文化批发与零售业规模以上企业单位数(单位个,权重0.02)			文化批发与零售业规模以上企业从业人员(单位个,权重0.02)			文化批发与零售业规模以上企业资产总计(单位万元,权重0.02)			文化批发与零售业规模以上企业利润总额(单位万元,权重0.02)		
		2014年统计值	全国排名	计算值	2014年统计值	全国排名	计算值	2014年统计值	全国排名	计算值	2014年统计值	全国排名	计算值
16	河　南	555	5	1.73	29 144	6	1.67	2 142 987	9	1.47	165 669	8	1.53
17	湖　北	437	7	1.60	21 348	8	1.53	1 719 242	13	1.20	151 185	9	1.47
18	湖　南	417	8	1.53	19 563	9	1.47	1 964 256	11	1.33	169 298	7	1.60
19	广　东	1076	1	2.00	77 919	1	2.00	12 386 677	3	1.87	375 103	5	1.73
20	广　西	161	15	1.07	6779	21	0.67	859 247	20	0.73	7432	25	0.40
21	海　南	19	29	0.13	1355	28	0.20	173 937	28	0.20	5249	26	0.33
22	重　庆	142	19	0.80	14 659	11	1.33	1 567 706	14	1.13	245 345	6	1.67
23	四　川	160	17	0.93	15 863	10	1.40	1 834 622	12	1.27	75 220	15	1.07
24	贵　州	83	23	0.53	2983	27	0.27	622 080	21	0.67	14 297	23	0.53
25	云　南	115	20	0.73	10 140	17	0.93	1 148 484	16	1.00	77 964	14	1.13
26	西　藏	5	31	0.00	182	31	0.00	15 885	31	0.00	1079	30	0.07
27	陕　西	161	16	1.00	7652	18	0.87	599 256	22	0.60	31 189	19	0.80
28	甘　肃	97	21	0.67	4553	23	0.53	546 383	23	0.53	20 616	20	0.73
29	青　海	7	30	0.07	694	30	0.07	140 033	29	0.13	3605	27	0.27
30	宁　夏	24	28	0.20	700	29	0.13	58 451	30	0.07	1531	28	0.20
31	新　疆	39	27	0.27	3359	25	0.40	454 877	24	0.47	19 479	21	0.67

表5 2014年全国各省市文化艺术业发展情况

序号	省市	文化文艺作品自愿登记数量（单位个，权重0.01）			图书出版物种类（单位种，权重0.01）			期刊出版物种类（单位种，权重0.01）			报纸出版物种类（单位种，权重0.01）			音像制品出版物种类（单位种，权重0.01）			电子出版物种类（单位种，权重0.01）		
		2014年统计值	全国排名	计算值	2014年统计值	全国排名	计算值	2014年统计值	全国排名	计算值	2014年统计值	全国排名	计算值	2014年统计值	全国排名	计算值	2014年统计值	全国排名	计算值
1	北京	510 843	1	1.00	10 802	9	0.73	172	21	0.33	35	24	0.23	355	6	0.83	92	11	0.67
2	天津	87	28	0.10	5745	21	0.33	254	10	0.70	24	29	0.07	39	24	0.23	82	13	0.60
3	河北	237	22	0.30	7022	17	0.47	229	14	0.57	65	12	0.63	130	16	0.50	79	14	0.57
4	山西	541	20	0.37	3458	24	0.23	201	17	0.47	60	13	0.60	127	17	0.47	266	7	0.80
5	内蒙古	111	27	0.13	3157	26	0.17	147	23	0.27	58	14	0.57	81	23	0.27	10	23	0.27
6	辽宁	10 348	9	0.73	11 942	7	0.80	323	6	0.83	70	9	0.73	250	8	0.77	287	6	0.83
7	吉林	716	19	0.40	21 565	3	0.93	239	13	0.60	52	16	0.50	193	11	0.67	60	15	0.53
8	黑龙江	3080	10	0.70	5043	22	0.30	315	7	0.80	68	11	0.67	7	29	0.07	–	28	0.10
9	上海	187 835	2	0.97	24 420	1	1.00	636	1	1.00	72	8	0.77	3771	1	1.00	797	1	1.00
10	江苏	53 010	3	0.93	23 936	2	0.97	468	2	0.97	81	5	0.87	441	4	0.90	458	3	0.93
11	浙江	15 287	8	0.77	12 687	6	0.83	225	15	0.53	69	10	0.70	233	9	0.73	366	4	0.90
12	安徽	1292	16	0.50	9934	10	0.70	186	18	0.43	51	17	0.47	111	19	0.40	23	21	0.33
13	福建	24 917	6	0.83	3456	25	0.20	176	20	0.37	42	21	0.33	89	22	0.30	32	19	0.40
14	江西	1680	14	0.57	5890	20	0.37	164	22	0.30	41	23	0.27	317	7	0.80	32	18	0.43
15	山东	40 402	4	0.90	14 282	5	0.87	269	9	0.73	87	4	0.90	371	5	0.87	489	2	0.97
16	河南	792	18	0.43	7705	16	0.50	248	12	0.63	78	6	0.83	130	15	0.53	91	12	0.63

续表

序号	省市	文化文艺作品自愿登记数量（单位个，权重0.01）			图书出版物种类（单位种，权重0.01）			期刊出版物种类（单位种，权重0.01）			报纸出版物种类（单位种，权重0.01）			音像制品出版物种类（单位种，权重0.01）			电子出版物种类（单位种，权重0.01）		
		2014年统计值	全国排名	计算值	2014年统计值	全国排名	计算值	2014年统计值	全国排名	计算值	2014年统计值	全国排名	计算值	2014年统计值	全国排名	计算值	2014年统计值	全国排名	计算值
17	湖北	2015	12	0.63	15 910	4	0.90	424	3	0.93	74	7	0.80	138	14	0.57	216	8	0.77
18	湖南	1842	13	0.60	11 340	8	0.77	253	11	0.67	48	19	0.40	495	3	0.93	51	16	0.50
19	广东	15 782	7	0.80	9495	11	0.67	388	4	0.90	101	2	0.97	1293	2	0.97	209	9	0.73
20	广西	173	23	0.27	7871	14	0.57	185	19	0.40	54	15	0.53	175	12	0.63	12	22	0.30
21	海南	87	29	0.07	3747	23	0.27	44	29	0.07	14	30	0.03	18	27	0.13	1	27	0.13
22	重庆	36 288	5	0.87	6062	19	0.40	138	24	0.23	27	26	0.17	94	20	0.37	121	10	0.70
23	四川	2023	11	0.67	9095	13	0.60	353	5	0.87	88	3	0.93	92	21	0.33	334	5	0.87
24	贵州	122	26	0.17	845	29	0.07	90	27	0.13	30	25	0.20	1	30	0.03	–	28	0.10
25	云南	238	21	0.33	6958	18	0.43	127	26	0.17	42	22	0.30	200	10	0.70	28	20	0.37
26	西藏		31	0.00	547	31	0.00	35	31	0.00	25	28	0.10	115	18	0.43	–	28	0.10
27	陕西	1002	17	0.47	9334	12	0.63	286	8	0.77	43	20	0.37	145	13	0.60	44	17	0.47
28	甘肃	161	24	0.23	2410	27	0.13	136	25	0.20	50	18	0.43	19	26	0.17	3	26	0.17
29	青海	31	30	0.03	597	30	0.03	53	28	0.10	26	27	0.13	15	28	0.10	4	24	0.23
30	宁夏	136	25	0.20	1987	28	0.10	37	30	0.03	14	31	0.00	–	31	0.00	4	25	0.20
31	新疆	1322	15	0.53	7732	15	0.53	214	16	0.50	102	1	1.00	32	25	0.20	–	28	0.10

表6 2014年全国各省市广播电视业发展情况

序号	省市	广播节目综合人口覆盖率（单位百分比，权重0.01）			电视节目综合人口覆盖率（单位百分比，权重0.01）			全年制作广播节目时间（单位小时，权重0.01）			全年制作电视节目时间（单位小时权重0.01）			全年电视节目制作投资额（单位万元，权重0.01）			全年电视节目国内销售额（单位万元，权重0.01）			广播电视单位实际创收收入（单位万元，权重0.01）		
		2014年统计值	全国排名	计算值	2014年统计值	全国排名	计算值	2014年统计值	全国排名	计算值	2014年统计值	全国排名	计算值	2014年统计值	全国排名	计算值	2014年统计值	全国排名	计算值	2014年统计值	全国排名	计算值
1	北京	100.00	1	1.00	100.00	1	1.00	139 281.1	22	0.30	100 528.4	15	0.53	797 247	2	0.97	501 357.8	2	0.97	4 042 157	1	1.00
2	天津	100.00	1	1.00	100.00	1	1.00	82 131.9	26	0.17	29 145.1	28	0.10	9310	20	0.37	7059.6	15	0.53	400 327.7	20	0.37
3	河北	99.34	7	0.80	99.27	5	0.87	362 449.4	6	0.83	175 990.2	5	0.87	22 609	14	0.57	4303	17	0.47	552 926.4	17	0.47
4	山西	98.04	18	0.43	98.95	8	0.77	180 307.5	18	0.43	87 647.3	19	0.40	4218	22	0.30	3036.28	18	0.43	244 196.8	24	0.23
5	内蒙古	98.42	15	0.53	98.57	15	0.53	268 903.5	10	0.70	71 591.65	22	0.30	968	25	0.20	27	25	0.20	211 901.7	25	0.20
6	辽宁	98.81	9	0.73	98.96	7	0.80	389 989.4	5	0.87	178 639	4	0.90	34 742	11	0.67	2048.05	19	0.40	708 760.3	12	0.63
7	吉林	98.62	11	0.67	98.75	12	0.63	250 944.4	12	0.63	98 306.85	16	0.50	607	27	0.13	382	21	0.33	384 814.6	23	0.27
8	黑龙江	98.62	12	0.63	98.82	11	0.67	292 228.8	9	0.73	109 621.8	11	0.67	2900	23	0.27		26	0.17	525 221	18	0.43
9	上海	100.00	1	1.00	100.00	1	1.00	84 672.75	25	0.20	60 664.03	25	0.20	53 864	8	0.77	150 797.4	5	0.87	3 598 099	3	0.93
10	江苏	99.99	4	0.90	99.88	3	0.93	603 551.5	2	0.97	193 135.4	2	0.97	65 489	7	0.80	146 452.8	6	0.83	2 676 868	4	0.90
11	浙江	99.57	6	0.83	99.65	4	0.90	500 324.6	4	0.90	156 267.7	6	0.83	450 426	3	0.93	817 289.7	1	1.00	3 801 994	2	0.97
12	安徽	98.55	13	0.60	98.72	13	0.60	179 638.6	19	0.40	76 278.4	20	0.37	50 078	10	0.70	34 547.21	9	0.73	709 765.8	11	0.67
13	福建	98.31	16	0.50	98.70	14	0.57	256 277.2	11	0.67	67 805.62	23	0.27	27 273	13	0.60	17 363.21	10	0.70	637 540.3	14	0.57
14	江西	97.51	21	0.33	98.55	16	0.50	196 820.1	17	0.47	103 272.8	14	0.57	10 441	18	0.43	7382.8	14	0.57	576 546.5	15	0.53
15	山东	98.72	10	0.70	98.49	18	0.43	505 499.4	3	0.93	219 337.8	1	1.00	13 151 970	1	1.00	166 475.6	4	0.90	1 504 066	7	0.80
16	河南	98.21	17	0.47	98.26	20	0.37	312 757.7	7	0.80	142 405.1	8	0.77	28 456	12	0.63		26	0.17	554 057.4	16	0.50
17	湖北	98.90	8	0.77	98.89	10	0.70	242 883.1	13	0.60	109 228.4	12	0.63	161 567	5	0.87	16 000.79	11	0.67	890 206	9	0.73
18	湖南	93.48	30	0.03	97.51	23	0.27	179 588.4	20	0.37	141 941	9	0.73	52 485	9	0.73	34 850.85	8	0.77	1 984 606	6	0.83
19	广东	99.90	5	0.87	99.90	2	0.97	607 735.5	1	1.00	192 757.6	3	0.93	115 842	6	0.83	105 901.8	7	0.80	2 353 170	5	0.87
20	广西	96.60	24	0.23	98.20	21	0.33	221 858.1	16	0.50	104 166.3	13	0.60		30	0.03	362	22	0.30	391 909.9	22	0.30
21	海南	96.49	25	0.20	95.47	28	0.10	59 505.58	28	0.10	12 039.97	30	0.03	20 040	15	0.53		26	0.17	114 274.2	28	0.10
22	重庆	98.44	14	0.57	98.95	9	0.73	74 646.17	27	0.13	71 960.17	21	0.33	17 078	16	0.50	11 149.96	12	0.63	408 042.5	19	0.40

续表

序号	省市	广播节目综合人口覆盖率(单位百分比,权重0.01)			电视节目综合人口覆盖率(单位百分比,权重0.01)			全年制作广播节目时间(单位小时,权重0.01)			全年制作电视节目时间(单位小时,权重0.01)			全年电视节目制作投资额(单位万元,权重0.01)			全年电视节目国内销售额(单位万元,权重0.01)			广播电视单位实际创收收入(单位万元,权重0.01)		
		2014年统计值	全国排名	计算值	2014年统计值	全国排名	计算值	2014年统计值	全国排名	计算值	2014年统计值	全国排名	计算值	2014年统计值	全国排名	计算值	2014年统计值	全国排名	计算值	2014年统计值	全国排名	计算值
23	四川	97.04	22	0.30	98.07	22	0.30	237 558.4	15	0.53	144 359.7	7	0.80	13519	17	0.47	6748.86	16	0.50	945 676.6	8	0.77
24	贵州	91.52	31	0.00	95.39	29	0.07	125 037.7	23	0.27	42 660.03	26	0.17	1423	24	0.23	183.5	23	0.27	638 597.2	13	0.60
25	云南	96.48	27	0.13	97.48	25	0.20	157 861.8	21	0.33	96 711.12	17	0.47	10 403	19	0.40	8290	13	0.60	398 590.5	21	0.33
26	西藏	94.78	29	0.07	95.91	27	0.13	32 379.05	31	0.00	11 611.67	31	0.00		30	0.03		26	0.17	28 135.27	31	0.00
27	陕西	97.77	20	0.37	98.49	17	0.47	241 756.1	14	0.57	110 335.6	10	0.70	164 997	4	0.90	171 307.1	3	0.93	727 206.3	10	0.70
28	甘肃	97.89	19	0.40	98.35	19	0.40	124 480	24	0.23	62 876.73	24	0.23	5076	21	0.33	1418.24	20	0.37	154 636.2	26	0.17
29	青海	97.03	23	0.27	97.51	24	0.23	39 863.8	30	0.03	20 446.47	29	0.07	35	29	0.07		26	0.17	41 319.37	30	0.03
30	宁夏	96.15	28	0.10	99.11	6	0.83	52 094.72	29	0.07	29 974.03	27	0.13	760	26	0.17	164.1	24	0.23	92 424.34	29	0.07
31	新疆	96.48	26	0.17	96.94	26	0.17	292 469.7	8	0.77	93 187.72	18	0.43	185	28	0.10		26	0.17	151 442.9	27	0.13

表7　2014年全国各省市印刷业发展情况

序号	省市	印刷单位数（单位个，权重0.01）			职工人数（单位人，权重0.01）			资产合计（单位万元，权重0.01）			利润总额（单位万元，权重0.01）		
		2014年统计值	全国排名	计算值	2014年统计值	全国排名	计算值	2014年统计值	全国排名	计算值	2014年统计值	全国排名	计算值
1	北京	794	3	0.93	39591	2	0.97	2 491 568	2	0.97	99 996.08	4	0.90
2	天津	124	25	0.20	6717	22	0.30	325 844	20	0.37	4882.846	23	0.27
3	河北	773	4	0.90	33615	3	0.93	1 029 144	8	0.77	130 136.4	3	0.93
4	山西	167	20	0.37	10 067.07	17	0.47	273 413.1	22	0.30	6920.27	22	0.30
5	内蒙古	86	28	0.10	2512	28	0.10	63 909.3	27	0.13	3827.02	24	0.23
6	辽宁	221	13	0.60	7886	21	0.33	310 433.8	21	0.33	9889.54	20	0.37
7	吉林	213	15	0.53	8012	20	0.37	678 844.5	11	0.67	45 424.66	9	0.73
8	黑龙江	169	19	0.40	6539	23	0.27	198 286	23	0.27	2043	28	0.10
9	上海	246	12	0.63	20 003	9	0.73	1 631 675	4	0.90	40 859	10	0.70
10	江苏	415	8	0.77	24 181	7	0.80	1 241 143	6	0.83	65 719.49	6	0.83
11	浙江	928	1	1.00	33 322.84	4	0.90	1 838 014	3	0.93	62 477.41	7	0.80
12	安徽	280	11	0.67	16 515	11	0.67	712 271	10	0.70	56 694	8	0.77
13	福建	332	10	0.70	15 231	13	0.60	545 733.8	15	0.53	36 301.35	11	0.67
14	江西	139	23	0.27	9526	19	0.40	416 779.4	18	0.43	24 160.23	17	0.47
15	山东	489	6	0.83	33 017	5	0.87	1 271 913	5	0.87	285 581	1	1.00

续表

序号	省市	印刷单位数（单位个，权重0.01）			职工人数（单位人，权重0.01）			资产合计（单位万元，权重0.01）			利润总额（单位万元，权重0.01）		
		2014年统计值	全国排名	计算值	2014年统计值	全国排名	计算值	2014年统计值	全国排名	计算值	2014年统计值	全国排名	计算值
16	河南	428	7	0.80	25 541.13	6	0.83	760 852.9	9	0.73	25 624.68	16	0.50
17	湖北	357	9	0.73	18730	10	0.70	643 583.4	12	0.63	13 154.24	19	0.40
18	湖南	498	5	0.87	22 341.69	8	0.77	1 117 320	7	0.80	14 2906.3	2	0.97
19	广东	874	2	0.97	71 675	1	1.00	2 533 321	1	1.00	91 993.69	5	0.87
20	广西	171	18	0.43	9848	18	0.43	439 406.4	17	0.47	17 957.85	18	0.43
21	海南	28	31	0.00	1405	30	0.03	57 233.15	28	0.10	3544.545	25	0.20
22	重庆	197	17	0.47	14 053	14	0.57	465 492	16	0.50	31 634.5	13	0.60
23	四川	201	16	0.50	12 249	15	0.53	389 249	19	0.40	32 705	12	0.63
24	贵州	165	21	0.33	4477	25	0.20	138 619.9	26	0.17	7602.65	21	0.33
25	云南	164	22	0.30	11 792	16	0.50	569 754.6	14	0.57	29 645.62	14	0.57
26	西藏	29	30	0.03	999	31	0.00	22 123.77	31	0.00	1156.45	31	0.00
27	陕西	214	14	0.57	15 875	12	0.63	588 039	13	0.60	25 658.93	15	0.53
28	甘肃	105	26	0.17	4743	24	0.23	160 825	25	0.20	1321.8	29	0.07
29	青海	52	29	0.07	1651	29	0.07	39 298	29	0.07	1188	30	0.03
30	宁夏	87	27	0.13	2631	27	0.13	29 841.31	30	0.03	2112.91	27	0.13
31	新疆	133	24	0.23	3716	26	0.17	176 589.4	24	0.23	2558.26	26	0.17

表8　2014年全国各省市业发展情况

序号	省市	广告经营单位数（单位个，权重0.01）			广告从业人员数（单位人，权重0.01）			广告经营额（单位万元，权重0.01）		
		2014年统计值	全国排名	计算值	2014年统计值	全国排名	计算值	2014年统计值	全国排名	计算值
1	北京	28 823	6	0.83	127 369	7	0.80	19 218 405	1	1.00
2	天津	21 827	8	0.77	120 174	8	0.77	2 173 803	7	0.80
3	河北	4969	23	0.27	17 574	24	0.23	57 395.27	27	0.13
4	山西	5162	22	0.30	29 249	22	0.30	350 829	20	0.37
5	内蒙古	7258	21	0.33	46 849	19	0.40	214 589.3	23	0.27
6	辽宁	9661	18	0.43	65 095	17	0.47	987 867.9	14	0.57
7	吉林	9932	17	0.47	41 468	20	0.37	391 094.2	17	0.47
8	黑龙江	4772	24	0.23	27 501	23	0.27	485 589	16	0.50
9	上海	118 067	1	1.00	293 204	1	1.00	4 636 489	3	0.93
10	江苏	27 550	7	0.80	215 542	4	0.90	4 241 330	4	0.90
11	浙江	29 967	5	0.87	186 297	5	0.87	3 154 643	5	0.87
12	安徽	11 706	16	0.50	77 715	15	0.53	1 118 909	13	0.60
13	福建	16 203	12	0.63	112 051	9	0.73	1 585 591	9	0.73
14	江西	8505	20	0.37	68 747	16	0.50	371 160.2	18	0.43
15	山东	50 269	2	0.97	276 577	2	0.97	2 828 396	6	0.83
16	河南	14 574	14	0.57	91 509	11	0.67	1 312 050	10	0.70
17	湖北	15 618	13	0.60	85 964	13	0.60	1 248 263	11	0.67
18	湖南	17 871	9	0.73	107 641	10	0.70	1 764 002	8	0.77
19	广东	35 431	3	0.93	256 264	3	0.93	6 885 455	2	0.97
20	广西	16 282	11	0.67	88 979	12	0.63	237 312.2	22	0.30
21	海南	3802	25	0.20	15 351	25	0.20	64 072.34	26	0.17
22	重庆	33 661	4	0.90	160 564	6	0.83	642 167.6	15	0.53
23	四川	16 548	10	0.70	47 343	18	0.43	1 167 277	12	0.63
24	贵州	1092	30	0.03	4140	30	0.03	28 869.2	30	0.03
25	云南	14 524	15	0.53	85 120	14	0.57	367 835.7	19	0.40
26	西藏	731	31	0.00	2054	31	0.00	29 136.79	29	0.07

续表

序号	省市	广告经营单位数（单位个，权重0.01）			广告从业人员数（单位人，权重0.01）			广告经营额（单位万元，权重0.01）		
		2014年统计值	全国排名	计算值	2014年统计值	全国排名	计算值	2014年统计值	全国排名	计算值
27	陕西	1976	29	0.07	9415	27	0.13	124 645.7	24	0.23
28	甘肃	3726	26	0.17	7692	29	0.07	26 234.18	31	0.00
29	青海	2426	27	0.13	9379	28	0.10	73 058.12	25	0.20
30	宁夏	2238	28	0.10	11 663	26	0.17	32 225.4	28	0.10
31	新疆	8519	19	0.40	29 449	21	0.33	237 338.2	21	0.33

表9　2014年全国各省市娱乐业发展情况

序号	省市	娱乐场所机构数（单位个，权重0.01）			职工人数（单位人，权重0.01）			资产合计（单位万元，权重0.01）			利润总额（单位万元，权重0.01）		
		2014年统计值	全国排名	计算值	2014年统计值	全国排名	计算值	2014年统计值	全国排名	计算值	2014年统计值	全国排名	计算值
1	北京	995	26	0.17	10 055	24	0.23	1 677 237	1	1.00	26 655.6	27	0.13
2	天津	622	28	0.10	8585	27	0.13	184 994.9	25	0.20	11 158	30	0.03
3	河北	2243	18	0.43	15 724	18	0.43	203 066.5	22	0.30	29 948.4	24	0.23
4	山西	1211	24	0.23	12 289	19	0.40	270 340.5	20	0.37	32 743.1	23	0.27
5	内蒙古	3041	9	0.73	11 497	21	0.33	516 482	11	0.67	49 671.8	18	0.43
6	辽宁	4036	6	0.83	23 395	14	0.57	290 014.4	17	0.47	46 692.4	19	0.40
7	吉林	1659	21	0.33	8613	26	0.17	151 861.2	26	0.17	27 007.7	26	0.17
8	黑龙江	2774	12	0.63	10 919	22	0.30	115 667.1	27	0.13	27 276.9	25	0.20
9	上海	2206	19	0.40	23 517	13	0.50	908 592.1	7	0.80	52 370	15	0.53
10	江苏	7263	2	0.97	59 614	3	0.93	1 063 442	6	0.83	155 248.9	4	0.90
11	浙江	4745	5	0.87	66 199	2	0.97	1 379 797	4	0.90	136 471.8	6	0.83
12	安徽	3602	7	0.80	26 883	9	0.73	1 507 222	2	0.97	51 785.5	16	0.50
13	福建	1947	20	0.37	34 469	6	0.83	561 416.5	10	0.70	404 362.5	1	1.00
14	江西	3052	8	0.77	20 732	16	0.50	283 079	19	0.40	57 185.9	12	0.63
15	山东	2584	14	0.57	27 589	8	0.77	304 329	15	0.53	53 202.1	14	0.57
16	河南	2249	17	0.47	25 936	10	0.70	293 606.3	16	0.50	50 118.3	17	0.47
17	湖北	2261	16	0.50	23 821	12	0.53	401 101.4	13	0.60	90 970.6	9	0.73
18	湖南	2842	11	0.67	33 637	7	0.80	318 760	14	0.57	110 016.6	7	0.80
19	广东	7211	3	0.93	89 953	1	1.00	1 403 932	3	0.93	103 395.1	8	0.77
20	广西	2843	10	0.70	23 926	11	0.57	285 374.8	18	0.43	43 723.6	20	0.37

续表

序号	省市	娱乐场所机构数（单位个，权重0.01）			职工人数（单位人，权重0.01）			资产合计（单位万元，权重0.01）			利润总额（单位万元，权重0.01）		
		2014年统计值	全国排名	计算值	2014年统计值	全国排名	计算值	2014年统计值	全国排名	计算值	2014年统计值	全国排名	计算值
21	海南	479	31	0.00	6708	28	0.10	114 218.3	28	0.10	20 898	29	0.07
22	重庆	2651	13	0.60	22 964	15	0.53	235 711.9	21	0.33	54 374	13	0.60
23	四川	5822	4	0.90	41 296	4	0.90	735 705.1	8	0.77	151 772.2	5	0.87
24	贵州	2557	15	0.53	20 347	17	0.47	1 191 070	5	0.87	61 283.7	11	0.67
25	云南	7428	1	1.00	37 130	5	0.87	663 312.9	9	0.73	75 054.4	10	0.70
26	西藏	501	30	0.03	4647	30	0.03	87 033.9	29	0.07	22 892.8	28	0.10
27	陕西	1017	25	0.20	12 103	20	0.37	199 507.5	23	0.27	34 363.3	22	0.30
28	甘肃	1278	23	0.27	10 542	23	0.27	197 726.5	24	0.23	242 154.5	3	0.93
29	青海	581	29	0.07	2402	31	0.00	35 490.5	31	0.00	5865.4	31	0.00
30	宁夏	844	27	0.13	4717	29	0.07	63 946.1	30	0.03	38 549.8	21	0.33
31	新疆	1635	22	0.30	9307	25	0.20	500 930.8	12	0.63	339 102.9	2	0.97

表10 2014年全国各省市动漫业发展情况

序号	省市	动漫业企业数（单位个，权重0.02）			动漫业从业人员数（单位人，权重0.02）			动漫业资产总计（单位万元，权重0.02）			动漫业利润总额（单位万元，权重0.02）			原创漫画作品（单位个，权重0.02）			原创动漫作品（单位个，权重0.02）		
		2014年统计值	全国排名	计算值	2014年统计值	全国排名	计算值	2014年统计值	全国排名	计算值	2014年统计值	全国排名	计算值	2014年统计值	全国排名	计算值	2014年统计值	全国排名	计算值
1	北京	66	2	1.93	2465	3	1.87	173 501.5	3	1.87	539.4	15	1.07	3113	1	1.00	223	5	0.87
2	天津	19	12	1.27	753	13	1.20	138 129.7	5	1.73	−921.8	28	0.20	107	9	0.73	46	14	0.57
3	河北	13	16	1.00	520	16	1.00	11 582.9	23	0.53	53.2	22	0.60	753	4	0.90	28	19	0.40
4	山西	18	13	1.20	287	23	0.53	13 750.2	21	0.67	219.6	19	0.80	6	21	0.33	72	12	0.63
5	内蒙古	6	25	0.40	190	25	0.40	18 307	18	0.87	1570.8	10	1.40	40	14	0.57	275	4	0.90
6	辽宁	17	14	1.13	778	12	1.27	24 389.8	15	1.07	1259.1	11	1.33	3	24	0.23	60	13	0.60
7	吉林	8	21	0.67	637	15	1.07	58 412.8	10	1.40	−3799.4	31	0.00	14	17	0.47	11	24	0.23
8	黑龙江	14	15	1.07	1304	9	1.47	30 348.3	13	1.20	3006.4	7	1.60	458	5	0.87	711	1	1.00
9	上海	30	6	1.67	1569	8	1.53	217 106.7	2	1.93	−1660.4	30	0.07	65	10	0.70	37	17	0.47
10	江苏	77	1	2.00	2683	2	1.93	138 024.8	6	1.67	−1138.4	29	0.13	48	13	0.60	129	7	0.80
11	浙江	23	9	1.47	992	11	1.33	105 639.3	8	1.53	2398.7	8	1.53	1036	3	0.93	83	11	0.67
12	安徽	24	8	1.53	1186	10	1.40	39 485.2	11	1.33	5470.1	6	1.67	9	19	0.40	44	15	0.53
13	福建	34	5	1.73	1942	7	1.60	92 412.1	9	1.47	7129.5	5	1.73	335	6	0.83	217	6	0.83
14	江西	23	10	1.40	2076	6	1.67	39 081.2	12	1.27	9876	4	1.80	37	15	0.53	99	8	0.77
15	山东	9	18	0.87	400	19	0.80	14 247.5	20	0.73	−661.4	27	0.27	2	24	0.23	15	23	0.27
16	河南	23	11	1.33	745	14	1.13	25 750.7	14	1.13	−124.9	26	0.33	51	12	0.63	39	16	0.50
17	湖北	36	4	1.80	2169	4	1.80	151 998.8	4	1.80	20 085	2	1.93	55	11	0.67	27	20	0.37
18	湖南	24	7	1.60	2140	5	1.73	126 253.1	7	1.60	18 861.7	3	1.87	303	7	0.80	96	9	0.73
19	广东	63	3	1.87	6137	1	2.00	313 219.3	1	2.00	46 932.1	1	2.00	2699	2	0.97	417	2	0.97
20	广西	9	19	0.80	301	22	0.60	3791.5	27	0.27	442.8	17	0.93	9	19	0.40	21	21	0.33
21	海南	1	29	0.13	40	29	0.13	3082	28	0.20	4.9	23	0.53	–	29	0.07	–	29	0.07
22	重庆	6	24	0.47	477	17	0.93	20 165.4	17	0.93	1614.2	9	1.47	5	22	0.30	5	26	0.17
23	四川	5	26	0.33	413	18	0.87	7479.1	24	0.47	702.2	14	1.13	12	18	0.43	282	3	0.93
24	贵州	4	27	0.27	122	26	0.33	5081.3	25	0.40	137.8	21	0.67	5	23	0.27	5	26	0.17
25	云南	9	17	0.93	324	20	0.73	16 090.7	19	0.80	138.7	20	0.73	2	24	0.23	95	10	0.70

续表

序号	省市	动漫业企业数（单位个，权重0.02）			动漫业从业人员数（单位人，权重0.02）			动漫业资产总计（单位万元，权重0.02）			动漫业利润总额（单位万元，权重0.02）			原创漫画作品（单位个，权重0.02）			原创动漫作品（单位个，权重0.02）		
		2014年统计值	全国排名	计算值	2014年统计值	全国排名	计算值	2014年统计值	全国排名	计算值	2014年统计值	全国排名	计算值	2014年统计值	全国排名	计算值	2014年统计值	全国排名	计算值
26	西藏	–	30	0.07	–	30	0.07	–	30	0.07	–	24	0.47	–	29	0.07	–	29	0.07
27	陕西	8	20	0.73	317	21	0.67	12 439	22	0.60	1051.4	13	1.20	206	8	0.77	19	22	0.30
28	甘肃	6	23	0.53	244	24	0.47	21 109.7	16	1.00	1069.3	12	1.27	14	16	0.50	32	18	0.43
29	青海	–	30	0.07	–	30	0.07	–	30	0.07	–	24	0.47	–	29	0.07	–	29	0.07
30	宁夏	3	28	0.20	71	28	0.20	3000.5	29	0.13	427.8	18	0.87	1	28	0.10	5	26	0.17
31	新疆	7	22	0.60	105	27	0.27	4073	26	0.33	471.8	16	1.00	2	24	0.23	9	25	0.20

表11　2014年全国各省市文化制造业发展情况

序号	省市	规模以上文化制造业企业新产品开发项目数（单位个，权重0.02）			外观设计专利（单位个，权重0.02）		
		2014年统计值	全国排名	计算值	2014年统计值	全国排名	计算值
1	北京	347	11	1.33	943	7	1.60
2	天津	1324	6	1.67	335	15	1.07
3	河北	191	15	1.07	304	17	0.93
4	山西	18	21	0.67	102	23	0.53
5	内蒙古	–	29	0.13	77	25	0.40
6	辽宁	186	16	1.00	311	16	1.00
7	吉林	3	25	0.40	68	27	0.27
8	黑龙江	13	22	0.60	249	19	0.80
9	上海	674	7	1.60	1075	6	1.67
10	江苏	3238	2	1.93	8297	3	1.87
11	浙江	2374	3	1.87	8450	2	1.93
12	安徽	655	8	1.53	712	9	1.47
13	福建	478	9	1.47	2274	4	1.80
14	江西	287	12	1.27	578	11	1.33
15	山东	1415	5	1.73	824	8	1.53
16	河南	410	10	1.40	1163	5	1.73
17	湖北	279	13	1.20	409	13	1.20

续表

序号	省市	规模以上文化制造业企业新产品开发项目数（单位个，权重0.02）			外观设计专利（单位个，权重0.02）		
		2014年统计值	全国排名	计算值	2014年统计值	全国排名	计算值
18	湖南	268	14	1.13	696	10	1.40
19	广东	3913	1	2.00	11800	1	2.00
20	广西	28	20	0.73	205	21	0.67
21	海南	3	25	0.40	48	29	0.13
22	重庆	62	19	0.80	389	14	1.13
23	四川	1787	4	1.80	577	12	1.27
24	贵州	8	23	0.53	234	20	0.73
25	云南	76	18	0.87	104	22	0.60
26	西藏	-	29	0.13	16	30	0.07
27	陕西	98	17	0.93	255	18	0.87
28	甘肃		29	0.13	73	26	0.33
29	青海	3	25	0.40	52	28	0.20
30	宁夏	5	24	0.47	10	31	0.00
31	新疆	1	28	0.20	99	24	0.47

表12 2014年全国各省市旅游业发展情况

序号	省市	国内旅游收入（单位万元，权重0.01）			接待入境过夜游客总计（单位万人次，权重0.01）			接待入境过夜游客外国人（单位万人次，权重0.01）			国际旅游外汇收入（单位万元，权重0.01）		
		2014年统计值	全国排名	计算值	2014年统计值	全国排名	计算值	2014年统计值	全国排名	计算值	2014年统计值	全国排名	计算值
1	北京	3997	8	0.77	427.45	3	0.93	4608	5	0.87	4608	5	0.87
2	天津	2307.73	21	0.33	76.63	22	0.30	2992.1	7	0.80	2992.1	7	0.80
3	河北	2528.7	16	0.50	75.61	23	0.27	534.19	23	0.27	534.19	23	0.27
4	山西	2829.3	14	0.57	56.56	26	0.17	280.73	25	0.20	280.73	25	0.20
5	内蒙古	1745	24	0.23	167.31	16	0.50	1002.96	16	0.50	1002.96	16	0.50
6	辽宁	5190.2	5	0.87	260.70	13	0.60	1618	12	0.63	1618	12	0.63
7	吉林	1766.55	23	0.27	130.63	19	0.40	583.9	19	0.40	583.9	19	0.40
8	黑龙江	1031.5	25	0.20	141.72	18	0.43	563.56	20	0.37	563.56	20	0.37
9	上海	2950.13	12	0.63	639.62	2	0.97	5601.85	3	0.93	5601.85	3	0.93
10	江苏	7863.5	2	0.97	297.10	7	0.80	3032.71	6	0.83	3032.71	6	0.83
11	浙江	5947	3	0.93	370.88	4	0.90	5753.48	2	0.97	5753.48	2	0.97
12	安徽	3309.7	10	0.70	280.18	10	0.70	1840.26	10	0.70	1840.26	10	0.70
13	福建	2405.84	20	0.37	318.90	5	0.87	4911.8	4	0.90	4911.8	4	0.90
14	江西	2615	15	0.53	147.67	17	0.47	556.87	21	0.33	556.87	21	0.33
15	山东	5711.2	4	0.90	300.19	6	0.83	2330.1	9	0.73	2330.1	9	0.73

续表

序号	省市	国内旅游收入（单位万元，权重0.01）			接待入境过夜游客总计（单位万人次，权重0.01）			接待入境过夜游客外国人（单位万人次，权重0.01）			国际旅游外汇收入（单位万元，权重0.01）		
		2014年统计值	全国排名	计算值	2014年统计值	全国排名	计算值	2014年统计值	全国排名	计算值	2014年统计值	全国排名	计算值
16	河南	4366.2	7	0.80	124.76	21	0.33	538.37	22	0.30	538.37	22	0.30
17	湖北	3675.98	9	0.73	277.07	11	0.67	1238.51	15	0.53	1238.51	15	0.53
18	湖南	3001.5	11	0.67	219.55	15	0.53	799.99	18	0.43	799.99	18	0.43
19	广东	8220	1	1.00	3355.43	1	1.00	17 106.36	1	1.00	17 106.36	1	1.00
20	广西	2494.99	18	0.43	295.76	8	0.77	1572.07	13	0.60	1572.07	13	0.60
21	海南	506.5	28	0.10	66.14	24	0.23	268.63	26	0.17	268.63	26	0.17
22	重庆	1912.57	22	0.30	126.36	20	0.37	1354.44	14	0.57	1354.44	14	0.57
23	四川	4838.3	6	0.83	240.17	14	0.57	857.68	17	0.47	857.68	17	0.47
24	贵州	2882.66	13	0.60	65.31	25	0.20	188.8	27	0.13	188.8	27	0.13
25	云南	2516.87	17	0.47	286.56	9	0.73	2420.65	8	0.77	2420.65	8	0.77
26	西藏	204	29	0.07	24.44	28	0.10	144.69	28	0.10	144.69	28	0.10
27	陕西	2435	19	0.40	266.30	12	0.63	1768.73	11	0.67	1768.73	11	0.67
28	甘肃	779.6	26	0.17	4.88	30	0.03	10.17	31	0.00	10.17	31	0.00
29	青海	200.31	30	0.03	5.15	29	0.07	24.74	29	0.07	24.74	29	0.07
30	宁夏	141.56	31	0.00	3.37	31	0.00	18.48	30	0.03	18.48	30	0.03
31	新疆	619.53	27	0.13	54.01	27	0.13	497.04	24	0.23	497.04	24	0.23

表13 2014年全国各省市制造业发展情况

序号	省市	计算机、通信和其他电子设备（单位亿元，权重0.01）			汽车（单位亿元，权重0.01）			铁路、船舶、航空航天和其他运输设备（单位亿元，权重0.01）			医药（单位亿元，权重0.01）		
		2014年统计值	全国排名	计算值	2014年统计值	全国排名	计算值	2014年统计值	全国排名	计算值	2014年统计值	全国排名	计算值
1	北京	2354.85	11	0.67	3641.8	8	0.77	356.72	15	0.53	641.39	13	0.60
2	天津	2885.92	8	0.77	1974.2	15	0.53	974.16	7	0.80	466.11	16	0.50
3	河北	448.56	19	0.40	1954.3	16	0.50	519.83	13	0.60	708.95	12	0.63
4	山西	591.84	18	0.43	91.6	24	0.23	143.25	22	0.30	166.24	24	0.23
5	内蒙古	82.23	21	0.33	216.1	20	0.37	42.5	23	0.27	280.48	21	0.33
6	辽宁	889.77	17	0.47	3149.1	9	0.73	1080.75	6	0.83	766.69	11	0.67
7	吉林	79.42	22	0.30	6335.5	3	0.93	345.67	16	0.50	1550.62	4	0.90
8	黑龙江	23.64	24	0.23	171.8	22	0.30	199.94	18	0.43	337.05	19	0.40
9	上海	5316.28	3	0.93	5322.3	5	0.87	768.81	9	0.73	584.83	15	0.53
10	江苏	17 321.31	2	0.97	6364.0	1	1.00	3701.01	1	1.00	3048.67	2	0.97
11	浙江	2620.71	10	0.70	2850.5	10	0.70	1292.03	4	0.90	1098.68	7	0.80
12	安徽	1574.95	14	0.57	2085.4	13	0.60	246.53	17	0.47	624.85	14	0.57
13	福建	3020.57	6	0.83	957.6	19	0.40	395.64	14	0.57	234.34	23	0.27
14	江西	1125.49	15	0.53	1021.6	18	0.43	149.28	21	0.33	995.16	8	0.77
15	山东	4843.31	4	0.90	6352.1	2	0.97	1978.21	2	0.97	3736.4	1	1.00
16	河南	2925.82	7	0.80	2388.7	11	0.67	744.2	10	0.70	1671.09	3	0.93

续表

序号	省市	计算机、通信和其他电子设备（单位亿元，权重0.01）			汽车（单位亿元，权重0.01）			铁路、船舶、航空航天和其他运输设备（单位亿元，权重0.01）			医药（单位亿元，权重0.01）		
		2014年统计值	全国排名	计算值	2014年统计值	全国排名	计算值	2014年统计值	全国排名	计算值	2014年统计值	全国排名	计算值
17	湖北	1655.53	13	0.60	5292.9	6	0.83	616.19	11	0.67	956.59	9	0.73
18	湖南	1660.02	12	0.63	1142.7	17	0.47	901.47	8	0.77	787.56	10	0.70
19	广东	27 356.42	1	1.00	5361.3	4	0.90	1145.46	5	0.87	1290.76	5	0.87
20	广西	951.15	16	0.50	2079.6	14	0.57	154.51	19	0.40	356.2	18	0.43
21	海南	10.74	25	0.20	91.2	25	0.20	0.62	25	0.20	115.99	25	0.20
22	重庆	2854.63	9	0.73	3739.1	7	0.80	1432.8	3	0.93	375.25	17	0.47
23	四川	4094.73	5	0.87	2216.8	12	0.63	542.84	12	0.63	1125.59	6	0.83
24	贵州	121.8	20	0.37	169.7	23	0.27	154.28	20	0.37	313.32	20	0.37
25	云南	26.43	23	0.27	183.3	21	0.33	33.98	24	0.23	251.85	22	0.30
26	西藏	–	26	0.17	–	26	0.17	–	26	0.17	10.79	26	0.17
27	陕西	–	26	0.17	–	26	0.17	–	26	0.17	–	27	0.13
28	甘肃	–	26	0.17	–	26	0.17	–	26	0.17	–	27	0.13
29	青海	–	26	0.17	–	26	0.17	–	26	0.17	–	27	0.13
30	宁夏	–	26	0.17	–	26	0.17	–	26	0.17	–	27	0.13
31	新疆	–	26	0.17	–	26	0.17	–	26	0.17	–	27	0.13

表14　2014年全国各省市文化产业知名度情况

序号	省市	全国文化企业30强（单位个，权重0.01）			国家级文化产业示范（试验）园区（单位个，权重0.01）			国家级文化产业示范基地（单位个，权重0.01）		
		2014年统计值	全国排名	计算值	2014年统计值	全国排名	计算值	2014年统计值	全国排名	计算值
1	北京	10	1	3	0	20	1.1	23	1	2.00
2	天津	0	9	2.2	0	20	1.1	8	10	1.40
3	河北	1	8	2.3	1	4	2.7	10	9	1.47
4	山西	0	9	2.2	0	20	1.1	7	18	0.87
5	内蒙古	0	9	2.2	0	20	1.1	5	25	0.40
6	辽宁	0	9	2.2	1	4	2.7	11	7	1.60
7	吉林	0	9	2.2	1	4	2.7	8	10	1.40
8	黑龙江	0	9	2.2	1	4	2.7	7	18	0.87
9	上海	2	5	2.6	1	4	2.7	13	4	1.80
10	江苏	3	2	2.9	1	4	2.7	13	4	1.80
11	浙江	3	2	2.9	1	4	2.7	14	3	1.87
12	安徽	3	2	2.9	1	4	2.7	8	10	1.40
13	福建	1	8	2.3	1	4	2.7	7	18	0.87
14	江西	1	8	2.3	0	20	1.1	6	22	0.60
15	山东	1	8	2.3	2	1	3	11	7	1.60
16	河南	0	9	2.2	1	4	2.7	9	10	1.40

续表

序号	省市	全国文化企业30强企业（单位个，权重0.01）			国家级文化产业示范（试验）园区（单位个，权重0.01）			国家级文化产业示范基地（单位个，权重0.01）		
		2014年统计值	全国排名	计算值	2014年统计值	全国排名	计算值	2014年统计值	全国排名	计算值
17	湖北	0	9	2.2	1	4	2.7	8	10	1.40
18	湖南	2	5	2.6	2	1	3	8	10	1.40
19	广东	2	5	2.6	2	1	3	23	1	2.00
20	广西	0	9	2.2	0	20	1.1	5	25	0.40
21	海南	0	9	2.2	0	20	1.1	4	27	0.27
22	重庆	0	9	2.2	0	20	1.1	6	22	0.60
23	四川	0	9	2.2	1	4	2.7	13	4	1.80
24	贵州	0	9	2.2	0	20	1.1	4	27	0.27
25	云南	0	9	2.2	0	20	1.1	8	10	1.40
26	西藏	0	9	2.2	1	4	2.7	2	31	0.00
27	陕西	1	8	2.3	1	4	2.7	8	10	1.40
28	甘肃	0	9	2.2	0	20	1.1	6	22	0.60
29	青海	0	9	2.2	1	4	2.7	7	18	0.87
30	宁夏	0	9	2.2	1	4	2.7	4	27	0.27
31	新疆	0	9	2.2	0	20	1.1	4	27	0.27

表15 2014年全国各省市文化产业消费情况

序号	省市	全域居民人均消费支出（0.01）			全域居民人均文化娱乐消费支出（0.01）			城镇居民人均消费支出（0.01）			城镇居民人均文化娱乐消费支出（0.03）			农村居民人均消费支出（0.01）			农村居民人均文化娱乐消费支出（0.03）		
		2014年统计值	全国排名	计算值	2014年统计值	全国排名	计算值	2014年统计值	全国排名	计算值	2014年统计值	全国排名	计算值	2014年统计值	全国排名	计算值	2015年统计值	全国排名	计算值
1	北京	31 102.9	2	0.97	2333.7	1	1.00	33 717.5	2	0.97	2633.0	1	3.00	14 535.1	2	0.97	202.4	2	2.90
2	天津	22 343.0	4	0.90	998.5	5	0.87	24 289.6	4	0.90	1150.3	6	2.50	13 738.6	4	0.90	154.7	5	2.60
3	河北	11 931.5	21	0.33	443.4	25	0.20	16 203.8	23	0.27	723.0	26	0.50	8248.0	12	0.63	215.8	15	1.60
4	山西	10 863.8	26	0.17	481.6	20	0.37	14 636.9	31	0.00	800.0	22	0.90	6991.7	26	0.17	225.7	23	0.80
5	内蒙古	16 258.1	8	0.77	692.3	9	0.73	20 885.2	8	0.77	1043.1	11	2.00	9972.2	8	0.77	252.6	12	1.90
6	辽宁	16 068.0	9	0.73	794.8	7	0.80	20 519.6	9	0.73	1101.3	7	2.40	7800.7	19	0.40	218.4	10	2.10
7	吉林	13 026.0	13	0.60	580.9	12	0.63	17 156.1	19	0.40	858.5	19	1.20	8139.8	14	0.57	344.9	8	2.30
8	黑龙江	12 768.8	15	0.53	460.1	23	0.27	16 466.6	21	0.33	641.0	28	0.30	7830.0	18	0.43	469.6	11	2.00
9	上海	33 064.8	1	1.00	2149.6	2	0.97	35 182.4	1	1.00	2359.1	2	2.90	14 820.1	1	1.00	334.6	3	2.80
10	江苏	19 163.6	6	0.83	1204.6	3	0.93	23 476.3	6	0.83	1636.2	3	2.80	11 820.3	5	0.87	162.5	1	3.00
11	浙江	22 552.0	3	0.93	927.2	6	0.83	27 241.7	3	0.93	1272.2	5	2.60	14 497.8	3	0.93	277.5	4	2.70
12	安徽	11 727.0	23	0.27	350.7	29	0.07	16 107.1	25	0.20	570.7	30	0.10	7980.8	16	0.50	170.1	21	1.00
13	福建	17 644.5	7	0.80	714.4	8	0.77	22 204.1	7	0.80	1016.8	12	1.90	11055.9	6	0.83	206.5	6	2.50
14	江西	11 088.9	24	0.23	479.3	21	0.33	15 141.8	29	0.07	833.3	21	1.00	7548.3	21	0.33	213.7	19	1.20
15	山东	13 328.9	11	0.67	537.9	15	0.53	18 322.6	11	0.67	846.2	20	1.10	7962.2	17	0.47	185.1	14	1.70
16	河南	11 000.4	25	0.20	501.5	18	0.43	16 184.5	24	0.23	902.1	15	1.60	7277.2	23	0.27	253.6	13	1.80

续表

序号	省市	全域居民人均消费支出（0.01）			全域居民人均文化娱乐消费支出（0.01）			城镇居民人均消费支出（0.01）			城镇居民人均文化娱乐消费支出（0.03）			农村居民人均消费支出（0.01）			农村居民人均文化娱乐消费支出（0.03）		
		2014年统计值	全国排名	计算值	2014年统计值	全国排名	计算值	2014年统计值	全国排名	计算值	2014年统计值	全国排名	计算值	2014年统计值	全国排名	计算值	2015年统计值	全国排名	计算值
17	湖北	12 928.3	14	0.57	487.6	19	0.40	16 681.4	20	0.37	754.9	24	0.70	8680.9	10	0.70	241.4	17	1.40
18	湖南	13 288.7	12	0.63	639.0	10	0.70	18 334.7	10	0.70	1095.1	8	2.30	9024.8	9	0.73	119.1	7	2.40
19	广东	19 205.5	5	0.87	1015.5	4	0.90	23 611.7	5	0.87	1387.8	4	2.70	10 043.2	7	0.80	140.4	9	2.20
20	广西	10 274.3	27	0.13	383.2	27	0.13	15 045.4	30	0.03	733.4	25	0.60	6675.1	27	0.13	165.3	28	0.30
21	海南	12 470.6	18	0.43	367.4	28	0.10	17 513.8	16	0.50	577.8	29	0.20	7029.0	25	0.20	177.1	25	0.60
22	重庆	13 810.6	10	0.70	576.2	13	0.60	18 279.5	12	0.63	891.3	17	1.40	7982.6	15	0.53	123.8	20	1.10
23	四川	12 368.4	19	0.40	517.2	16	0.50	17 759.9	13	0.60	968.1	14	1.70	8301.1	11	0.67	108.8	18	1.30
24	贵州	9303.4	30	0.03	462.4	22	0.30	15 254.6	28	0.10	1067.0	10	2.10	5970.3	30	0.03	29.5	26	0.50
25	云南	9869.5	29	0.07	446.4	24	0.23	16 268.3	22	0.30	1009.0	13	1.80	6030.3	29	0.07	147.3	30	0.10
26	西藏	7317.0	31	0.00	109.2	31	0.00	15 669.4	27	0.13	376.2	31	0.00	4822.1	31	0.00	123.2	31	0.00
27	陕西	12 203.6	20	0.37	506.0	17	0.47	17 546.0	15	0.53	893.0	16	1.50	7252.4	24	0.23	160.8	24	0.70
28	甘肃	9874.6	28	0.10	348.0	30	0.03	15 942.3	26	0.17	714.1	27	0.40	6147.8	28	0.10	193.9	27	0.40
29	青海	12 604.8	16	0.50	589.1	11	0.67	17 492.9	17	0.47	1068.2	9	2.20	8235.1	13	0.60	115.3	22	0.90
30	宁夏	12 484.5	17	0.47	538.5	14	0.57	17 216.2	18	0.43	877.6	18	1.30	7676.5	20	0.37	–	16	1.50
31	新疆	11 903.7	22	0.30	413.3	26	0.17	17 684.5	14	0.57	792.8	23	0.80	7365.3	22	0.30	–	29	0.20

参考文献

著作

[1]高鸿业. 西方经济学(第三版)[M]. 北京:中国人民大学出版社, 2004.

[2]高铁梅. 计量经济学分析方法与建模应用及实例[M]. 北京:清华大学, 2009.

[3]顾江. 文化产业经济学[M]. 南京:南京大学出版社, 2013.

[4]靳悦. 文化创意产业与制造业产业融合机制研究[M]. 北京:首都经济贸易大学, 2015.

[5]花建, 巫志南, 郭洁敏等. 文化产业竞争力[M]. 广州:广东人民出版社, 2005.

[6]Jay Barney. Gaining and Sustaining Competitive Advantage [M]. Addision - wesley Publishing Company, 1997.

[7]孙福良. 中国创意经济比较研究[M]. 上海:学林出版社, 2008.

[8](澳)蒂莫西·科埃利著, 刘大成译. 效率和生产率分析导论(第2版)[M]. 北京: 清华大学出版社, 2009.

期刊

[1]白积洋. 中国文化产业投资效率的实证检验[J]. 广西财经学院学报, 2012(26).

[2]北京市统计局。北京市2014年国民经济和社会发展统计公报[J]. 北京市人民政府公报, 2015.

[3]卞晓丹, 钟廷勇. 空间集聚与文化产业供给侧改革——基于要素错配的视角[J]. 江海学刊, 2016(4).

[4]毕小青, 王代丽. 基于"钻石模型"的文化产业竞争力评价方法探析[J]. 华北电力大学学报(社会科学版), 2009(6):54-58.

[5]曹文彬, 付亭. 基于DEA-Tobit模型的IT行业上市公司经营绩效的实证研究[J]. 经济问题, 2013(6).

[6]陈国生, 张东风. 关于加快湖南文化产业发展的思考[J]. 经济地理, 2005(1).

[7]陈宪忠. 构建桂林文化完整产业链[J]. 中共桂林市委党校学报, 2012(2).

[8]程慧英. 文化创意产业与制造业融合发展的路径探究[J]. 经济论坛, 2016(5).

[9]迟莹, 齐晓安. 发达国家文化产业"走出去"模式及启示[J]. 税务与经济, 2014(6).

[10]重庆市统计局和国家统计局重庆调查总队. 2013年重庆经济年鉴[J]. 中国统计出版社, 2014.

[11]重庆市统计局和国家统计局重庆调查总队. 2014年重庆经济年鉴[J]. 中国统计出版社, 2015.

[12]重庆市统计局和国家统计局重庆调查总队. 2015年重庆经济年鉴[J]. 中国统计出版社, 2016.

[13]高敏,徐新桥. 文化消费与文化产业发展的关联度[J]. 重庆社会科学, 2015(11).

[14]耿达. 比较优势、协同创新与区域文化产业取向[J]. 重庆社会科学, 2016(1).

[15]国家旅游局. 中国旅游统计年鉴2015[J]. 中国旅游出版社, 2016.

[16]国家统计局. 2014年中国工业统计年鉴[J]. 中国统计出版社, 2015.

[17]国家统计局社会科技和文化产业统计司, 中宣部文化体制改革和发展办公室[J]. 2013年中国文化及相关产业统计年鉴, 中国统计出版社, 2014.

[18]国家统计局社会科技和文化产业统计司, 中宣部文化体制改革和发展办公室[J]. 2014年中国文化及相关产业统计年鉴, 中国统计出版社, 2015.

[19]国家统计局社会科技和文化产业统计司, 中宣部文化体制改革和发展办公室. 2015年中国文化及相关产业统计年鉴[J]. 中国统计出版社, 2016.

[20]郭淑芬, 裴耀琳. 中国内地31省市文化产业创新绩效区域比较——基于过程视角[J].科技进步与对策, 2016(4).

[21]郭万超, 马萱. 全球视野下的中国文化产业价值链[J]. 人民论坛·学术前沿,2015(13).

[22]郭新茹, 顾江. 科技创新与文化产业生产效率的协整分

析——基于我国31个省市面板数据的实证研究[J]. 南京社会科学, 2014(5).

[23]韩平, 平安. 中外文化产业政府规制比较研究[J]. 产业经济评论,2014(5).

[24]黄永林. 中国文化产业发展战略的历史选择及其特征与经验[J]. 同济大学学报(社会科学版), 2015(5).

[25]黄永兴,徐鹏. 中国文化产业效率及其决定因素: 基于Bootstrap-DEA的空间计量分析[J].数理统计与管理, 2014(3).

[26]韩晓芳, 解学芳. 文化产业科技创新能力研究述评: 2004-201[J]. 科技管理研究,2016(14).

[27]何森, 张鸿雁. 中国文化产业改革治理的创新突破点与行动逻辑——特色文化城市建构的产业转型视角[J]. 南京社会科学, 2014(8).

[28]何芬. "十三五"推动北京会展业发展的思考[J]. 经济界, 2016(1).

[29]何莹, 吴菲. 互联网思维下的产业创新发展:从文化工业到文化产业[J]. 理论界, 2016(6).

[30]洪振强. 我国文化产业会展评估战略研究[J]. 江汉学术, 2014(5).

[31]胡惠林. 文化产业理性发展的尺度——构建具有路标导向的中国文化产业发展指标体系[J]. 上海交通大学学报(哲学社会科学版), 2014(4).

[32]胡慧源. 江苏文化产业空间演化:分布与演进[J]. 中国科技论坛, 2016(5).

[33]胡晓鹏. 文化创意产业的地区发展模式研究[j].中国地质大学学报(社会科学版), 2012(10).

[34]胡志平. 文化产业发展的公共服务逻辑[J]. 社会科学, 2014(8).

[35]惠光东,周晓宏,范杨洲. 我国文化产业安全预警体系的构建研究[J]. 齐齐哈尔大学学报(哲学社会科学版), 2016(8).

[36]江奔东. 关于提高文化产业创意业态绩效的思考[J]. 齐鲁学刊,2013(4).

[37]姜剑云, 孙耀庆. 韩国文化产业研究综述[J]. 当代韩国, 2016(2).

[38]解学芳, 臧志彭. 制度、技术创新协同与网络文化产业治理——基于2000—2011年的实证研究[J]. 科学学与科学技术管理, 2014(3).

[39]蒋萍, 王勇. 全口径中国文化产业投入产出效率研究——基于三阶段DEA模型和超效率DEA模型的分析[J]. 数量经济技术经济研究, 2011(12).

[40]姜永昊. 大连市装备制造业与文化创意产业融合发展研究[J]. 经营管理, 2015(1).

[41]Peter J. Buckley, Christopher L. Pass and Kate Presscott. Measures of International Competitiveness: A Critical Survey [J]. Journal of Marketing Management, 1988.

[42]康路. 用买方市场构筑竞争力——对话西安曲江三联会展有限公司总裁卫军水[J]. 中国会展, 2010(15).

[43]蓝甲云，王铁军，陈冠梅. 文化产业市场化的价值导向[J]. 财经理论与实践,2007,(3).

[44]李敢，刘米娜. 文化产业集群机制与转型升级的行动逻辑[J]. 重庆社会科学,2014,(6).

[45]李洋，岳宏志. 陕西省文化产业的绩效测度—基于因子的实证分析[J]. 金融经济,2014(3).

[46]刘军萍，王爱玲. 北京创意农业的典型模式分析[J]. 中国乡镇企业，2012(5).

[47]刘璇，张向前. 我国文化产业国际竞争力理论分析[J]. 经济问题探索，2013(1).

[48]刘吾康. 财政支持文化产业发展的路径分析[J]. 财政监督，2011(12):74-75.李雪茹.区域文化产业竞争力评价分析:基于VRIO模型的修正[J]. 人文地理，2009(5).

[49]刘士林. 加快发展文化产业的城市化战略与路径[J]. 河南社会科学，2013,(1).

[50]李忠斌，肖博华. 基于PCA-DEA组合模型和Malmquist指数的我国各省区文化产业效率研究(2008-2012年)[J]. 中南民族大学学报自然科学版，2015(2).

[51]刘祝安，袁航. "景宁惠明茶"文化产业开发初探[J]. 茶叶，2014,(3).

[52]马萱，郑世林. 中国区域文化产业效率研究综述与展望[J]. 经济学动态，2010(3).

[53]毛秀娟. 基于"钻石模型"的横店影视文化产业竞争力分析[J]. 浙江师范大学学报(社会科学版)，2014(4).

[54]梅国平,刘珊,封福育. 文化产业的产业关联研究——基于网络交易大数据[J]. 经济管理, 2014(11).

[55]牛维麟. 人才:文化产业国际竞争的致胜之基[J]. 人民论坛·学术前沿, 2014(12).

[56]欧世平. 安徽省文化产业转型升级之现实路径选择[J]. 华东经济管理, 2014(8).

[57]欧阳坚. 培育骨干文化企业提升文化产业素质[J]. 学术探索, 2011(3).

[58]齐崇文. 文化产业中的表达:自由与界限[J]. 出版科学, 2016(2).

[59]乔维德. 加快发展无锡文化创意产业的对策研究[J]. 黄冈职业技术学院学报, 2014(4).

[60]任枉, 郭华, 何忠伟, 阿柔娜.北京创意农业发展模式与机制创新研究[J]. 北京农学院学报, 2012(10).

[61]任英华, 沈凯娇, 游万海. 不同空间权重矩阵下文化产业集聚机制和溢出效应——基于2004—2011年省际面板数据的实证[J]. 统计与信息论坛, 2015(2).

[62]宋伟, 黄强. 合芜蚌自主创新试验区科技政策与法律体系研究[J]. 科技与法律, 2010(4).

[63]施国芳, 陈朝霞, 周春儿等. 文化产业对上海城市经济转型发展的影响[J]. 浙江大学学报(理学版), 2016, 43(1).

[64]史征. 文化创意产业发展指数的框架设计[J]. 统计与决策, 2010(7).

[65]王安琪. 省际文化产业竞争力评价指标体系研究[J]. 经济论坛, 2012(9).

[66]王春才. 北京市会奖旅游发展的制约因素及其破解路径[J]. 城市问题, 2015(6).

[67]王佳宁. 我国文化产业政策轨迹及其趋势判断[J]. 重庆社会科学, 2016(5).

[68]王家庭, 张容. 基于三阶段DEA模型的中国31省市文化产业效率研究[J]. 中国软科学, 2009 (9).

[69]王青道. 会议规模为什么越变越大[J]. 会议, 2015(62).

[70]王文峰. 文化产业竞争力评价模型及指标体系研究述评[J]. 经济问题探索. 2014(1).

[71]王秀伟,汤书昆. 文化授权:地方特色文化产业发展的模式选择——以中国宣纸集团宣纸文化产业为例[J]. 同济大学学报(社会科学版), 2016(1).

[72]王双阳. 浅析文化产业园的绩效评估体系[J]. 产业观察, 2014(6).

[73]王志标. 文化产业链设计[J]. 科学学研究, 2007(2).

[74]魏鹏举, 孔少华. 内生增长视野下的文化产业创新发展思路分析[J]. 同济大学学报(社会科学版), 2016(3).

[75]魏鹏举. 新常态下中国文化产业金融支持体系的学理探讨[J]. 中国人民大学学报, 2016(4).

[76]王沁,王璐,彭皓. 四川文化产业的产业依存关系及影响效应分析[J]. 经济研究导刊, 2014(28).

[77]王毅. 文化产业竞争力评价方法与测度分析[J]. 求索, 2007(2).

[78]王颖. 浙江省文化产业竞争力对比分析与思考[J].经济研究导刊, 2008(10).

[79]夏小丽. 民族文化创意旅游产业发展机理与发展模式[J]. 经济研究导刊, 2010(31).

[80]邢启顺. 西南民族走廊空间结构与民族文化产业布局整合[J]. 黔南民族师范学院学报, 2014(3).

[81]熊正德, 路婷婷, 陈军昌. 倍增计划下湖南文化产业发展的金融支持机制创新研究[J]. 湖南大学学报(社会科学版), 2014(5).

[82]许立新, 杨森. 我国文化产业上市公司经营效率的实证研究—基于DEA-Tobit模型的两阶段分析[J]. 电子科技大学学报(社科版), 2014(1).

[83]徐明亮. 工业设计产业与制造业互动发展研究[J].内蒙古社会科学,2012(4).

[84]旋天颖, 王玉晶, 杨程. 我国文化产业人才培养模式的现状分析及其改进策略[J]. 中国人民大学教育学刊 2014(2).

[85]徐文燕, 张玉兰. 基于DEA的文化产业投入与产出效率趋势实证研究—以江苏2004-2010年文化产业投入产出数据为例[J]. 南京财经大学学报, 2013(9).

[86]闫丽娟, 何瑞. “丝绸之路经济带”战略下民族地区文化产业发展研究——以甘青人口较少民族为例[J]. 贵州民族研究, 2016(9).

[87]杨炼. 文化产业立法的国际借鉴及启示[J]. 重庆社会科学, 2012(5).

[88]杨宇，王子龙，许箫迪．文化产业集聚水平测度的实证研究[J]．华东经济管理，2014（2）．

[89]喻健．文化产业背景下“多彩贵州”文化品牌的内涵研究[J]．贵州民族大学学报（哲学社会科学版），2014（5）．

[90]于泽，朱学义．基于熵权法的文化产业社会效益评价实证研究[J]．出版科学，2014（3）．

[91]于泽，朱学义，魏娟．基于投入产出分析的文化产业波及效应研究[J].科技管理研究，2014（6）．

[92]袁海，吴振荣．中国省域文化产业效率测算及影响因素实证分析[J]．软科学，2012（3）．

[93]袁家菊．少数民族地区文化产业投融资困境与对策研究[J]．贵州民族研究，2014（6）．

[94]赵星，赵仁康，董帮应．基于ArcGIS的我国文化产业集聚的空间分析[J]．江苏社会科学，2014（2）．

[95]赵学琳．基于钻石模型对我国文化产业集群发展要素的整体分析[J]．探索，2011（6）．

[96]张金昌．波特的国家竞争优势理论剖析[J].中国工业经济，2001（9）．

[97]张俊艳，李晶．文化产业科技人员工作满意度的调查与分析——以天津市为例[J]．天津大学学报（社会科学版），2014（4）．

[98]张森．基于比较视角的文化产业发展中的政府角色探析[J]．兰州学刊，2016（4）．

[99]张莎莎．论农业与文化创意产业的相互渗透[J]．经营管理者，2016（3）:357−359.

[100] 周城雄. 推动科技创新与文化产业融合发展的思考[J]. 中国科学院院刊, 2014(4).

[101] 周锦. 产业融合视角下文化产业与制造业的融合发展[J].现代经济探讨, 2014(11).

[102] 周燕, 齐中英.产业竞争力及其来源分析[J]. 商业研究, 2004(8).

[103] 朱学义, 董靖, 于泽. 我国文化产业投入的促动效应研究——兼论文化产业的经济支柱性地位[J]. 管理现代化, 2012(1).

学位论文

[1]迟莹. 中国文化产业国际拓展研究[D]. 长春 东北师范大学, 2015.

[2]代光举. 区域文化产业竞争力与发展研究[D]. 成都:西南财经大学, 2014.

[3]戴钰.文化产业空间集群研究以湖南地区为例[D]. 武汉:武汉理工大学, 2012.

[4]黄亮. 我国文化产业投资基金研究[D]. 北京:中国艺术研究院, 2013.

[5]何勇军. 文化产业集聚模式及其机制研究[D]. 天津:天津大学, 2015.

[6]解学芳. 论网络文化产业的公共治理[D]. 上海:上海交通大学, 2015.

[7]李珂. 文化创意产业与旅游产业融合[D]. 成都：四川师范大学, 2015.

[8]伍小军. 中国文化产业融资方式创新研究[D]. 武汉: 武汉大学, 2015.

[9]熊小芳. 河南省文化产业效率分析[D]. 武汉:华中师范大学, 2011.

[10]于泽. 我国文化产业发展效益效率评价及资金配置对策研究[D]. 徐州:中国矿业大学, 2014.

[11]袁海. 文化产业集聚的形成集效应研究[D]. 西安:陕西师范大学, 2012.

[12]王丹. 我国文化产业政策及其体系构建研究[D]. 辽宁:东北师范大学, 2014.

[13]王妮娜. 论多层次文化发展基金体系的构建[D]. 北京：中国社会科学院研究生院, 2016.

[14]张亚丽. 我国文化产业发展及其路径选择研究[D]. 长春:吉林大学, 2014.

[15]赵高斌. 文化产业的社会效益研究[D]. 西安:西北大学, 2013.

[16]周海金. 中国文化产业国有资产管理体制改革研究[D]. 吉林大学:吉林大学, 2015.

后　记

本研究报告是重庆市发展和改革委员会立项的重大科研课题的最终成果。

本课题研究发轫于重庆市人民政府原副市长、市政协原副主席，现重庆市生产力发展中心童小平理事长的提议。她长期分管重庆的产业规划与产业发展，十分熟悉重庆各个领域的经济发展，几十年生活在重庆、服务于重庆，她对这片土地真爱不减、关注不断。2015年春季，她提议开展重庆文化产业发展课题研究，认为应该尽快摸清产业发展的基本情况，规划未来远景，抓住产业转型和消费升级这一关键期，接驳国家融合发展和“文化+”战略，助推重庆发展再上新台阶。在研究的整个进程中，她全程参与、全力指导，无论是研究提纲的定夺，还是具体到研讨会、调研会、座谈会的召开，甚至到一个数据的获取，都倾注了大量的心血，成为研究报告顺利完成的坚强领导者和指导者。

为了更好地完成研究任务，决定组成以重庆社会科学院原党组书记、院长陈澍研究员为组长，重庆市生产力发展中心严晓光秘书长、重庆社会科学院陈红副院长、重庆市文化委陶宏宽处长和重庆社会科学院孟小军研究员为副组长的课题管理组，其中，孟小军担任课题研究的执行组长。课题组副组长、重庆市生产力发展中心严晓光秘书长具体协调课题调研和数据资料的收集工作，并主持了相关研讨会和中期报告会，对研究报告的撰写提出了许多真知灼见。课题组副组长、重庆社会科学院陈红副院长带领研究团队对市内外的文化产业基地、园区、企业开展了大量的实地调研，收集了丰富的第一手素材，极大地充实了课题研究。重庆市生产力发展中心王秀模部长和陈乾同志，全程参与课题的讨论和联络工作,他们及时周到、热情认真的服务,保证了课题研究的顺利开展。重庆市文化委员会汪俊主任、王增恂副主任,办公室冯宇亮主任,产业处陶宏宽处长,法规处刘骁华处长,规划处李为祎处长等各位领导在课题调研、资料收集和研究报告撰写方面都给予了大力的支持和指导。

在课题组几次的讨论中,重庆大学彭吉象教授、西南大学孙道进教授、重庆工商大学俞萍教授、重庆报业集团孙永胜副总裁、重庆市文化委刘骁华处长、重庆市经信委孙志军同志、重庆市旅游局宣传处魏文彪调研员、重庆市旅游规划研究院政策研究部蒋坤富部长等,都从不同的角度提出了大量很有见地的意见和建议,使得课题研究始终没有偏离方向。正是因为有了重庆市生产力发展中心的通力合作,有了重庆大学罗章教授团队的鼎力相助,有了中共重庆市委宣传部、重庆市文化委、重庆市经信委、重庆市旅游局、重庆市统计局、重庆市体育局等部门的大力支持,有了各位领导和专家的悉心指导,整个课题的研究工作才得以顺利完成。事实再一次有力地证明,只有合作才是攻坚克难的正确路径。

本研究报告分为七个部分:第一部分为文化产业的定义、特征及其阶段划分,由孟小军、罗章、张伟进执笔;第二部分文化产业发展水平评价指标体系的构建与发展水平判定,由孟小军、张伟进执笔;第三部分重庆文化产业发展现状及问题梳理,由孟小军、张伟进执笔;第四部分重庆文化产业发展政策供给分析与国内外经验借鉴,主要由罗章团队执笔;第五部分重庆文化产业未来发展的目标及重点领域,由孟小军、张伟进执笔;第六部分重庆文化产业发展的政策支持体系构建,由孟小军、张伟进执笔;第七部分为附录,主要由孟小军、罗章、刘容、张伟进执笔。研究大纲的拟定以及统稿工作由孟小军完成。另外,重庆大学的李刚副教授和重庆大学凌剑峰、李楠、王德春、吴丹、韦维、董群英、谭祝、宋尧、王烁,西南大学张凤英、盛明明等博士、硕士研究生同学也全程参与了课题研究。

研究报告的完成同时预示着研究的不足也充分地展现出来。由于研究任务重、资料收集难、可参考的数据资料不多等因素，更主要的是自身研究能力有限，使得调研开展的深入性、问题把握的准确性、对策建议的落实性都不同程度地存在着不足，我们将尽力在后续的研究中加以完善和深化。

一年多的研究历程，在此感谢来自各方的关心、帮助和支持！一路有你，终不相忘！

课题组

二〇一六年十二月